DOMAINE DU POSSIBLE

La crise profonde que connaissent nos sociétés est patente. Dérèglement écologique, exclusion sociale, exploitation sans limites des ressources naturelles, recherche acharnée et déshumanisante du profit, creusement des inégalités sont au cœur des problématiques contemporaines.

Or, partout dans le monde, des hommes et des femmes s'organisent autour d'initiatives originales et innovantes, en vue d'apporter des perspectives nouvelles pour l'avenir. Des solutions existent, des propositions inédites voient le jour aux quatre coins de la planète, souvent à une petite échelle, mais toujours dans le but d'initier un véritable mouvement de transformation des sociétés.

ANIMAL

Les photographies du livre sont issues du film *Animal*, sauf p. 24-25 : Alexandre Leglise et p. 231 : Romain de Gueltz.

Collection créée par Cyril Dion en 2011.

ISBN 978-2-330-14687-0
www.actes-sud.fr

CYRIL DION

avec la collaboration de Nelly Pons

ANIMAL

CHAQUE GÉNÉRATION A SON COMBAT,
VOICI LE NÔTRE

DOMAINE DU POSSIBLE
ACTES SUD | COLIBRIS

AVANT-PROPOS

En mai 2021, je participais à une émission sur la chaîne I24 présentée par le réalisateur Élie Chouraqui avec Corinne Lepage, ancienne ministre de l'Environnement. Dès notre arrivée, et avant même que l'émission commence, il nous avait prévenus : "Je vais vous bousculer." Ce qui signifiait : je vais vous pousser dans vos retranchements et vous opposer les arguments qu'on oppose généralement aux écologistes : radicaux, intolérants, culpabilisateurs, punitifs et même, cache-sexes de l'extrême gauche. La conversation s'est donc engagée et rapidement, elle s'est animée, comme prévu. Jusqu'au moment où Élie Chouraqui, qui cherchait malgré tout à être constructif, nous a posé la question suivante : "Mais ne peut-on pas être écologiste sans être rétrograde ? Être écologiste et progressiste… ?"

Quelle que soit la fatigue que me procure ce débat vieux comme l'écologie, il faut bien reconnaître qu'il a resurgi de façon saisissante ces derniers mois, à mesure que la question climatique prenait une place grandissante dans l'espace politique et médiatique. Le frottement qu'il occasionne est d'une certaine façon le même que celui qui agita la société américaine lors de la publication du *Printemps silencieux* de la biologiste Rachel Carson – premier coup de tonnerre écolo en 1961 – pour une raison simple : l'écologie, en tant que sujet de société, est née en Occident en réaction à une accélération de l'industrialisation, de l'utilisation de la pétrochimie, à une maîtrise toujours plus grande de l'énergie, qui donna aux êtres humains des capacités décuplées de transformer (et souvent de détruire ou déstructurer) leurs milieux. Depuis lors s'organise un débat qui oppose ces deux dynamiques : celle des écosystèmes et celle du développement techno-extractiviste de la civilisation humaine. Pour le moment ces deux positions semblent irréconciliables. Les tenants de la voie techno-extractiviste traitent de rétrogrades, passéistes, autoritaires les tenants des écosystèmes, quand les tenants des écosystèmes traitent les extractivistes d'aveugles irresponsables, menant l'humanité entière à sa perte pour l'amour de quelques zéros de plus sur leurs comptes en banque.

Sortir de cette opposition nous demande d'ouvrir un espace de dialogue, puis de le commuer en un espace démocratique nous permettant, à la lumière d'un constat commun, d'engager les actions et les transformations qui s'imposent. Tant que nous ne le faisons pas, nous continuons à vivre dans des récits parallèles. Ce qui occasionne non seulement une forme de paralysie collective face à un péril immense, mais également une tension démocratique qui pourrait virer à l'affrontement idéologique violent. Sur le plateau de l'émission nous avons donc tâché d'entamer le dialogue à partir de deux questions : "Qu'est-ce que l'écologie ?" et "Qu'appelons-nous le progrès ?". Y trouver des réponses communes me semble un premier pas indispensable.

Commençons par l'écologie qui est sans doute la question la plus simple. Pour Wikipédia, l'écologie est "une science qui étudie les interactions des êtres vivants entre eux et avec leur milieu". Pour l'inventeur de cette terminologie le biologiste allemand Ernst Haeckel, l'écologie est "la science des relations des organismes avec le monde environnant, c'est-à-dire, dans un sens large, la science des conditions d'existence". En d'autres termes : comprendre quelles sont les interactions entre les différents systèmes vivants (dont l'être humain fait partie intégrante) et quelles sont les conditions pour que leur existence puisse perdurer dans le temps, grâce à un équilibre nouveau.

Par nécessité, l'écologie est aussi devenue politique. Alors que les premiers écologistes (comme Rachel Carson) furent souvent des scientifiques qui alertaient sur la nécessité de prendre soin de notre habitat commun, leurs recommandations ne furent généralement pas suivies d'effet par les gouvernements. C'est ainsi que certains considérèrent nécessaire de porter politiquement ces idées pour leur donner une chance de se traduire dans nos lois. Se développa alors un mouvement composite, nourri d'influences diverses mais qui mit au cœur de son projet la préservation des équilibres de la planète. L'écologie devint également politique pour des raisons idéologiques. Pour une partie des écologistes, la destruction des écosystèmes n'est pas le fruit d'une inconséquence ignorante, mais de conceptions du monde incompatibles avec la protection du vivant, telles que la recherche sans limites de croissance économique ou le capitalisme*.

Désormais, quelle que soit notre conception de tous ces sujets, nous allons tous être amenés à devenir écologistes au sens premier du terme, car notre survie en dépend. Les équilibres de cette planète, garantissant à de nombreuses espèces, dont la nôtre, de bonnes conditions de vie, sont gravement menacés.

Venons-en à la seconde question. La notion de progrès traverse les siècles, habillée par des conceptions variables du monde, mâtinée des récits religieux, politiques, économiques. "Progrès" est devenu un mot fourre-tout dans lequel chacun peut projeter ce qu'il entend dans l'idée générale d'amélioration du monde. Pour autant, dans la seconde partie du XXe siècle en Occident, il fut régulièrement associé aux avancées techniques, technologiques, et à la perspective d'améliorer les conditions matérielles de notre existence. Il fut parfois affublé d'un complément comme "les progrès de la médecine", mais là encore, la question de savoir qualifier ce progrès peut faire débat. Aujourd'hui il n'est pas rare que l'idée de progrès reste associée à ces notions et, de façon corollaire, à la croissance économique, mais cette conception des choses est de plus en plus contestée. Non seulement les bénéfices d'une croissance extractiviste s'amoindrissent (l'espérance de vie stagne et régresse même parfois dans certains pays, le suréquipement ne fait pas toujours le bonheur, etc.), mais elle crée d'indéniables nouveaux problèmes (pollution, dérèglement du climat, maladies de civilisation...).

* Voir p. 126, entretien avec Éloi Laurent.

Pour toutes ces raisons, l'idée même de progrès doit continuer à faire débat. Il est temps que nous redéfinissions ensemble cette notion plutôt que de nous laisser porter par le flot tumultueux de la course du monde. Considérons-nous que creuser des mines, raser des forêts pour produire en masse une quantité vertigineuse d'objets que nous acheminons à grands coups de dégazage de carbone dans l'atmosphère pour ensuite les disposer dans les rayons d'immenses hangars que nous avons fait surgir sur des kilomètres d'asphaltes où d'autres humains pourront garer en rang d'oignons leurs véhicules dégazeurs (eux aussi), acheter tous ces objets et en jeter les emballages qui finiront dans les décharges, les rivières et les océans étouffant au passage dauphins, baleines et poissons, est vraiment un immense progrès ? La question mérite d'être posée... Certains seront sans doute tentés de dire oui, tant que ce tourbillon continue à créer la richesse susceptible d'être réinvestie dans tout ce qui est supposé assurer notre bonheur. Mais comment assurer le bonheur sur une planète qui pourrait devenir partiellement inhabitable d'ici la fin du siècle ? C'est la question que nous posent les jeunes qui ont investi les rues depuis octobre 2018 dans le sillage de Greta Thunberg. Or, cette habitabilité n'est pas qu'une histoire de climat ou de carbone, mais d'équilibre entre les écosystèmes vivants.

C'est donc cette question que ce livre souhaite aborder : "Comment trouver un nouvel équilibre entre les humains et le reste du vivant ?" Depuis la prise de conscience du péril climatique, le débat sur l'écologie s'abîme trop souvent dans une stérile tentative de gagner une joute oratoire ou dans les méandres d'un tableau Excel à calculer combien de tonnes de carbone nous pourrions économiser avec telle ou telle rupture technologique. Essayons donc de revenir à la racine du sujet : le vivant.

SIXIÈME EXTINCTION DE MASSE :
LA GUERRE CONTRE LE VIVANT

Depuis l'accord de Paris en 2015, et plus encore depuis l'été 2018, on parle enfin largement du dérèglement climatique. Dans les médias, les écoles, les familles, dans les conseils municipaux, à la table des gouvernements... Un consensus de plus en plus large semble même se dégager pour entériner le fait qu'il s'agit d'un des problèmes les plus graves que l'humanité ait jamais dû affronter. Les enquêtes d'opinion montrent qu'en France et en Europe, une large proportion de la population est désormais convaincue qu'il est indispensable d'agir rapidement. C'est indéniablement un progrès, même si l'ampleur des actions entreprises est encore nettement insuffisante pour apporter une solution viable.

Mais si le climat est devenu un sujet incontournable, une autre crise écologique, sans doute aussi grave, est encore largement absente des conversations et de nombreuses politiques publiques : la destruction accélérée du vivant. Ce qu'une part grandissante de scientifiques appelle la sixième extinction de masse des espèces. En réalité, nous ne sommes pas à proprement parler entrés dans cette sixième extinction (une extinction de masse suppose la disparition de 75 % des espèces), mais le rythme auquel les espèces disparaissent (au moins cent fois plus rapide que la normale) pourrait nous y conduire d'ici la fin du siècle. Les chiffres sont spectaculaires, et aussi aride que puisse être cette énumération, nous ne pouvons pas en faire l'économie. Elle est un premier pas pour prendre la mesure du phénomène qui se déroule à bas bruit, tout autour de nous.

Selon le rapport de 2020 du WWF, entre 1970 et 2016, "les populations de vertébrés – poissons, oiseaux, mammifères, amphibiens et reptiles – ont chuté de 68 %". Ce qui veut dire qu'en cinquante ans, les deux tiers des populations d'animaux sauvages vertébrés ont tout simplement été éradiqués de la surface du globe. Dans le rapport de 2018 produit par la même ONG, ce chiffre était de 60 %. Il était de 58 % dans celui de 2016. Le processus s'accélère... Et il en va de même pour les insectes, dont 40 % risquent l'extinction[1]. Les populations terrestres, en particulier, déclineraient de 9 % par an dans le monde (contrairement aux insectes aquatiques seuls rescapés de l'hécatombe[2]). La situation est particulièrement préoccupante en Europe. Une étude anglaise de 2019 évalue à 50 % les populations d'insectes éradiquées depuis les années 1970 au Royaume-Uni[3], une étude allemande de 2017 chiffre à 75 % la disparition d'insectes volants depuis trente ans. Les chiffres français sont à l'unisson[4].

Selon l'UICN qui a établi une liste rouge des espèces les plus menacées : en 2020, sur les 128 918 espèces étudiées, un peu plus d'un quart (35 765) sont classées menacées. Parmi elles, 40 % des amphibiens, 14 % des oiseaux et 26 % des mammifères sont en danger d'extinction au niveau mondial. C'est également le cas pour 33 % des requins et raies, ainsi que des coraux constructeurs de récifs. On pourrait croire que ce phénomène est une dynamique lointaine, qui concerne surtout les pays tropicaux où la déforestation est massive et où les préoccupations écologiques seraient hypothétiquement moins prégnantes que chez nous. En réalité, dans cet état des lieux, la France figure parmi les 10 pays hébergeant le plus grand nombre d'espèces menacées : au total, 1 683 espèces menacées au niveau mondial sont présentes sur notre territoire, en métropole et en outre-mer. Rien qu'en France métropolitaine, 14 % des mammifères, 24 % des reptiles, 23 % des amphibiens et 32 % des oiseaux nicheurs sont menacés de disparition. Tout comme 19 % des poissons et 28 % des crustacés d'eau douce[5].

C'est tout simplement effarant. Notre planète se dépeuple de ses habitants non humains sauvages, à mesure que le nombre de ses habitants humains et des animaux domestiques (notamment d'élevage) augmente. En 2018, une étude publiée dans la revue *PNAS* a cherché à quantifier ce phénomène. Les résultats sont à peine croyables. Si l'on considère l'ensemble des mammifères de cette planète, 96 % sont des humains ou des animaux domestiques et 4 % des animaux sauvages. Nous avons colonisé cette planète au point que ses autres occupants sont méthodiquement supprimés.

Au milieu de nos existences de plus en plus urbanisées, ce jeu de massacre passerait presque inaperçu. Car comment s'apercevoir que les lynx ibériques, les traquets oreillards (une espèce de passereau dont la population est classée "en danger" en France) ou les grenouilles arlequin variables (qui vivent en Amérique du Sud) se font de plus en plus rares, si nous passons le plus clair de notre temps sur des trottoirs, à l'intérieur de bâtiments, derrière des écrans ou dans des véhicules ? C'est matériellement impossible. Et cela réduit d'autant notre capacité à être touchés par cette situation. On a coutume de dire que nous protégeons ce que nous aimons. Et que nous aimons ce que nous fréquentons. Or, la fréquentation (et par conséquent la connaissance) du vivant est aujourd'hui particulièrement réduite pour un nombre grandissant de personnes. À tel point qu'une étude américaine aurait démontré que des enfants pouvaient reconnaître jusqu'à mille logos de marques mais moins de dix feuilles de végétaux de leur région.

Bien souvent, nous ne connaissons même pas l'existence des espèces qui s'éteignent les unes après les autres. Nous n'en avons qu'une vague perception : quelques images de documentaires animaliers qui nous ont laissés stupéfaits, émerveillés. Mais elles ne restent que des images sur une dalle rétroéclairée, capable de retranscrire, en deux dimensions, les courbes et les éclats du vivant dans une myriade de pixels et de les assembler dans une succession de plans d'une qualité et d'une définition à couper le souffle. Si bien que nous sommes parfois aussi fascinés par la prouesse tout humaine de nos outils technologiques que par celle du vivant qui a su s'incarner et se multiplier dans cette infinité de configurations, de formes et de couleurs que nous n'aurions jamais imaginé voir associées. Ces films sont utiles, ce n'est pas moi qui le nierais. Mais nous donnent-ils l'envie de chausser nos bottes pour parcourir à notre tour les sentiers forestiers, les rivages escarpés ou les prairies bruissantes de mille vies ? Pas toujours. Du moins, pas suffisamment. Rien ne remplace la rencontre et la singularité de l'expérience. Or, ce que nous fréquentons le plus aujourd'hui, comme l'étude précédemment citée le souligne, ce sont les constructions humaines, les bâtiments, les véhicules, les magasins et ainsi, les marques, les logos... Mais également, et de plus en plus, les écrans d'ordinateur, de tablette, de télévision, de smartphone, qui créent une intermédiation entre nous et le monde. Qui nous donnent bien souvent le sentiment de nous rapprocher (les uns des autres, de pays ou de paysages lointains) mais qui, à bien des écarts, nous en éloignent, du moins dans notre expérience sensible. Contrairement à nos lointains ancêtres ou à certaines peuplades considérées à tort comme "sous-développées", nous ne fréquentons plus les animaux sauvages. Nous ne fréquentons qu'une sorte de vivant : les autres humains et nos animaux domestiques. De ce fait, il est particulièrement difficile de prendre la mesure de ce phénomène d'extinction et d'en tirer toutes les conséquences.

Une fois dressée la cartographie de cette hécatombe, de nombreuses questions apparaissent inévitablement : pourquoi ces espèces disparaissent-elles exactement ? Que pouvons-nous faire pour l'éviter ? Si nous y sommes pour quelque chose (et la réponse est oui), avons-nous le droit de faire ça (moralement, éthiquement, philosophiquement...) ? À quoi servent toutes ces espèces ? Doivent-elles servir à quelque chose pour que nous décidions de les protéger ou d'arrêter de les éradiquer ? Comment renouer une relation féconde avec le vivant ? Quelle est notre place parmi les autres espèces ? Et à quoi servons-nous dans cet orchestre du vivant ? Si d'aventure nous servons à quelque chose...

C'est à toutes ces questions que ce livre va tenter de répondre à travers une série de rencontres que nous avons effectuées lors du tournage du film *Animal*. Pendant cinquante-cinq jours, je suis parti avec une équipe de tournage et deux adolescents de seize ans, très engagés, Bella Lack et Vipulan Puvaneswaran.

Vipulan lors d'une marche climat à Paris.

CLIMATE

Bella est anglaise, particulièrement touchée par la protection des animaux sauvages. À son jeune âge elle est déjà ambassadrice de la jeunesse pour la fondation Born Free, l'Institut Jane Goodall, Save the Asian Elephants, Royal Society for the Prevention of Cruelty to Animals… Elle ne manque jamais une occasion de traîner ses boots sur des chemins terreux, herbeux ou pierreux, de jour comme de nuit, dans le but d'apercevoir un chevreuil, un hérisson ou une buse. Sans jamais se départir de son flegme et de son humour tout britannique, elle possède un esprit et une intelligence acérés, déjà en mesure de démêler les fils de l'architecture complexe que ses aînés ont élaborés sur notre petite planète luxuriante. Ce qui a tendance à désarçonner de nombreux adultes. Physiquement, elle a tout d'une jeune Anglaise : la rousseur, la peau claire parsemée de taches de rousseur, les yeux bleus et des chemisiers fleuris. Elle ne sait pas encore ce qu'elle fera des multiples possibilités qui s'offrent à elle : construire un sanctuaire d'animaux ou devenir biologiste. Mais je ne me fais aucun souci pour elle.

Vipulan est français. Ses deux parents sont nés au Sri Lanka, ce qui lui confère une perception élargie du monde, ne serait-ce que par le fait de s'exprimer aussi bien en tamoul qu'en français. Depuis le premier jour des grandes grèves pour le climat, popularisées par Greta Thunberg, il arpente les rues de Paris, un drapeau ou un mégaphone à la main, verse depuis 2019 dans la désobéissance civile et se prépare à devenir un scientifique accompli. Quand il n'est pas vissé à son smartphone pour organiser des mobilisations, il est plongé dans les livres ou il flâne dans les allées du Palais de la découverte à Paris. Soucieux de mieux comprendre pour mieux agir, il s'est particulièrement attaché à décoder les mécanismes du changement climatique et des solutions qui s'offrent à nous. Il espère bien devenir climatologue et apporter des réponses scientifiques à cette crise existentielle que nous traversons. Répondre au danger par la rationalité et l'intelligence. Comme dans l'image d'Épinal de nombreux scientifiques, il est parfois un peu dans la lune, a des lunettes sur le nez, parle avec des mots savants et laisse quelques épis traîner au milieu de sa chevelure bien peignée.

L'alliage de ces deux ados hors normes fut souvent fructueux, cocasse parfois et définitivement passionnant, pour comprendre comment leur génération aborde ce double défi écologique. Il m'arrivera donc de parler d'eux, de retranscrire certains de leurs mots ou de leurs questions. Faire ce voyage avec eux fut une expérience merveilleuse et bouleversante. Pour autant, dans la retranscription des entretiens, j'ai choisi de mêler nos trois voix en une pour interroger nos interlocuteurs. Afin que vous, lecteurs, puissiez-vous glisser plus facilement dans nos bottes d'interviewers.

Enfin, un dernier point avant de prendre la route. Puisque la mode est à crier à la culpabilisation, à honnir les "donneurs de leçons" dès qu'une alerte écologique est lancée, je voudrais être clair dès les premières lignes de cet ouvrage. Je n'ai de leçons à donner à personne et cet amoncellement de données n'a pas pour objet de vous faire vous sentir coupable. Oui, le monde va mal. Le climat se réchauffe, des lignées d'êtres vivants s'éteignent, un nouveau virus a tué des millions de personnes et plongé des centaines de millions d'autres dans la détresse, les libertés sont menacées dans un nombre grandissant de pays du monde où des leaders politiques autoritaires et égocentrés agitent les sentiments des foules à des fins de pouvoir et érigent des murs d'ignorance et de haine entre leurs citoyens. Parfois, nous tâchons d'embrasser la gravité de la situation et sommes transpercés par la douleur de voir la souffrance, le chaos et le danger grandir. Parfois nous regardons ailleurs tant l'ampleur des problèmes nous paraît insurmontable, tant nous sommes fatigués, absorbés par nos propres tracas, par la difficulté de répondre de façon adéquate à la situation tout en préservant l'équilibre fragile de nos psychés, de nos familles, de nos moyens de subsistance. Et lorsque nous mesurons l'écart entre ce qui est nécessaire pour résoudre les problèmes et ce que nous faisons réellement, nous en concevons une certaine culpabilité. En tout cas, cela m'arrive. Peut-être à vous aussi…

Qu'il s'agisse de manger de la viande, de prendre l'avion ou la voiture, d'acheter un nouveau smartphone, nous sommes entrés dans une période où les injonctions contradictoires deviennent lourdes à porter. Chaque jour nous serions exposés à 15 000 stimuli publicitaires* nous enjoignant de nous procurer tel véhicule ou telle crème de beauté, telle marque de biscuits ou telle paire de baskets. Nous sommes invités à plonger dans les délices de la vie moderne, confortable, et à soutenir l'effort collectif indispensable à la survie de notre économie : consommer. Sans consommation, point de salut. La croissance s'effondrerait et, avec elle, l'espoir de notre prospérité collective. Dans le même temps, sur les réseaux sociaux, les plateaux de télé ou dans nos boîtes mail, nous sommes bousculés par des campagnes d'ONG, des discours d'activistes, des documentaires qui nous appellent à faire totalement l'inverse. À mener une vie sobre, à refuser l'avion, les burgers et les derniers joujous high-tech. Il faut faire ci, il ne faut pas faire ça. De ces distorsions naissent des débats enflammés, nourris d'invectives sur les réseaux sociaux et les chaînes d'info en continu.

Et ça marche. Car culpabiliser, en règle générale, nous savons tous le faire. Avec brio.

J'ai beau être aux premières loges de certaines de ces joutes, je n'en suis pas moins lassé, au point de ne plus avoir envie d'ouvrir mes oreilles à pareilles diatribes.

Alors que je rédigeais ce livre, j'ai traversé d'intenses périodes de fatigue, d'angoisse, ai été secoué de troubles intestinaux violents qui m'ont conduit, entre autres remèdes, à recommencer une thérapie. Et parmi les choses profondément utiles que mon thérapeute m'a partagées il y a celle-ci : la culpabilité ne sert à rien. C'est une violence de plus, une forme d'automanipulation de nous-mêmes, un sentiment profondément mortifère qui ne participe à aucun élan

* Selon les recherches d'Arnaud Pêtre en 2007, à l'époque chercheur en neuromarketing officiant à l'Université catholique de Lille, https://etopia.be/publicite-part-de-cerveau-disponible-et-libre-arbitre/

créatif. La culpabilité est un sentiment stérile. Comme l'écrivait Nietzsche, la mauvaise conscience agit comme une valeur inhibitrice, qui transforme la violence potentielle de chaque humain à l'égard des autres (et du reste du vivant) en violence contre lui-même. Nous n'avons pas besoin d'ajouter de la violence à la violence ou de la souffrance à la souffrance. Si nous voulons vraiment faire quelque chose pour résoudre cette situation, ce n'est pas de culpabilité dont nous avons besoin, mais de lucidité, de courage, de solidarité, d'élan, de sens et de désir. J'espère donc que ce livre éveillera en vous tout ou partie de ces sentiments. La capacité de regarder en face, sans œillères ni sensiblerie, ce que notre planète traverse.

Car de la lucidité peut naître le choix.

Et c'est ce choix qu'il nous appartient désormais de faire.

Vipulan, Cyril et Bella sur le tournage en décembre 2019.

POURQUOI LES ESPÈCES DISPARAISSENT ?

Rencontre avec Anthony Barnosky

Pour répondre à cette première question brûlante, nous sommes partis rencontrer Anthony Barnosky, géologue, paléontologue et biologiste, qui a enseigné toute sa carrière à l'université de Berkeley avant de prendre la direction, avec son épouse Elizabeth Hadly, de la réserve naturelle de Jasper Ridge. Tout près du campus de Stanford, dans ce petit espace sauvage au milieu de la Silicon Valley, le couple étudie les interactions entre les espèces. Tony s'est particulièrement intéressé à la relation entre le changement climatique et la disparition des espèces. Il est aussi connu pour ses publications sur les points de bascule *(tipping points)*. C'est à ce sujet que nous l'avions rencontré avec Liz en 2014 pour le film *Demain*. Depuis, nous avons noué une amitié féconde qui nous permet de partager, au-delà des mauvaises nouvelles scientifiques, les ressentis émotionnels sur la crise écologique que nous, humains, traversons. Tony et Liz sont non seulement des scientifiques de renom international, mais avant tout des êtres humains exceptionnels. Leur parole compte beaucoup pour moi. Raison pour laquelle, lorsque Tony m'a écrit le 11 septembre 2020, pris dans les gigantesques feux de San Francisco (voir note p. 32) qui donnaient à la ville un air de film apocalyptique, qu'il avait le sentiment que nous avions peut-être déjà dépassé un point de bascule climatique, j'ai été bouleversé. Pour autant, Liz (que vous retrouverez plus tard dans le livre) et lui continuent sans relâche leurs travaux si utiles pour le monde. Particulièrement sur le sujet qui a occupé notre conversation...

Nous entendons de plus en plus souvent des scientifiques parler d'extinction de masse des espèces. Est-ce réellement ce qui est en train de se produire sur Terre ?

Tony : Oui, malheureusement, c'est un phénomène très réel. Ce qui caractérise une extinction massive, c'est une perte assez rapide du nombre d'espèces qui conduit à la disparition de 75 % d'entre elles. “Assez rapide”, en temps géologique, peut vouloir dire quelques centaines d'années, comme ce fut sans doute le cas avec les dinosaures, jusqu'à quelques millions comme pour d'autres phénomènes d'extinction. Jusqu'ici nous en avons vécu cinq. Il y a 540 millions d'années, au moment que l'on appelle l'explosion cambrienne, toutes les formes de vie complexes sont apparues pour la première fois : les arthropodes, les vertébrés... Pendant quelques dizaines de millions d'années, les choses ont plutôt bien fonctionné, jusqu'à ce qu'une première extinction de masse ait lieu il y a environ 445 millions d'années, probablement à cause d'une période glaciaire. Puis les choses se sont stabilisées avant qu'une autre extinction intervienne, il y a environ 360 millions d'années, certainement due à un épuisement de l'oxygène dans les océans. Ce fut ensuite une succession de moments stabilisés et de nouvelles extinctions : il y a environ 251 millions d'années, peut-être suite à l'impact d'astéroïdes et à de fortes activités volcaniques, il y a 200 millions d'années et, enfin, l'extinction que nous connaissons le mieux, celle des dinosaures, il y a 66 millions d'années, à nouveau causée par un impact d'astéroïdes. Du moins c'est l'hypothèse la plus solide.

Si, actuellement, nous parlons de sixième extinction de masse, c'est que le taux d'extinction est si élevé, qu'il se rapproche dangereusement de ce qui s'est passé lorsque les dinosaures se sont éteints. Il est 10 à 100 fois plus rapide que ce qui est considéré comme normal. Si nous continuons dans cette voie, dans trois siècles, nos descendants regarderont par leurs fenêtres et les trois quarts des espèces que nous connaissons ne seront plus là. La bonne nouvelle, c'est que nous ne les avons pas encore perdues. Nous avons gravement diminué le nombre d'individus dans les populations de milliers d'espèces, mais nous ne les avons pas épuisées au point qu'elles ne puissent pas se rétablir si nous décidons de les sauver. Nous pouvons encore freiner et éviter la catastrophe.

Pourquoi toutes ces espèces sont-elles anéanties aujourd'hui ?

Essentiellement à cause de... nous. C'est la grande différence avec les phénomènes d'extinction précédents. Une seule espèce, humaine, est en train d'en faire disparaître un nombre considérable d'autres. Pour une raison simple : nous sommes presque 7,8 milliards sur la planète et la population mondiale continue régulièrement d'augmenter. Elle a triplé depuis que je suis né. Or, chacun d'entre nous a besoin de manger, de gagner sa vie, d'un endroit pour vivre... Et pour répondre à ces besoins, nous transformons la planète de façon spectaculaire.

C'est-à-dire ?

On considère généralement qu'il existe cinq causes majeures de l'extinction : la destruction des habitats, la surexploitation des espèces, la pollution, les espèces invasives et le changement climatique.

La destruction des habitats, c'est ce que nous faisons lorsque nous rasons les forêts, bétonnons les zones humides, artificialisons les sols... Nous avons transformé plus de 50 % de la surface terrestre (terre et mer) pour nos besoins[I]. Ce qui signifie que plus de 50 % de la planète est hors jeu pour les autres espèces. Dans la plupart des cas, cette destruction est motivée par l'urbanisation et l'agriculture. La surexploitation correspond au braconnage, à la surpêche, à la coupe de la forêt tropicale pour installer des plantations à croissance rapide comme des palmiers... La pollution, c'est par exemple le plastique dans nos océans qui se retrouve dans l'estomac des dauphins, des baleines, des oiseaux jusqu'à les étouffer, ce sont les pesticides qui affectent les insectes, les produits pharmaceutiques qui finissent par contaminer les poissons et vont se concentrer jusque dans l'Arctique... Les espèces invasives sont celles que nous déplaçons avec nous dans d'autres écosystèmes et qui posent des problèmes majeurs en supplantant ou en mangeant des espèces indigènes. Et enfin, le changement climatique, causé par l'activité humaine, vous voyez de quoi il s'agit... Il change les habitats – et donc les conditions de vie – de nombreuses espèces pour des environnements plus chauds que jamais. Or, la plupart des animaux que nous connaissons ont été habitués, ces vingt mille dernières années, à des températures beaucoup plus basses. Les animaux et les plantes ne pouvant évoluer ou se déplacer assez vite à travers le globe pour atteindre de nouveaux habitats – à supposer qu'ils existent –, ils sont menacés d'extinction.

Nous avons tendance à considérer ces problèmes comme des causes indépendantes, mais ils sont intimement liés les uns aux autres et au fait que nous sommes si nombreux. On peut facilement relier ces cinq causes d'extinction à trois grands sujets : la façon dont nous produisons de l'énergie, de la nourriture et de l'argent. Pour produire de la nourriture, nous détruisons massivement les forêts et donc les habitats. Pour produire de l'énergie, nous modifions le climat. Pour faire du profit, certains humains pratiquent le braconnage, par exemple d'éléphants, pour vendre l'ivoire au marché noir, d'autres font de la monoculture d'huile de palme ou rasent des forêts pour creuser des mines... Et quand vous multipliez cela par 7,8 milliards de personnes, vous avez un gros problème !

Face à cela chaque peuple n'est pas sur un pied d'égalité. Par exemple, si vous prenez un habitant du Soudan ou des États-Unis il y a une énorme différence...

Effectivement, les humains sont loin d'être égaux en ce qui concerne la façon dont ils provoquent l'extinction des espèces. L'essentiel de la destruction est causé par une proportion assez faible de la population humaine : les surconsommateurs des pays industrialisés, en Europe, aux États-Unis et dans un nombre croissant d'autres pays du monde. À un moment donné, il va falloir se pencher sur le fond du problème : nous consommons plus que ce dont nous avons besoin, mais surtout, plus que ce que la planète peut nous offrir.

Vous étudiez également les points de bascule. Pouvez-vous nous expliquer de quoi il s'agit ?

Souvent, nous pensons aux changements environnementaux comme une évolution graduelle, linéaire, et nous imaginons que les dégradations sont prévisibles, contrôlables. Mais ce n'est pas vraiment la façon dont la nature fonctionne. Pendant un temps oui, les phénomènes sont réguliers. Jusqu'à un certain seuil, que nous appelons point de bascule. Une bonne image est l'eau qui bout. Elle chauffe et pendant de longues minutes rien ne se produit vraiment jusqu'à ce que, tout d'un coup, vous atteigniez le point d'ébullition et que l'eau se transforme en vapeur. C'est un point de bascule très rapide d'un état à l'autre. Avec le système climatique (bien plus vaste, complexe et s'inscrivant dans une échelle de temps autrement plus longue), cela ne se produira pas aussi rapidement. Le point de bascule s'échelonnera sans doute sur une ou plusieurs décennies.

Quand, selon vous ?

Difficile à dire. Dans une étude publiée dans la revue *PNAS*[2] en 2018, nous estimions qu'un réchauffement de 2 °C pourrait provoquer un emballement et une forme de basculement. Mais peut-être est-ce déjà en train de se produire*. Nous avons déjà vu, par exemple, une augmentation spectaculaire du nombre de tempêtes intenses, en particulier dans cette partie du monde, et une hausse tout aussi spectaculaire du nombre d'incendies. Il y a une certaine normalité pour le nombre d'incendies, de feux sauvages, mais en 1988 ce nombre a brutalement doublé par rapport aux années précédentes. C'est un exemple de point de basculement causé par le système climatique. L'augmentation de la température était assez progressive, mais au fil des années, la végétation s'est asséchée de plus en plus et désormais la nouvelle norme veut qu'elle soit si sèche, qu'elle prend feu très facilement.

Existe-t-il aussi des points de bascule de la biodiversité ? Les avons-nous déjà atteints ?

Oui, très certainement. Au cours des cinquante dernières années, nous avons perdu environ 50 % de la faune et de la flore. Cela ne veut pas dire que 50 % des espèces ont disparu, mais que nous avons perdu

* Début septembre 2020, alors que les incendies faisaient rage en Californie, j'échangeais avec Tony qui me confiait : "Selon moi, un point de bascule est franchi. Des événements météorologiques extrêmes se manifestant par des incendies, des inondations, de la chaleur et de la sécheresse, mais aussi des pandémies, un chaos politique, une augmentation des conflits mondiaux, etc., il semble que nous ayons dépassé le point de non-retour vers une nouvelle normalité – mais, espérons-le, ce réveil incitera les gens à freiner pour que nous puissions nous stabiliser quelque part avant le pire scénario. Si je prends du recul et que j'adopte un point de vue purement théorique, il est étonnant et fascinant de voir tout cela se dérouler en temps réel, mais sur le plan émotionnel, c'est assez déchirant." Il a d'ailleurs tweeté le 11 septembre à ce sujet : https://twitter.com/tonybarnosky/status/1304418770576748546?s=20

50 % des individus qui composent de nombreux types d'espèces différentes. Donc, si les choses continuent au même rythme et qu'on se projette dans le futur, disons que nous perdrons encore 50 % dans les cinquante prochaines années. Alors nous ne serons plus qu'à 25 % de ce qu'il y avait avant, de ce qui était normal. Cinquante ans plus tard, nous ne serons plus qu'à... 12,5 %. Nous sommes donc très proches d'un point de basculement de la biodiversité. Si nous continuons à ce rythme il se produira sans doute au cours du prochain siècle : de nombreuses espèces s'éteindront brutalement parce qu'elles n'auront plus assez d'individus pour se maintenir ou pour se rétablir.

Que se passera-t-il alors ?

Alors, nous aurons véritablement assisté à la sixième extinction de masse et nous en aurons été la cause. C'est un scénario désastreux. Mais il n'est pas inéluctable : bien que nous ayons perdu 50 % des individus de nombreuses espèces, il en reste encore suffisamment pour que, si nous changeons nos habitudes et que nous nous concentrons sur la récupération des écosystèmes et leur assainissement, nous puissions continuer à habiter cette planète avec toutes ces espèces avec lesquelles nous avons vécu depuis plusieurs milliers d'années.

Vous pensez que ce changement peut se produire au cours de notre vie ?

Je pense que le changement *doit* avoir lieu de notre vivant. Sinon, il sera trop tard.

Est-ce que vous avez encore de l'espoir ?

Oui ! Il y a des choses qui me donnent beaucoup d'espoir. Ce problème est tout juste en train d'apparaître sur le radar de nos sociétés et honnêtement je ne pense pas qu'il y ait beaucoup de personnes dans le monde qui, si vous vous approchiez d'elles en leur disant :

“Est-ce que ça vous irait, si vous ne voyiez plus qu’un quart des espèces vivantes que vous connaissez actuellement lorsque vous regardez par la fenêtre ?”, répondraient : “Oui, ça me va !” La plupart des gens ne se rendent pas compte de là où nous en sommes. Ces problèmes se sont développés au cours des soixante-dix dernières années, donc vous n’allez pas tourner l’interrupteur et tout changer du jour au lendemain. Pour autant, nous avons peu de temps devant nous...

Depuis combien de temps étudiez-vous l’extinction de masse des espèces ?

Deux décennies.

Quel impact cela a-t-il eu sur vous d’étudier un sujet pareil pendant aussi longtemps ? Émotionnellement...

Émotionnellement, vous avez des hauts et des bas... Les moments de déprime arrivent lorsque vous avez l’impression de vous cogner la tête contre un mur et que rien de ce que vous faites ne fait de différence, que personne n’écoute... Le moral remonte lorsque vous avez le sentiment que les gens commencent à voir à la fois le problème mais surtout les solutions. Et je pense que c’est là où nous en sommes aujourd’hui. Cette question de la sixième extinction de masse arrive enfin dans les têtes et les conversations, d’une manière inédite. Même si j’ai peur que nous ne réagissions pas assez rapidement...

Traversez-vous des phases de désespoir ? Vous arrive-t-il d’avoir envie... d’abandonner, à force d’étudier tant de statistiques horribles chaque jour ?

Non... Je ne peux pas dire que je me sente désespéré. Peut-être parce que je ne suis pas assez intelligent ! (rires)

Je me suis toujours concentré sur ce que je peux faire plutôt que ce que je ne peux pas faire… et s'il y a un problème, ça me semble être une meilleure idée d'essayer de trouver des moyens de le régler plutôt que de désespérer. C'est peut-être ce qui me permet de continuer.

***

Lorsque nous sommes sortis de l'entrevue avec Tony, nous avons adopté le point de vue rationnel dominant : puisque nous avions identifié les problèmes, nous devions pouvoir y trouver des solutions. Nous avons délibérément laissé de côté la question du changement climatique, hautement systémique et dont les réponses demanderaient un film ou un livre à elles toutes seules. De la même façon, nous n'avons pas traité la question des espèces invasives étroitement liées aux échanges internationaux. Nous nous sommes focalisés sur les trois autres causes qui ont non seulement un impact majoritaire sur le problème (la disparition des habitats étant la cause numéro un devant toutes les autres) mais nous semblaient plus à notre portée. Et, parmi elles, nous avons commencé par la question de la pollution qui nous touche directement et très concrètement dans notre quotidien.

Lutter contre la pollution

La pollution a un impact majeur sur les espèces vivantes. Parmi les différentes causes de pollution, l'utilisation intensive de substances chimiques, à hautes doses et à répétition, infecte les cours d'eau, contamine les organismes et provoque des dégâts en cascade dans toute la chaîne alimentaire, avec des conséquences parfois inattendues comme nous le verrons plus loin avec l'exemple des Channels Islands au large de Los Angeles (voir p. 340). Les poissons contaminés sont mangés par leurs prédateurs, qui eux-mêmes vont contaminer de plus gros prédateurs et ainsi de suite... L'utilisation intensive et répétée de pesticides et d'herbicides est également incriminée dans le déclin accéléré des populations d'insectes. Leur disparition – dont l'ampleur devient particulièrement inquiétante – aurait des conséquences terribles. D'abord sur tous les animaux qui s'en nourrissent (oiseaux, amphibiens, poissons ou chauves-souris), dont les populations seront directement affectées, mais aussi sur les récoltes. Selon un rapport récent de l'IPBES[3] (l'équivalent du GIEC pour la biodiversité) : "Plus des trois quarts des principaux types de cultures vivrières mondiales dépendent dans une certaine mesure de la pollinisation animale pour le rendement et/ou la qualité." 35 % du volume de la production mondiale pourrait ainsi disparaître avec nos amis pollinisateurs. Plus globalement, et comme nous le comprendrons lors de notre rencontre avec Dino Martins au Kenya (voir p. 193), de nombreux insectes qui vivent dans les sols – en particulier les fourmis ou les termites – ont un rôle crucial pour le "recyclage" et la dispersion des matières végétales comme animales. Inventer une agriculture qui permette de nourrir les humains, tout en arrêtant de détruire les espèces sauvages et d'empoisonner les écosystèmes, est donc absolument crucial.

C'est l'aventure que mène l'agriculteur Paul François depuis plus de dix ans...

SE PASSER DES PESTICIDES

Rencontre avec Paul François

Suite à un grave accident avec un herbicide, vous avez converti vos 240 hectares de terre en agriculture biologique. Que cultivez-vous exactement ?

Nous cultivons différentes variétés de blé pour faire de la semoule, des pâtes, du pain ou des viennoiseries. Nous produisons également nos propres semences. Le blé tendre est vendu à une coopérative, qui le revend à des meuniers, qui le transforment ensuite en farine. Avec les années nous avons tâché de varier de plus en plus la production, notamment pour favoriser la biodiversité. Maintenant nous cultivons aussi du sarrasin, des haricots, du maïs, des lentilles…

Avec le changement climatique, avez-vous constaté des modifications au niveau des récoltes ?

Oui, clairement. Quand j'avais vingt ans, on moissonnait le blé aux alentours du 14 juillet alors que maintenant, trente-cinq ans après, la récolte a lieu près de deux semaines plus tôt, car l'hiver est plus doux. Venez, je vais vous montrer le champ de haricots, vous allez voir comment on gère la pousse de l'herbe sans utiliser de produits chimiques.

Est-ce votre principal problème en bio, l'enherbement ?

Oui, car il y a toujours des *mauvaises herbes* ou, disons plutôt, des herbes concurrentielles car en soi il n'y en a pas de *bonnes* ou de *mauvaises*. Quand on travaille avec la chimie, on répand des produits qui permettent de les tuer sans impacter les cultures, alors qu'en bio, on va plutôt utiliser la mécanique. Ça nous apprend à être humble, car on a parfois du mal à maîtriser la végétation qui se développe. En bio, je travaille autrement et je suis capable de récolter le haricot sans les herbes. Alors oui, le rendement va être un peu moindre, mais on le vend plus cher, c'est une tout autre réflexion qu'il faut avoir.

Il y a donc un premier palier psychologique pour accepter qu'il y ait de l'herbe au milieu des haricots ?

Il y a une dizaine d'années, devant un champ comme celui-ci, j'aurais dit que c'était du grand n'importe quoi et je n'aurais peut-être même pas cherché à récolter, j'aurais tout broyé. J'aurais eu honte, et peur aussi que mes collègues pensent que je ne suis pas un bon paysan. Mais en bio, il faut oublier ce dogme que l'on apprend dans les écoles d'agriculture, selon lequel une belle culture est nécessairement sans herbe. Les premières années, ce n'est pas facile, d'autant que je suis assez maniaque, il m'a fallu oublier cet état d'esprit. Pour passer à l'agriculture biologique, il faudrait presque un accompagnement psychologique, surtout pour ma génération, car on nous a tellement formatés que c'est intellectuellement très difficile de concevoir autre chose.

Et comment faites-vous pour séparer la récolte des mauvaises herbes ?

C'est le travail de la moissonneuse-batteuse, récolter les graines en les séparant du reste. Mais ce n'est pas qu'une question de séparation lors de la récolte, car la végétation fait de la concurrence à la culture pendant son développement en prenant de l'eau et des nutriments. Il en faut le moins possible. On va donc passer avec une faucilleuse pour couper les plantes "concurrentes" avant qu'elles ne grainent et ne se répandent davantage. Car, si on les laisse monter en graine, elles vont se ressemer et on les retrouvera encore davantage l'année prochaine. On coupe juste au-dessus des haricots, ce qui va à la fois empêcher l'engrainement et surtout, faire entrer le soleil dont la plante a besoin. Mais on ne va pas totalement les éradiquer car toutes ces plantes, quand elles sont en fleur notamment, permettent aussi à la biodiversité, aux insectes de se développer et de faire un travail bénéfique... Ils pollinisent, certains sont prédateurs pour d'autres comme les coccinelles avec les pucerons. Tout n'est pas négatif, c'est un équilibre à trouver.

On pourrait donc dire que, maintenant, vous travaillez en partenariat avec la nature ?

C'est intéressant comme question parce que, quand je travaillais avec la chimie, je n'avais pas l'impression d'aller contre la nature. On nous disait que c'était un peu comme un médicament, qu'elle était complémentaire et qu'en associant les deux, on allait être très productifs. Je n'ai compris que beaucoup plus tard qu'en fin de compte, elle peut aussi être contre nature, car elle pénètre dans le sol et tue les micro-organismes. J'ai besoin que mon sol soit vivant. Or, la chimie peut être un poison qui le déséquilibre. Donc, effectivement, il faut apprendre à travailler *avec* la nature et pas *contre* elle. D'autant que l'agriculture biologique est capable de nous apporter beaucoup de solutions. J'ai à ma disposition de nombreux éléments et phénomènes naturels pour m'aider à produire. Nos anciens, qui ont connu la famine, pensent que sans la chimie tout est perdu. Mais ce que je n'investis plus dans les produits, je le mets dans la mécanisation et la main-d'œuvre, et c'est beaucoup plus intéressant ! C'est un enrichissement personnel car plutôt que de donner de l'argent à des grands groupes, je rémunère l'humain et la technique, tout en protégeant mon sol. Cet épanouissement, je l'avais sous-estimé avant de passer en bio.

Pouvez-vous nous donner un exemple de la manière dont la nature vous aide à produire ?

Les hirondelles qui régulent les insectes par exemple. Elles ne se posent pas pour les manger, elles les captent au vol. Depuis quelques jours, il y en a partout. Et, alors qu'on se demandait pourquoi, on s'est aperçu qu'on avait des charançons sur les lentilles ! C'est ça qui les a attirées. En se nourrissant, les hirondelles remplacent les insecticides et c'est pour ça que nous avons besoin de toute cette biodiversité. Grâce à elle, nous avons des fleurs sur les plantes et les populations de pucerons sont naturellement régulées par les coccinelles. Avant, je ne vous aurais jamais emmenés sur cette parcelle, je ne vous aurais pas dit de vous asseoir, parce qu'il y avait tellement de résidus de produits chimiques que cela aurait pu avoir un impact sur vous. Or, maintenant, on peut venir ici et manger le haricot à même la plante. Alors, ce n'est peut-être pas très joli toute cette herbe, mais ce n'est pas grave. Ce qui compte, c'est que mon sol soit en bonne santé, que je sois capable de gagner ma vie et qu'on puisse s'asseoir ici, dans ce champ, sans risque.

Depuis que vous êtes passé en bio, avez-vous constaté une différence sur le nombre d'insectes ou d'oiseaux que vous voyez ?

Le changement sur la biodiversité animale a été radical. Les hirondelles sont un très bon marqueur. Avant, nous ne les voyions tout simplement pas ! Il n'y avait tellement rien à manger qu'elles fuyaient les champs. Dans mes années d'agriculture intensive, j'avais aussi oublié ces deux collaborateurs indispensables que sont l'abeille et le ver de terre. Avant, la chimie les faisait disparaître et maintenant ils reviennent. L'apiculteur, qui a ses ruches ici, a vu la mortalité des abeilles baisser de 25 % à 10 % quand j'ai commencé à réduire l'utilisation des produits phytosanitaires. Quant aux vers de terre, on ne peut pas les dénombrer, mais on les voit aussi en plus grand nombre. Ce sont des biodigesteurs hyperimportants, un seul d'entre eux est capable de digérer un mètre cube de terre en une année ! Du coup, si on les tue, on fait comment ? Ce que je vois aussi, c'est le retour du gibier et ça, ça me fait vraiment plaisir. Cette année, j'ai vu pour la première fois des perdreaux et des faisans sauvages dans mes parcelles, tout simplement parce qu'il y a moins de chimie. Ce qui m'a empoisonné moi, je me dis que les animaux, ça pouvait leur faire le même effet.

Depuis combien de temps n'aviez-vous pas vu de perdreau ?

La dernière fois, c'était il y a vingt ans et les faisans, au moins trente ! Le nombre de lièvres qui sont nés sur la ferme aussi est vraiment stupéfiant. Je ne me rendais pas compte de tout ça avant, car j'étais dans mon système. Je ne pouvais pas – ou ne voulais pas – imaginer un tel dérèglement. Les hirondelles, je croyais qu'elles ne venaient plus parce qu'il n'y avait plus d'animaux sur la ferme, mais je n'avais pas compris qu'elles n'avaient tout simplement plus rien à manger. On l'a vu tout à l'heure, dès qu'il y a des insectes, elles sont là, elles ne demandent qu'une chose, c'est becqueter. Et on a besoin d'elles. Sans biodiversité, on n'y arrivera pas. La monoculture telle que je l'ai pratiquée est un non-sens agricole et, aujourd'hui, je suis fier de dire que j'ai replanté plus de haies que j'en ai arrachées.

Vous diriez que vous n'êtes plus en accord avec l'agriculture telle qu'on vous l'a enseignée ?

Quand j'étais jeune agriculteur, on nous a appris que la chimie allait répondre à tous nos problèmes. Vous avez un insecte ravageur ?

On a l'insecticide. Une maladie sur la culture ? On a le fongicide. Une mauvaise herbe ? On a la solution. On nous a tellement parlé de l'après-guerre, en nous disant que nos parents travaillaient à la main, qu'il n'y avait pas assez à manger pour tout le monde... La chimie allait nous permettre de produire en abondance, de travailler plus d'hectares tout en étant moins nombreux* et c'était formidable. Mais c'était sans compter les conséquences pour la santé des agriculteurs, des riverains, des consommateurs et de l'environnement... On nous disait que ce n'était pas dangereux, que nous devions nourrir la planète et qu'avec neuf milliards d'habitants en 2050, nous n'y arriverions pas sans chimie. C'est complètement faux ! La chimie ne nourrit pas la planète, ni même les agriculteurs, qui peinent à en vivre. Elle nourrit surtout trois grosses firmes dans le monde.

La chimie permet tout de même de produire en grande quantité... Ce que vous critiquez c'est son impact écologique et la façon dont la nourriture est répartie, dont les terres sont utilisées... C'est surtout pour cette raison que des gens continuent à mourir de faim...

Nous avons besoin de revoir globalement notre façon de produire et de consommer. Si je mange de la viande, je ne consomme pas n'importe laquelle et pas n'importe comment. Un animal a donné sa vie, on la lui a prise, il faut en manger moins. D'autant que sa production est très consommatrice d'eau, d'espace, de protéines. À l'avenir, il va falloir se nourrir différemment et apprendre à moins gaspiller. En Europe, 25 % des denrées alimentaires partent à la poubelle entre la production et la consommation (30 % aux États-Unis), alors qu'une partie de la planète ne mange pas à sa faim. Apprenons déjà à moins jeter et à mieux répartir. Puis, cessons d'acheter des fraises et des tomates toute l'année. Réapprenons à

* Il y avait alors 10 millions d'agriculteurs en France, il n'y en a plus que 600 000 aujourd'hui.

consommer des produits de saison. Nous, agriculteurs, avons un rôle important à jouer mais nous tous, consommateurs, devons agir. Nous avons une responsabilité vis-à-vis de la jeune génération sur laquelle nous vivons à crédit. C'est une forme de crime contre l'humanité que de continuer à produire ainsi, d'employer des perturbateurs endocriniens qui, avant même qu'ils soient nés, portent atteinte à l'espérance de vie des enfants. Alors certes, ce n'est pas moi qui vais changer la face du monde, mais j'ai envie de pouvoir me regarder dans une glace et, si j'ai des petits-enfants un jour, leur dire qu'au moment où j'ai pris conscience de tout ça, j'ai changé.

Pensez-vous que les fermes biologiques sont en capacité de produire suffisamment pour nourrir toute l'humanité ?

Je le pense sincèrement, même si je suis humble et que je ne peux en être absolument certain*. Ce dont je suis sûr en revanche, c'est que l'agriculture chimique, elle, ne le peut pas, car elle ne fonctionne qu'à très court terme. Aujourd'hui, l'agriculture est l'une des premières causes de destruction de la biodiversité**. Ça n'est pas tenable. Nous devons aller vers le bio, l'agroécologie, nous n'avons pas le choix. Et ce sera possible, dès lors qu'on y mettra autant d'énergie qu'on l'a fait avec la chimie. L'agriculture intensive dépend du pétrole et de ressources naturelles qu'on est en train d'épuiser.

* Lire le rapport de l'IDDRI (Institut du développement durable et des Relations Internationales) à ce sujet "Une Europe agroécologique en 2050 : une agriculture multifonctionnelle pour une alimentation saine", www.iddri.org/fr/publications-et-evenements/etude/une-europe-agroecologique-en-2050-une-agriculture

** "Trop de viande, trop de gras, trop de sucre, trop de produits transformés... Le régime alimentaire occidental, de plus en plus globalisé, est la première cause de perte de biodiversité dans le monde. C'est l'un des principaux enseignements du Résumé pour décideurs qui a été adopté dans la nuit du samedi 4 mai par les 132 États membres de l'IPBES, la Plateforme intergouvernementale pour la biodiversité, l'équivalent du Giec sur le climat." "IPBES : Notre alimentation est la première cause de perte de biodiversité dans le monde, alertent les experts mondiaux", Novethic, 6 mai 2019.

Nous devons stopper ce système-là et développer une agriculture délivrée du pétrole, des engrais de synthèse, des produits phyto...

Mais les machines, n'utilisent-elles pas aussi du pétrole ?

On utilisera toujours un peu de pétrole, mais n'oublions pas que pour fabriquer des engrais chimiques et des pesticides, il en faut énormément. Puis, peut-être qu'à l'avenir, on trouvera des systèmes permettant de moins consommer de gasoil. Peut-être même sera-t-on capable, pour faire tourner nos tracteurs, de produire notre propre énergie sur les fermes, sous forme de gaz par exemple. Il faut y aller par étapes.

Vous avez été très malade à cause d'un produit phytosanitaire...

Un herbicide.

Le Roundup ?

Non, pas ce produit-là. Mais effectivement, le Roundup est l'herbicide le plus utilisé au monde par les agriculteurs comme par les particuliers, alors même qu'il est très décrié, car c'est du glyphosate. J'en ai aussi beaucoup utilisé. Dans les années 1990, les fûts arrivaient par 100 litres sur l'exploitation... Quand le produit a été homologué en 1968, on disait aux agriculteurs que c'était un produit miracle et sans danger. On a même vu des gens en boire dans les présentations publiques, mais je n'ai jamais su si c'était vraiment du Roundup dans les bouteilles... Cinquante ans plus tard, ce qui est incontestable en revanche, c'est qu'on en retrouve des résidus alors que la firme nous disait qu'il était totalement biodégradable. Tout le monde a en tête cette publicité – interdite depuis – où on voyait un particulier mettre du Roundup dans son jardin et son petit toutou aller déterrer son os pour le manger. "Pas de problème, disaient-ils, pas de résidus."

Alors comment se fait-il qu'aujourd'hui, on en retrouve des traces dans le sang d'utilisateurs ? Il n'est pas si biodégradable que ça* ! Il y a un an et demi, j'ai été en Argentine observer les méfaits de la culture des OGM de soja sur les populations. J'y ai rencontré un pilote d'avion qui, à cinquante-deux ans, était gravement malade. Il m'a montré une photo en me disant : "Regarde les quatre gars, là, devant l'avion d'épandage (de glyphosate). C'était il y a dix ans, je suis le dernier survivant." Depuis, lui aussi est décédé.

Et vous, quel est le produit qui vous a rendu malade ?

J'ai été empoisonné par le Lasso, un herbicide que j'utilisais sur les cultures de maïs et de soja. Dans les années 1990, c'était le produit le plus vendu par Monsanto. Sur ma ferme, j'en utilisais 300 à 400 litres par an. Et même si, sur les étiquettes, il était marqué "ne nécessite pas de protection spécifique lors de l'utilisation", je prenais quand même quelques précautions. Le jour où ça m'est arrivé, le 27 avril 2004, je venais d'ouvrir la cuve que j'utilisais pour épandre les produits en pensant qu'elle était vide. Or, elle en contenait un résidu qui s'était transformé en gaz.

Que s'est-il passé ?

J'ai été intoxiqué de façon aiguë, avec perte de connaissance, problèmes respiratoires, et je crachais du sang. Heureusement, ma femme était infirmière et elle a eu les bons réflexes. Elle m'a tout

* "Dans la célèbre publicité mettant en scène Rex, un chien qui n'aime pas les mauvaises herbes, une voix off présente « *Roundup, le premier désherbant biodégradable. Il détruit les mauvaises herbes de l'intérieur jusqu'aux racines et ne pollue ni la terre, ni l'os de Rex.* » Or, l'herbicide a été retrouvé dans 38 % des cours d'eau analysés par le Commissariat général au développement durable. Cette dernière publicité a d'ailleurs valu à Monsanto une condamnation à 15 000 euros d'amende pour « publicité mensongère » en 2007." Franceinfo, 2017, www.francetvinfo.fr/monde/environnement/pesticides/glyphosate/video-roundup-c-est-l-ideal-quand-monsanto-vantait-son-desherbant-biodegradable_2436777.html

de suite emmené à l'hôpital. On a alors porté l'étiquette au centre antipoison qui a dit qu'il n'y avait pas de souci avec ce produit-là, qu'il pouvait y avoir quelques réactions, que c'était normal, et qu'il fallait me garder en observation à l'hôpital. J'y suis resté quarante-huit heures. Le problème, c'est que ma santé s'est dégradée dans les mois qui ont suivi et j'ai de nouveau été pris en charge après avoir perdu connaissance, avec des maux de tête très violents. À partir de là, j'ai été hospitalisé pendant cinq mois.

Avez-vous réussi à faire reconnaître que c'était bien à cause de ce produit-là ?

Au début, ce n'était pas gagné. Les médecins n'acceptaient pas de faire le lien entre mon intoxication et mes problèmes de santé. Mais j'ai eu de la chance, car ma famille s'est battue pour qu'on fasse des prélèvements et c'est là qu'on a retrouvé le résidu du produit dans mon corps. Ce fut un long périple hospitalier où, à plusieurs reprises, le pronostic vital a été engagé. Quand je suis définitivement rentré sur ma ferme, en juillet 2005, on m'a interdit d'utiliser ces produits. Les médecins estimaient que mon corps avait développé une forme d'hypersensibilité. De mon côté, j'imaginais – et Monsanto me l'a aussi bien fait croire – que si j'avais été intoxiqué, c'est que je n'avais pas fait ce qu'il fallait. Puis, j'ai appris que le Lasso était interdit au Canada depuis 1985 et aux États-Unis depuis 1991. Il était donc dangereux et on ne m'en avait pas informé.

Aujourd'hui, est-il interdit en France ?

Il est interdit depuis 2007 en France, mais des pays d'Asie, par exemple, l'utilisent encore. De mon côté, j'ai porté plainte contre Monsanto. La firme a été condamnée une première fois en 2012 et une deuxième en 2015 par la cour d'appel. Puis, elle a fait casser le jugement par la Cour de cassation, a de nouveau été condamnée le

11 avril 2019 devant la cour d'appel de Lyon et, définitivement cette fois, par la Cour de cassation le 21 octobre 2020. Treize ans de procédure ! Monsanto savait très bien que le Lasso était dangereux et pourtant, ils l'ont délibérément commercialisé. C'est un fait très grave.

Et depuis, les choses ont-elles changé ?

La médiatisation du procès a permis à d'autres agriculteurs de se rapprocher de moi. Alors que je pensais être un cas isolé, j'ai compris que nous étions en réalité des milliers. En 2011, on a créé l'association Phyto-Victimes et c'est là que j'ai vraiment pris conscience qu'il fallait d'abord que moi, je change mes pratiques. Et je ne suis pas le seul. Quand j'ai commencé mon combat, les agriculteurs pensaient que c'étaient des foutaises, que ceux qui étaient malades, c'était parce qu'ils n'avaient pas fait assez attention. Mais désormais, de vraies questions se posent sur l'utilisation de ces produits dans le monde agricole. Peut-être pas suffisamment pour les supprimer complètement, mais il n'y a jamais eu autant d'agriculteurs qui passent en bio qu'aujourd'hui. Une ferme par jour en France* !

Actuellement, de nombreux procès sont intentés à travers le monde. Pensez-vous que Monsanto va en payer le prix ?

Au moment où j'ai porté plainte pour dénoncer le comportement des grandes firmes, des agriculteurs – dont mon propre père – m'ont dit que je crachais dans la soupe, que ce système-là avait nourri la France et nous avait permis, à nous agriculteurs, de bien gagner notre vie. Je ne peux pas dire le contraire. J'ai fait du business – et j'emploie ce terme à dessein – avec ces produits-là. Alors je comprends que cela peut sembler ingrat vis-à-vis de ceux qui ont permis

* En 2018, c'étaient même seize fermes par jour qui se convertissaient en bio, www.wedemain.fr/dechiffrer/2018-annee-record-pour-l-agriculture-bio-en-france_a4132-html/

de faire la fameuse *révolution verte*, sauf qu'elle n'avait rien de vert ! Il est difficile de faire comprendre à mes collègues que, peut-être, on nous avait trahis. Que ces gens n'étaient pas là pour développer l'agriculture comme ils le prétendaient, mais pour faire leur propre business. Ce sont eux qui gagnent l'essentiel de l'argent, pas nous. En mettant en péril notre santé à tous. Aujourd'hui, Monsanto appartient à Bayer et, depuis le rachat, ils ont perdu plus de 40 % de la valeur en bourse*. Agent orange, PCB, glyphosate... ces produits ont un impact considérable et à un moment donné, il faudra que ceux qui ont sciemment caché la vérité soient condamnés.

Mais pourquoi les autres agriculteurs n'abandonnent-ils pas aussi ces produits s'ils sont si dangereux ?

Pour la même raison que j'ai envie de dire : "Pourquoi, moi, je ne l'ai pas fait plus tôt ?" Notre génération a été formatée à un modèle qu'on nous a bien vendu. Une agriculture facile, faite de grandes cultures où l'on peut travailler rapidement et où chaque problème a sa solution. On l'a vu tout à l'heure, l'enherbement, c'est beaucoup de travail, alors qu'avec un produit chimique et un pulvérisateur on peut en venir à bout en une heure. Quand on se convertit à l'agriculture biologique, il faut se réinventer et accepter d'y passer plus de temps. Ce que je ne mets plus dans les produits chimiques, je le mets dans la mécanisation et dans l'humain. Peut-être qu'en voyant ma propre expérience, d'autres agriculteurs auront la même démarche ? Si on montre que ça fonctionne, les jeunes comprendront qu'on peut faire une autre agriculture. Pas un retour en arrière, mais la vraie modernité. Celle qui consiste à se passer des produits chimiques mortels. Pour nous, agriculteurs, et pour la planète.

* Chiffre en date de 2019, www.lesechos.fr/industrie-services/pharmacie-sante/les-difficultes-de-monsanto-font-plonger-bayer-en-bourse-au-plus-bas-depuis-2012-1018792

De nombreux agriculteurs disent aujourd'hui que se passer de glyphosate ou d'herbicide demande de labourer. Et que labourer c'est très mauvais pour le sol...

À nouveau, il y a des solutions. Moi ici, je pratique le pseudo-labour. C'est une technique qui consiste à passer de grands disques en métal, accrochés derrière le tracteur, qui vont fendre le sol à une profondeur inférieure à celle d'un labour, mais sans le retourner, ce qui est bien meilleur pour la vie microbiologique*. Aujourd'hui je considère – sachant que je ne l'ai pas toujours dit, mais il n'y a que les imbéciles qui ne changent pas d'avis – que quand on nous dit qu'avec le Roundup, on laboure moins – ce qui est vrai –, donc c'est une agriculture de conservation, c'est un non-sens. Il faut m'expliquer comment on peut parler de conservation quand on met un produit chimique qui n'est pas vraiment biodégradable.

Et quand un agriculteur, qui aurait envie de passer en bio, vous demande s'il est sûr de parvenir à gagner sa vie, que répondez-vous ?

Je lui dis que, globalement en France, les agriculteurs gagnent mieux leur vie en bio qu'en conventionnel. Mais ce n'est pas si simple, car ça veut dire reprendre totalement en main son exploitation. Ce n'est plus mon smartphone qui m'informe qu'il y a des vols d'insectes et qu'il faut que je traite mes colzas. Aujourd'hui, "je suis le maître de mon destin, le capitaine de mon âme", comme disait Mandela. Tous ces agriculteurs qui sont dépendants des grands groupes et se plaignent de ne pas vivre de leur métier, s'ils passaient en bio, redeviendraient maîtres de leur exploitation. Ils prendraient leurs responsabilités, regarderaient leur sol, vivraient avec leur ferme...

* Le nombre de galeries de vers de terre serait deux fois plus élevé en pseudo-labour qu'en labour, https://fr.wikipedia.org/wiki/Pseudo-labour

et seraient libres. La difficulté réside surtout dans les deux à trois années de conversion où l'on ne valorise pas encore les produits en bio. Or, pour cela, on a un accompagnement de l'État (même si, aujourd'hui, les aides baissent). Alors, à tous ceux qui se plaignent que les prix sont bas et qu'ils n'arrivent pas à vivre de leur métier, j'ai envie de dire : au lieu de travailler sur la quantité, parions sur la qualité. Vendons des produits sains, créons de l'emploi, vivons de notre métier et protégeons l'environnement. Il n'y a aucune raison de ne pas engager la transition.

Et le rendement, vous paraît-il suffisant en agriculture biologique ?

Votre question est intéressante car l'autre jour, un collègue m'a dit que cette année le climat avait été formidable pour le blé et que les rendements sont excellents, de l'ordre de 9 à 10 tonnes à l'hectare. Alors que moi, j'en ai fait seulement 5 tonnes. Mais le truc, c'est que quand ils en font 10, ils les vendent à 130 euros la tonne, et moi à 500. Mon copain a vite compté. Avec moitié moins, je fais deux fois plus d'argent. Et c'est valable pour toutes mes cultures ! D'autant que le blé est certainement celle qui chute le plus en rendement lors du passage en bio. Dans d'autres productions, on est sur des rendements quasi identiques et je suis sûr que même pour le blé, dans dix ans, on sera capable de produire dans les mêmes quantités, ou presque. En conclusion, il peut y avoir une chute de rendement, mais pas de revenu, bien au contraire.

À la lumière de tout ce que vous avez vécu, que pensez-vous que devrait être la place de l'humain dans le vivant ? Et a fortiori, *celle d'un agriculteur ?*

Pendant un temps, nous nous sommes crus les maîtres du monde. Une espèce au-dessus du règne animal. Et nous avons organisé la planète autour de nos besoins. Mais ce que nous n'avons pas compris, c'est que nous faisons partie de ce règne animal. Après la

Seconde Guerre mondiale, au moment où il a fallu relever le défi de nourrir la France, nous, agriculteurs, avons adopté l'idée selon laquelle il fallait dompter la nature. La terre devenait un support dans lequel on devait mettre des engrais et les animaux, du bétail parqué dans des hangars. Et on a imaginé qu'on allait pouvoir vivre indéfiniment ainsi. Mais aujourd'hui, on sait qu'on doit prendre soin de la terre, des végétaux et de tout ce qui nous entoure, car sinon, on va perdre la partie. Sauf que nous faisons exactement l'inverse, et nous exportons notre modèle sur les autres continents. Aujourd'hui, le Lasso est interdit chez nous, mais on continue de le vendre dans les pays asiatiques, de même que l'Atrazine en Afrique... Si vous étiez venus me voir il y a dix ans, je vous aurais dit que je ne ferai jamais d'agriculture biologique, parce que je n'y croyais pas, j'avais des idées préconçues. Mais à force de rencontres, j'ai pris conscience de la nécessité de changer. Et aussi, parce que mes deux filles me répétaient sans arrêt qu'il fallait que je cesse d'utiliser toute cette chimie. Si bien que je me suis retrouvé, un peu malgré moi, comme un porte-étendard du combat contre Monsanto. Un jour, une amie m'a dit que même si je devais perdre la bataille judiciaire, ma plus belle victoire était ma conversion. Avoir réussi à montrer qu'une ferme de 240 hectares pouvait fonctionner en agriculture biologique, n'est-ce pas la plus belle réponse qu'on puisse faire ?

Aujourd'hui, de nombreuses personnes veulent que les choses changent. Mais comment quelqu'un qui n'est pas agriculteur peut-il contribuer à rendre notre façon de nous nourrir plus durable ?

J'ai été très touché quand j'ai vu les marches citoyennes pour la défense du climat. Des jeunes comme vous descendre dans la rue, sans étiquette politique, juste pour dire : "On veut continuer à vivre sur cette planète, on veut arrêter l'hécatombe." Je pense que la prise de conscience des adultes, des politiques et des responsables viendra de vous. Parce que vous vous mobilisez de façon pacifique, et parce qu'à un moment donné, vos comportements vont nous faire réagir. Chaque geste compte et le premier de tous, c'est la façon dont nous consommons. Demandons-nous ce que nous voulons dans nos assiettes. Comme le disait Coluche : "Quand on pense qu'il suffirait que les gens n'achètent plus pour que ça se vende pas..."

Mais ce n'est pas évident pour tout le monde. Les produits bio, par exemple, coûtent plus cher... N'est-ce pas, finalement, un problème de système dans son ensemble ?

Le prix est un faux problème. Car le bio coûte peut-être plus cher, mais il faut regarder la manière dont il est transformé et qui le vend. Quand on l'achète directement au producteur ou sur des circuits courts, le prix n'est pas multiplié par deux ou trois comme dans les grandes surfaces. Le WWF a fait une étude[1] à ce sujet et a montré qu'une famille pouvait consommer bio pour le même budget, et parfois même inférieur, à condition de consommer mieux, de ne pas acheter n'importe quoi, n'importe quand.

Moins mais mieux.

Moins gaspiller, être attentif à ce que l'on achète et transformer soi-même. Quand j'ai quitté l'école d'agriculture en 1982, on nous disait qu'en l'an 2000 les gens ne mangeraient plus, qu'ils prendraient des pilules de vitamines. Or, l'an 2000 c'était il y a vingt ans, et non seulement les gens ne se nourrissent pas de pilules, mais en plus, ils reprennent goût à faire de la cuisine ! J'en connais même qui travaillent plus de cinquante heures par semaine et qui prennent encore le temps de cuisiner. C'est un moment familial, qui crée des liens humains bien plus intéressants que d'acheter des produits fabriqués par des industriels. Alors on dit que le bio, c'est pour les gens qui ont les moyens, mais c'est faux. Il y a des gens de milieux modestes qui mangent bio. C'est un choix, et tout dépend de ce que l'on veut faire de son argent. Après-guerre, 50 % du budget familial servait à s'alimenter et aujourd'hui, c'est à peine 12 ou 13 %. Peut-être qu'on pourrait augmenter un tout petit peu ?

Et vous, si vous n'aviez pas été malade, pensez-vous que vous auriez tout de même changé ?

Ce serait un peu trop facile de dire que si je n'avais pas été malade, je serais quand même passé au bio. Mais, en même temps, ceux qui me connaissent bien me disent que je ne serais pas resté toute ma vie en conventionnel. C'est vrai qu'avant mon intoxication, j'avais déjà commencé à changer, j'avais pris conscience que j'étais rendu à la limite de l'agriculture chimique.

Que voulez-vous dire par là ?

Au milieu des années 1990, j'ai constaté que malgré l'augmentation des produits que l'on mettait dans les champs, les rendements stagnaient. Aujourd'hui ce constat est partagé partout, en Europe comme aux États-Unis : les rendements du maïs et du blé n'augmentent plus*, voire baissent un petit peu. C'est à ce moment-là que j'ai commencé à me poser des questions. Pour autant, est-ce que j'en serais arrivé à faire du bio ? Je n'en suis pas sûr, même si je suis assez curieux de nature et que je ne serais pas resté insensible à ce qu'il se passe autour de moi. Mais forcément, à travers ma maladie, les rencontres, le combat... tout s'est accéléré. Il a fallu que je sois

* "Après avoir fortement progressé, les rendements des grandes cultures stagnent en France, comme en Europe. Ce phénomène s'accompagne d'une variabilité interannuelle marquée. Les effets du climat expliqueraient en grande partie cette situation pour le blé." Chambres d'agriculture, https://chambres-agriculture.fr/fileadmin/user_upload/National/FAL_commun/publications/National/Revue_Chambres-agriculture_1031_2014_Rendements_Grandes_Cultures.pdf

touché dans ma chair et que je voie des milliers d'autres agriculteurs l'être à leur tour pour me dire que ce système-là n'était définitivement pas le bon. J'ai alors compris le double jeu des firmes. Quand j'ai commencé à travailler avec elles, je les prenais pour des collaborateurs, des gens qui nous aidaient à aller de l'avant. Mais à travers mon procès, j'ai pris conscience qu'elles sont surtout là pour faire du bénéfice, peu importe la santé des utilisateurs ou les conséquences sur l'environnement. Que ce soit en amont comme en aval des exploitations, ce sont les mêmes que l'on retrouve. Elles ont la mainmise sur les semences et sur toute la production. On le voit avec les OGM, c'est une manière de privatiser le vivant en le brevetant. Les paysans ne produisent même plus leur propre semence. On pousse le cynisme très loin là, pour faire de l'argent, on t'enlèverait presque le droit de te nourrir tout seul !

Avez-vous de l'espoir pour nos générations ? Pensez-vous que nous aurons le temps de changer les choses ?

Je suis d'un tempérament optimiste alors, s'il m'arrive de douter, j'ai quand même de l'espoir. Et justement parce que vous êtes là. Parce que vous êtes en train de réagir et qu'à un moment donné il va falloir que nous, les adultes, nous prenions conscience de ce qui se trame. Quand j'ai porté plainte contre Monsanto, j'ai vu toute une solidarité s'installer autour de moi. Deux mille personnes m'ont aidé financièrement et j'ai eu des milliers de soutiens. Alors, si un simple citoyen comme moi arrive à faire condamner Monsanto et si des gens croient en ces combats, c'est que ça va bouger. Que ce soit pour l'eau, pour consommer différemment, développer d'autres énergies, réduire ses déchets... On voit que ça bouge un peu partout. Donc effectivement, parfois les choses semblent impossibles... Mais personne n'aurait misé sur la victoire d'un simple agriculteur contre Monsanto et pourtant, j'y suis arrivé !

Aujourd'hui, vous êtes devenu un symbole...

Oui, mais il faut aussi que chacun reste à sa place. Moi j'ai fait ma petite part. Et je suis ému, parce que je pense à ma femme, Sylvie, qui au départ me disait que j'étais complètement fou, que je partais dans un combat qui allait m'échapper. Elle n'était pas pour que je porte plainte. Mais après, dans les moments de doute, c'est elle, avec mes deux filles, qui était à mes côtés pour m'encourager à continuer, à me battre jusqu'au bout. Si je l'ai fait, c'est aussi parce que j'ai eu la chance d'avoir un soutien familial et des amis. Je n'étais pas tout seul.

On a donc besoin d'amour pour y arriver ?

Je vais pleurer si vous me faites dire ça... Mais c'est vrai. Si je n'avais pas eu l'amour de mes filles et de ma femme, j'aurais sûrement abandonné... Car le combat met tout entre parenthèses et on se met en danger. Mais s'il a servi à ce que des jeunes comme vous prennent conscience qu'on ne peut plus laisser faire ça et descendent dans la rue, alors c'est la plus belle des récompenses, qui vaut tous les sacrifices.

***

Malgré lui, Paul François est devenu un symbole. Après treize ans de procédure, il a définitivement remporté sa bataille juridique contre Monsanto, mais en a payé le prix fort. Alors qu'il faisait face à l'armada d'avocats de la multinationale et aux problèmes de santé liés à son intoxication il a, dans le même temps, engagé la conversion totale de sa ferme en agriculture biologique. Le décès de son épouse d'un accident vasculaire cérébral en 2018 l'a immensément affecté et il est aujourd'hui usé par les épreuves. En février-mars 2021, il a encore passé plus de soixante-dix jours à l'hôpital et craint d'être durablement affaibli par la maladie. À travers son parcours, Paul François a voulu mettre en évidence que la pollution chimique s'attaque véritablement au vivant et que le vivant, c'est également nous, les êtres humains. En 2020, la plus grande étude au monde conduite sur les cancers en milieu professionnel agricole, réalisée sur une population de 180 000 éleveurs et cultivateurs*, a mis en évidence une proportion accrue de lymphomes, leucémies ou cancers de la prostate chez ceux qui sont exposés aux pesticides. "Les arboriculteurs réalisant des traitements pesticides ou des récoltes sur plus de vingt-cinq hectares ont un doublement de risque de développer un cancer de la prostate", écrivent par exemple les chercheurs. Ou encore : "Les analyses ont permis de montrer une association entre les tumeurs du système nerveux central et le travail au contact des porcs ou de certaines cultures, telles que le tournesol, les betteraves et les pommes de terre pour les méningiomes, et les prairies pour les gliomes. Elles ont également mis en évidence que les utilisateurs de pesticides avaient en moyenne deux fois plus de risque de développer une tumeur du système nerveux central que les autres participants de la cohorte."

Comme le notent les scientifiques, une vingtaine d'autres études épidémiologiques mettent en évidence des associations entre ces tumeurs et les pesticides. Heureusement, les agriculteurs sont moins exposés à d'autres risques comme la sédentarité ou la pollution de l'air, ce qui les protège d'autres cancers, qu'ils développent d'ailleurs 5 à 7 % moins que le reste de la population. Mais désormais, il est indiscutable que les produits que nous utilisons pour l'agriculture ont un impact particulièrement préoccupant, non seulement pour leurs utilisateurs, mais pour le reste du vivant. L'incrimination des pesticides et herbicides dans le déclin des insectes – et par conséquent des oiseaux – est désormais largement documentée. Y compris lorsque ces produits sont utilisés par des particuliers dans leurs jardins**.

* *Enquête Agrican. Agriculture & Cancer cancer*, novembre 2020, www.actu-environnement.com/media/pdf/news-36604-cohorte-agrican-bulletin.pdf
** "Impact à grande échelle des pesticides sur les papillons et bourdons des jardins privés de France". Des chercheurs du Centre des sciences de la conservation

Comme l'explique Philippe Grandcolas, coauteur d'un rapport très alarmant de l'Académie des sciences sur le déclin des insectes* : "L'usage massif et irraisonné de pesticides est la deuxième cause majeure de l'effondrement des populations d'insectes à proximité des zones agricoles." La première étant la destruction de leurs habitats par l'urbanisation et l'agriculture, il est devenu incontournable d'inventer de nouvelles façons de cultiver en s'appuyant sur les dynamiques du vivant. À ce titre, l'expérience de Paul François est particulièrement intéressante et emblématique, car il s'agit de grandes cultures. Convertir 240 hectares, ce n'est plus un potager en permaculture. Et pourtant, ça marche. On voit distinctement une présence accrue d'animaux sauvages et de pollinisateurs, tout en ayant préservé rendements et rentabilité économique. Bien sûr, il est possible d'aller encore plus loin dans la densité de vie sauvage à l'intérieur des fermes, dans le réensauvagement des cultures ou dans l'augmentation des rendements – comme nous le verrons plus tard avec l'exemple du Bec Hellouin (voir p. 301-340) –, mais de nombreuses études et expériences montrent déjà que nous pourrions nourrir l'ensemble de l'humanité en réduisant massivement l'usage de produits phytosanitaires. En Europe, le scénario TYFA développé par l'IDDRI[2] s'appuie sur la généralisation de l'agroécologie (abandon des pesticides et des engrais de synthèse, redéploiement de prairies extensives et d'infrastructures paysagères, etc.), l'abandon des importations de protéines végétales et l'adoption de régimes alimentaires plus sains à l'horizon 2050. Selon les auteurs de l'étude : "Malgré une baisse induite de la production de 35 % par rapport à 2010 (en kcal), ce scénario : nourrit sainement les Européens tout en conservant une capacité d'exportation, réduit l'empreinte alimentaire

(Muséum national d'histoire naturelle/CNRS/UPMC) et de l'Observatoire départemental de la biodiversité urbaine de Seine-Saint-Denis démontrent pour la première fois les effets de l'emploi de pesticides par les particuliers en France, www.sciencedirect.com/science/article/abs/pii/S0006320714004704?via%3Dihub

* *Le Déclin des insectes : il est urgent d'agir*, janvier 2021, www.academie-sciences.fr/fr/Rapports-ouvrages-avis-et-recommandations-de-l-Academie/declin-insectes-urgence.html

mondiale de l'Europe, conduit à une réduction des émissions de GES du secteur agricole de 40 %, permet de reconquérir la biodiversité et de conserver les ressources naturelles*."

Le rapport d'Olivier De Schutter pour l'ONU en 2011, réalisé dans soixante-huit pays en développement, mettait quant à lui en évidence que l'agroécologie peut doubler la production alimentaire de régions entières en dix ans, tout en réduisant la pauvreté rurale et en apportant des solutions au changement climatique[3].

Enfin, une étude publiée dans la *Nature Communications* en 2017 avançait quant à elle qu'il était possible de nourrir l'ensemble de l'humanité avec l'agriculture biologique, à condition de réduire le gaspillage alimentaire et de limiter la consommation de protéines animales[4].

Un chantier passionnant et vital s'ouvre à nous. Et même si tout n'est pas encore gagné, il y a de fortes probabilités que nous parvenions à trouver le juste équilibre si nous investissons le temps, l'énergie, l'argent et la matière grise nécessaires. Ce qui est également indispensable pour se débarrasser d'une deuxième source de pollution tragique pour la biodiversité : le plastique.

Se débarrasser du plastique

Chaque année, plus de 8 millions de tonnes de plastique finissent dans les océans, soit l'équivalent d'un camion à ordures déversé chaque minute[5]. Un flot continue, qui ne cesse d'augmenter.

* On peut s'étonner du fait que malgré une baisse de la production, nous parvenions à répondre à nos besoins. Cela s'explique par l'optimisation de deux facteurs. Tout d'abord la baisse du gaspillage. En Europe, on estime que 20 à 30 % de la nourriture est jetée dans la chaîne alimentaire (production, transformation, transport, consommation). En France, par exemple, une salade verte sur deux serait jetée et plus de 9 milliards d'œufs finiraient à la poubelle. Ensuite, la réduction de notre consommation de viande. La forte proportion carnée de nos régimes alimentaires oblige à cultiver de vastes espaces pour nourrir les animaux d'élevage, alors qu'ils alimenteraient bien plus de personnes si les cultures étaient directement consommées.

Depuis 1950, nous avons produit plus de 8,3 milliards de tonnes de plastique. 6,3 milliards sont devenus des déchets, dont 9 % ont été recyclés, 12 % incinérés et 79 % se sont accumulés dans des décharges ou évaporés dans la nature[6]. Et avec eux, les milliers de produits chimiques qui les composent. Les chiffres sont considérables et les conséquences dévastatrices. Si les choses continuent à ce rythme, en 2050, il pourrait y avoir plus de plastique que de poissons dans les mers du globe. Cette phrase a déjà été répétée des centaines, peut-être même des milliers de fois. Mais que veut-elle dire exactement ? Qu'une fois l'environnement atteint, le plastique se fragmente en particules de plus en plus petites dont la capacité de dispersion croît de manière fulgurante. Aujourd'hui, les microplastiques sont partout, du fond des fosses océaniques aux nappes d'eau souterraines, des glaces de l'Arctique aux neiges des montagnes, du tube digestif des crustacés, oiseaux et mammifères marins au sel marin[7], au miel[8], à l'eau en bouteille[9] et même, celle du robinet[10]. Des microparticules et des fibres, que l'on retrouve également dans les retombées atmosphériques[11] et dans l'air intérieur de nos maisons[12]. Les études scientifiques sont formelles. Désormais, nous le mangeons, le buvons et le respirons, le plastique, sans que nous ne sachions encore ce que cela signifie réellement pour la santé humaine. Depuis quelques années, les alertes surgissent de toute part. Scientifiques, institutions, ONG, tous s'accordent pour dire que la pollution par les plastiques est une véritable bombe à retardement digne de nos crises environnementales les plus sérieuses. Pouvons-nous vivre avec cette idée ? Non. Reste à savoir comment agir.

Pour cela, nous sommes partis à Mumbai, sur la côte ouest de l'immense "continent" indien où nous avons rencontré Afroz Shah, sacré champion de la Terre par l'ONU en 2019 pour l'incroyable action qu'il a menée sur l'une des plus grandes plages de la ville et plus largement pour éduquer la population de cette ville-monde.

Arriver en Inde est toujours une expérience d'une intensité garantie. Les mégalopoles (Mumbai compte 12,5 millions d'habitants) sont un visage particulier du pays, à de nombreux égards grimaçant, mais également terriblement stimulant. Tous nos sens y sont assaillis par des stimuli de toutes sortes : foules compactes, voitures pétaradantes et fumantes, vacarme en continu, incroyable diversité de corps, de couleurs, chaleur humide écrasante, odeurs de gaz, d'humains, de nourriture... Rien ne semble pouvoir arrêter ce flot ininterrompu, à tel point que les personnes que vous croisez ne font pas particulièrement attention à vous. Chaque bipède n'est qu'une fraction d'une marée plus vaste, un élément parmi d'autres de la fourmilière. Et lorsque cette immense population – l'Inde est peuplée par 1,4 milliard de personnes – est abreuvée de plastique à haute dose, sans disposer d'infrastructures pour le gérer, le résultat est cataclysmique. À de nombreuses reprises, nous nous sommes trouvés dans de véritables décharges à ciel ouvert, à quelques mètres de là où les gens vivaient. Par exemple, à l'embouchure de la rivière Mithi, l'un des pires endroits que nous ayons traversés. Des corneilles y dévoraient des rats morts, tandis que d'autres, pelés mais bien vivants, se disputaient les restes de nourriture en décomposition. Toutes les étiquettes étaient représentées, depuis le mini-sachet de shampoing, jusqu'aux nouilles déshydratées ou aux packs de lait. La puanteur y était innommable. Tous ces déchets, jetés par une partie des 2 millions d'habitants qui vivent de part et d'autre du cours d'eau (dans l'un des bidonvilles, nous les avons vus, tout naturellement, vider leurs détritus dedans, ne disposant pas de véritables poubelles ni chez eux ni dans le quartier), sont charriés par le courant lors de la saison des pluies, direction l'océan. À la saison sèche, le lit de la rivière se rétrécissant, une bonne partie des déchets se retrouvait sur une sorte de plage limoneuse où des pêcheurs continuaient, malgré tout, à chercher des poissons pour se nourrir (de poisson et de plastique...) et où des enfants se poursuivaient en riant. Une preuve supplémentaire, s'il en fallait encore une, que l'action d'Afroz et ses amis était absolument cruciale.

Bella et Vipulan à l'embouchure de la rivière Mithi, Mumbai.

ARRÊTER DE PARLER ET AGIR

Rencontre avec Afroz Shah

Arrivés sur la plage de Versova, l'une des plus grandes de Mumbai, nous apercevons un large groupe qui s'affaire autour d'une pelleteuse et de deux camionnettes à plateaux, sur lesquels des silhouettes déversent le contenu de leurs récipients circulaires. Il y a là des étudiant·e·s, des enfants avec leurs parents, des personnes âgées, qui s'échinent à retirer le plastique enfoui dans le sable humide. Au milieu d'eux, Afroz Shah, jeune avocat né à quelques kilomètres de là, casquette vissée sur la tête et gants de vaisselle bleus à chaque main, donne des instructions. Son visage est tantôt sombre, tantôt traversé d'un sourire enfantin. Puis, il se met au travail à son tour, lui qui a commencé le nettoyage à cette même place, des années plus tôt, les deux pieds enfoncés dans un océan de plastique.

Pouvez-vous nous raconter votre histoire ? Comment tout a commencé ?

Enfant, je jouais sur cette plage. En ce temps-là, il n'y avait presque pas de plastique. Puis, je suis devenu avocat et j'ai déménagé dans le centre de Mumbai. Quand je suis revenu ici, des années plus tard, les immondices recouvraient intégralement les trois kilomètres de la plage, sur un mètre cinquante de haut. Je suis descendu en courant pour voir ça de plus près. C'était inimaginable. Il fallait que je fasse quelque chose… En tant qu'avocat, votre instinct vous dit "va au tribunal", "amène les politiciens à rectifier le tir". Mais, en même temps, une loi peut-elle vraiment suffire à changer des habitudes ? Car une fois qu'une loi est votée (même une bonne loi), il faut qu'elle soit appliquée. Et là, c'est une autre aventure qui commence… Dans ce cas précis, je ne suis pas allé au tribunal. Je me suis dit que le problème était ici et maintenant, qu'il y avait une déconnexion trop importante entre les gens et l'océan et que ça n'avait rien à voir avec la loi ou la politique. Quelque chose de grave s'était produit, et réparer ces dégâts commençait par moi. Mais au bout d'un moment j'ai compris que je n'y arriverai jamais tout seul, alors j'ai réuni autant de personnes que possible. C'était en octobre 2015.

Que s'est-il passé ensuite ?

Nous avons mené le plus grand projet de nettoyage de plage au monde. Chaque week-end, nous venions ramasser le plastique. Il y avait des volontaires de tous horizons : étudiants, élus, pêcheurs, stars de Bollywood*… Ensemble, en quelques années, nous avons collecté plus de 30 000 tonnes de plastique, sur la plage et dans les rivières de la ville**. En mars 2018, les tortues, qui avaient fui la plage depuis vingt ans, sont revenues y pondre leurs œufs et ont donné naissance à une centaine d'entre elles. Nos efforts récompensés de la sorte… ça rend vraiment heureux. Puis, nous avons étendu nos activités, afin d'éviter que les détritus ne continuent

* Il y aurait eu jusqu'à 200 000 personnes qui ont participé à ces ramassages.
** Dont 12 000 tonnes sur la plage seulement, www.treehugger.com/mumbai-home-worlds-largest-beach-cleanup-4858302, et 30 000 en tout, https://edition.cnn.com/2019/10/17/world/cnnheroes-afroz-shah-afroz-shah-foundation/index.html

d'envahir la plage. Nous sensibilisons les gens pour qu'ils se procurent des mugs ou des gourdes réutilisables, qu'ils cessent d'utiliser les pailles, les doses individuelles de shampoing, les gobelets jetables, bouteilles d'eau, sachets en plastique, etc. Nous parcourons les rues et récupérons le plastique partout où cela est possible, afin de le recycler. Ce qui nous donne l'occasion d'éduquer la population, car le recyclage est un aspect crucial du sujet. Ce que tu consommes, tu dois le recycler, mais avant tout, c'est la consommation elle-même qui doit baisser. Enfin, au-delà de la plage, nous nettoyons également la mangrove du littoral, le parc national, où le plastique empoisonne les léopards, la rivière Mithi aux 2 millions de riverains et sur laquelle les déchets voyagent jusqu'à l'océan...

Pourtant, chaque vague, chaque jour, ramène toujours plus de plastiques. N'avez-vous jamais l'impression que c'est une tâche désespérée ? Nettoyer continuellement...

Il y a des choses que l'on doit faire. On se lave bien tous les matins. Se dit-on que c'est une tâche désespérée ? Il y a des milliards de gens qui jettent leurs déchets un peu partout mais très peu qui nettoient. Et puis, le but n'est pas simplement de nettoyer les plages, c'est de sauver d'autres espèces. C'est ça l'aspect crucial. Les gens pensent que nous ne faisons que collecter des déchets, mais nettoyer une plage, c'est bien plus que cela. Vous voyez ces jeunes étudiants-là ? En les faisant venir, on les confronte à la pollution. Ils vont ramasser certes, mais ensuite, une fois rentrés à la maison, quelque chose va changer en eux, leur comportement va évoluer. Probablement vont-ils se poser la question : dois-je vraiment acheter ceci ou cela ? Et si oui, comment ça se recycle ? Et puis ces personnes voteront. Avec un peu de chance elles éliront les politiciens qui pourront alors faire de bonnes lois. Et, si ces lois sont votées, elles les appliqueront réellement car elles auront compris pourquoi elles sont nécessaires. C'est ça mener par l'exemple, mener par l'action.

Vous parlez de sauver des espèces. Que se passe-t-il réellement avec les plastiques ?

Le plastique qui se retrouve dans l'environnement devient un tueur. Si une baleine, une tortue, un dauphin, ou même un léopard, un éléphant ou une vache en consomme trop, il meurt. C'est aussi simple que ça. Ils ne peuvent pas venir voir un médecin pour lui dire qu'ils ont mal à l'estomac. Sur la plage, nous avons de multiples cas de suicides de baleines, de dauphins. Ils suffoquent et de guerre lasse vont se jeter sur la plage. Rien que l'année dernière, 6 dauphins se sont échoués ici, leur estomac était rempli de plastique. Au niveau mondial, chaque année, l'overdose concerne quelque 100 000 mammifères et tortues de mer, et plus de 1 million d'oiseaux marins*... Et encore, ces chiffres nous parlent seulement des individus que l'on a repérés, autopsiés et comptabilisés. Or, il y en a beaucoup d'autres que l'on ne retrouve jamais. Ils ne prennent pas non plus en compte la pollution chimique qui va avec les plastiques**, ou encore le transfert d'espèces***, avec ces milliers de milliards de particules qui voyagent avec les courants...

* Communiqué de presse pour la Journée mondiale de l'environnement, ONU, 5 juin 2018.

** Plusieurs milliers d'additifs entrent dans la composition de nos objets en plastique. Phtalates, bisphénols, retardateurs de flammes... Au contact des éléments, ces substances, dont certaines sont reconnues comme toxiques, se dispersent dans les océans. Les plastiques concentrent par ailleurs les pollutions chimiques déjà présentes dans l'eau de mer, comme le PCB, le DDT ou les métaux lourds, que l'on retrouve à des taux de concentration jusqu'à un million de fois supérieurs à ceux alentour.

*** Aujourd'hui, on considère que plus de 5 000 milliards de particules de plastique flottent au gré des courants. À leur surface s'épanouissent un certain nombre de micro-organismes, constituant un véritable écosystème adapté nommé *platisphère* et qui, avec la dispersion des plastiques, créent un risque important de transfert d'espèces et de déséquilibre des écosystèmes océaniques.

Récemment, il semblerait que les choses avancent. Que pensez-vous de la loi qui a été adoptée à Mumbai et dans l'État du Maharashtra l'année dernière ?

En tant qu'avocat, j'ai participé à la rédaction de cette loi qui vise à supprimer certains plastiques à usage unique. Grâce à elle, quatre-vingts usines de production ont déjà fermé. Mais la question qui se pose maintenant est : "Comment faire pour que les gens respectent la loi ?" Car dans la réalité, on trouve encore de nombreux sacs et pailles en plastique en circulation. Il y a un triple enjeu : la bonne loi, son application et la bonne obéissance à la loi. Pris ensemble, ces trois éléments permettent d'améliorer véritablement la situation. Mais si l'un d'entre eux vient à manquer, alors, malheureusement, on ne va pas bien loin. Pour avancer, il faut aussi sensibiliser, éduquer la population au fait que pour réduire notre production de déchets, il faut agir sur notre consommation. Aujourd'hui dans le monde, il y a trop de discours et pas assez d'action.

N'avons-nous pas besoin des deux à la fois ? De discours et d'action ?

Pas pour l'instant. Beaucoup de gens passent leur temps à parler, à faire des conférences, à discourir ou à s'indigner sur les réseaux sociaux et trop peu agissent sur le terrain. Nous savons tous quel est le problème. Les questions sont : qui va trouver la solution ? Quelle est-elle ? Quelle sera son efficacité dans la réalité, là où les gens vivent ? Qui prendra en charge tout cela ? J'ai le choix. Soit je porte une pancarte, soit je porte des gants. Moi, j'ai choisi les gants. C'est ainsi que fonctionne la culture dans mon pays. Nous avons obtenu notre indépendance en faisant des actions de terrain. Avant 1947, nous n'avions jamais connu de guerre. Nous n'avons jamais colonisé personne. C'est une grande chance pour les Indiens d'avoir une culture de paix et de compréhension envers les autres et d'en tirer le meilleur parti. C'est ce que nous continuons à faire.

Mais n'est-ce pas aussi important de faire passer des messages ? À nos amis, notre famille, nos réseaux ?

En agissant, vous passez les messages. Sans action, en revanche, vous ne répandez pas grand-chose. La bulle des réseaux sociaux a besoin d'être éclatée. Des dizaines de milliers de gens m'ont rejoint sur Twitter, Facebook ou Instagram. Et sur le terrain ? À peine une poignée... Les politiciens aussi devraient se mettre au travail. Se lever à 6 heures, faire des choses concrètes jusqu'à 8 heures, puis aller au bureau, et là ils pourraient parler. Faute de quoi, ce sont des mots vides de sens. Parfois, il vaut mieux laisser les actions faire la conversation. Ce que je fais depuis cinq ans, je vais continuer de le faire toute ma vie. Et quand mon voyage se terminera, quelqu'un devra prendre la relève. Ce monde ne peut pas changer simplement parce que nous voulons qu'il change. Il changera quand nous serons le changement nous-mêmes. Chacun doit commencer son voyage, c'est aussi simple que ça. En tant qu'êtres humains, nous savons quel est le problème. Nos habitudes alimentaires créent un problème. Notre consommation crée un problème... Alors réduisons, commençons maintenant. Avons-nous besoin d'une loi pour dire cela ? A-t-on besoin d'une loi pour prendre une douche tous les jours ? On doit juste se laver, mon ami ! Aller sous la douche, se frotter le corps et se dire "je suis propre maintenant". C'est exactement ce qu'il se passe avec Mère Nature. Nous devons faire certaines choses et il n'est pas nécessaire de les intellectualiser. Nous savons ce qui doit être fait. Nous connecter avec d'autres espèces, aimer un animal, être avec eux, leur laisser l'espace, avoir notre propre espace... C'est un voyage qui dure toute la vie.

***

Savoir si le changement doit commencer par nous-mêmes ou par la loi est une question qui passionne les militants depuis des décennies, pour ne pas dire plus. Et il y a de quoi, car elle est plus complexe qu'elle n'y paraît. Le réflexe, qui a longtemps été celui de nombreuses ONG et activistes (on pense au *Défi pour la Terre* de la fondation Hulot, à l'application *We Act for Good* du WWF, au livre et à la plateforme *Ça commence par moi* de Julien Vidal ou au "Je fais ma part" du mouvement Colibris), a été de remettre la responsabilité sur chacun d'entre nous considérant, à l'instar de Gandhi ou d'Afroz, que nous devons "être le changement que nous voulons pour le monde". Cette perspective est parfois renforcée par l'inertie des pouvoirs politiques. À force de constater que les mobilisations accouchent de souris, que les gouvernements s'évertuent à agir à doses homéopathiques face à des problèmes qui engagent le pronostic vital de l'humanité, on est tenté de se dire que c'est à nous qu'il revient d'opérer la métamorphose. C'est le raisonnement que s'est tenu Afroz. Et il se trouve qu'il est à l'origine, par son seul engagement, d'un considérable mouvement de nettoyage du plastique à Mumbai qui a inspiré des milliers (et peut-être même des millions) de personnes en Inde et dans de nombreuses contrées du monde. Ce qu'Afroz et ses amis réalisent est impressionnant, à bien des égards admirable et diablement nécessaire. Car comme il l'évoque dans notre entretien, la loi pour bannir le plastique à usage unique a beau avoir été promulguée, elle ne peut véritablement être respectée pour plusieurs raisons. D'abord parce que les moyens de contrôle sont très faibles : peu de fonctionnaires, peu de pouvoir, énormément de monde, c'est une bataille perdue d'avance. Ensuite parce que la corruption gangrène les institutions. Enfin parce que les alternatives n'ont pas été développées de façon suffisamment puissante et crédible pour faciliter la transition (pas assez de commerces zéro emballage et/ou d'emballages biodégradables, consignés, etc.). Il en va de même pour le recyclage. Si Afroz a décidé d'agir sans l'aide de la mairie, c'est qu'il savait qu'il n'y avait que huit employés municipaux affectés au nettoyage pour une plage de plusieurs kilomètres, que les poubelles sont trop rares et que les points de collecte du recyclage le sont encore plus. Il n'y a pas de structure permettant de faciliter l'action de chacun au quotidien. Il faut donc se reposer sur la bonne volonté des bénévoles. Le contre-exemple est la ville de San Francisco où 80 % de tous les déchets (y compris de la construction) sont recyclés et compostés. Pour y parvenir la municipalité a mis en place des transformations structurelles mêlant facilitation, incitation et répression. Recycler et composter sont faciles à San Francisco, où on trouve absolument partout les trois poubelles : bleues pour le recyclage, vertes pour le compostage et noires pour le tout-venant. Que ce soit dans la rue, sur le marché, à la station-service, au restaurant ou chez soi, on ne peut pas les manquer. De surcroît, recycler et composter sont obligatoires, ce qui signifie que vous pouvez avoir une amende pour ne pas les avoir faits dans l'espace public. Enfin, c'est plus économique. La taxe sur le ramassage des ordures se faisant au poids, plus vous remplissez les poubelles vertes et bleues, et moins vous payez. Plus vous remplissez la noire et plus vous passez à la caisse. À ce jeu-là, même les moins écolos des habitants obtempèrent, dans leur propre intérêt. Combien de temps faudrait-il aux habitants de Mumbai pour parvenir au même résultat, par la simple prise de conscience des habitants ? Sans doute plusieurs décennies.

En 2019, le cabinet Carbone 4 s'est sérieusement penché sur la question. Si nous les calculons réellement, quels sont les impacts des actions individuelles face au dérèglement du climat ? Les ingénieurs ont établi une liste d'une douzaine d'actions relevant de la seule volonté individuelle, en agrégeant "petits gestes du quotidien" (acheter une gourde, équiper son logement de lampes LED…) et changements de comportement plus ambitieux (manger végétarien, ne plus prendre l'avion, faire systématiquement du covoiturage…). Puis, ils ont mesuré la baisse d'émissions de gaz à effet de serre obtenue si tous les Français mettaient en œuvre, chaque jour, l'ensemble de ces actions. Le résultat faisait apparaître une diminution de 25 %. Ce qui est loin d'être négligeable, mais également loin d'être suffisant. 75 % des émissions seraient donc d'ordre structurel, ce que confirme le rapport du Carbon Disclosure Project[I] en attribuant 71 % des émissions à une centaine d'entreprises seulement (essentiellement des pétroliers et exploitants de charbon). Pour autant, on pourrait rétorquer que ces entreprises polluent parce que nous utilisons chaque jour leur essence pour alimenter nos moteurs. Ce à quoi on pourrait répliquer que si une offre alternative existait (des véhicules qui n'utilisent pas de pétrole ou d'autres moyens de nous déplacer facilement), nous l'utiliserions. À quoi on pourrait alors opposer que s'il existait une demande suffisante, les industriels y répondraient (comme pour les aliments biologiques, par exemple, qui connaissent un véritable boom). À cet endroit de l'argumentation, on mesure qu'il s'agit d'un mouvement de balancier où les deux dimensions du changement (personnelle et structurelle) sont étroitement imbriquées. Pour autant, je défends que les architectures* qui nous entourent – c'est-à-dire les structures physiques, numériques, culturelles, etc. dans lesquelles nous évoluons, qui orientent mécaniquement nos comportements au quotidien – jouent un rôle fondamental. Par exemple, il est extrêmement difficile pour quelqu'un qui va faire ses courses au milieu du tumulte de son existence d'échapper au plastique et au suremballage. Les rayons en sont gorgés. Alors certes, certains trouvent le moyen de vivre à la mode zéro déchet, de faire leurs courses sur les marchés ou dans quelques magasins spécialisés, de venir avec leurs propres emballages réutilisables et ce sont eux qui devraient tous nous inspirer. Mais combien de temps avant que l'ensemble de la population fasse cet effort non négligeable ? N'irait-on pas plus vite en obligeant les industriels à prendre la responsabilité de leurs emballages, comme c'était

* J'ai plus largement développé ce concept dans le *Petit Manuel de résistance contemporaine*, Actes Sud, 2018.

le cas au temps de la consigne* ? C'est à cet endroit précis de la réflexion que nous nous trouvions au moment de nous attaquer à la deuxième grande cause de la disparition des espèces (qui est en réalité la première) : la destruction des habitats. Et pour y entrer de plain-pied nous nous sommes intéressés à une autre habitude très coûteuse pour les écosystèmes : notre consommation de viande.

Lutter contre la destruction des habitats

Parmi les choses que nous savons désormais pertinemment se trouve le fait que la quantité de viande, de poissons et de produits d'origine animale que nous mangeons n'est absolument pas soutenable. D'abord, pour les animaux eux-mêmes : plus de 65 milliards d'animaux terrestres sont élevés pour être tués chaque année et quelque 130 milliards d'animaux marins. Une grande partie d'entre eux naissent, grandissent et vivent dans des conditions que nous ne pourrions souhaiter à aucun être vivant : enfermés, entravés, entassés les uns sur les autres et ne voyant quasiment jamais la lumière du jour. Mais cette boulimie de chair, d'œufs et de fromage, qui s'étend progressivement aux presque 8 milliards d'êtres humains que nous sommes, a une autre conséquence : elle nous conduit à déforester massivement. En Amazonie par exemple, 63 % de la destruction des forêts est directement imputable à l'élevage : immenses pâturages pour faire brouter les bovins et champs interminables pour y faire pousser du soja et du maïs qui les nourriront... Or, détruire ces

* Des industriels l'ont d'ailleurs bien compris, à l'instar de Coca-Cola qui a sciemment remis la responsabilité de ses emballages plastique entre les mains de ses acheteurs (au lieu de récupérer les bouteilles en verre consignées comme c'était le cas précédemment), pour déplorer ensuite leur manque de civisme lorsqu'ils se retrouvent dans la nature.

forêts, c'est condamner tous les animaux sauvages qui y vivent. Privés de leur habitat et de leurs moyens de subsistance, ils disparaissent inexorablement. La destruction des habitats est la cause numéro un de l'extinction accélérée des espèces. Elle trouve sa source dans l'agriculture intensive (que ce soit pour nous nourrir, pour l'industrie ou les agrocarburants) et dans l'urbanisation (nous y reviendrons).

Pour comprendre comment et pourquoi nous en sommes arrivés là, nous avons souhaité visiter un élevage intensif. Selon l'expression consacrée, il est plus difficile d'entrer dans un élevage intensif (et encore plus dans un abattoir) que dans une centrale nucléaire. Pourtant, grâce à des connaissances communes, le miracle a eu lieu et nous avons débarqué tout près de Nantes dans l'élevage de lapins de Laurent Hélaine, qui a accepté de nous expliquer son métier et les grandes difficultés auxquelles il fait face, tout comme de nombreux autres éleveurs. J'avais laissé Bella et Vipulan dans la voiture le temps de faire la mise en place pour saisir à l'image leurs réactions en entrant dans les bâtiments. Ils sont tous deux végans, urbains et particulièrement sensibles au sort des êtres vivants. J'imaginais bien que le contraste entre leur monde et celui de Laurent serait abyssal et on était particulièrement curieux de voir ce qui en ressortirait. Quand nous sommes entrés, Bella avait les larmes aux yeux et Vipulan un air effaré. Ils déambulaient dans les allées, entre les rangées de cages, ne sachant s'il fallait ou non détourner le regard de ces milliers de lapins blancs à l'uniformité troublante, qui se tenaient curieusement tranquilles dans leur minuscule espace grillagé. Laurent marchait un mètre en retrait, une expression presque désolée sur le visage.

L'entretien qui suit est le fruit de leur conversation.

DANS LA MATERNITÉ D'UN ÉLEVAGE INTENSIF

Rencontre avec Laurent Hélaine et Philippe Grégoire

Laurent : Là, nous sommes dans le bâtiment de la maternité et les petits que vous voyez ont vingt-trois jours. Ils resteront encore une dizaine de jours, puis, ils partiront dans une autre salle. Ici, vous avez les futures mères qui vont être engrossées.

Combien y a-t-il de lapins dans ce bâtiment ?

On a au total un bon millier de mères et à peu près 6 500 lapereaux. Quand ils seront partis à l'abattoir, sept jours après, la mère en refera. Là, par exemple, je vais enlever les petits le 27 décembre et le 4 janvier les lapines en feront de nouveaux. Elles mettent bas tous les quarante-sept jours environ.

Et dans la nature ?

Tous les trois à quatre mois. Mais là, c'est une question de rendement. Nous sommes dans un élevage intensif, les femelles ont été sélectionnées dans ce but.

Le fait d'avoir autant de lapins dans de si petits espaces ne cause-t-il pas de maladies ?

Non, car nous avons une bonne hygiène. Il existe des maladies comme la VHD* qui sont très contagieuses, et quand un élevage est pris, il est décimé en quelques jours. Mais si les lapins sont vaccinés, il n'y a plus aucun risque. À condition, bien sûr, d'avoir les moyens de le faire. Moi, ça me coûte entre 15 et 20 000 euros par an. Alors, si un éleveur n'a pas cet argent-là, il ne vaccine pas et prend le risque de tout perdre.

S'il n'y a pas de problème particulier, de maladie ou autre, quelle est la durée de vie des lapins dans l'élevage ?

Les petits restent trente-cinq jours avec leur mère et trente-huit dans la salle d'à côté. Donc soixante-treize jours. Après ils partent à l'abattoir. Les mères, elles, peuvent vivre dix-huit mois. Après une insémination, on regarde si elles sont pleines et si elles ne le sont pas, elles sont réformées, elles s'en vont.

Et dans la nature, les lapins vivent combien de temps ?

Alors là vous me posez une colle ! Je dirais trois ans, à condition qu'ils n'attrapent pas de maladies comme la VHD ou la myxomatose. Aussi, dans nos élevages, nous devons avoir une hygiène irréprochable.

Utilisez-vous des antibiotiques ?

Oui, quand ils sont malades, on n'a pas le choix. On les utilise un peu en préventif aussi, sur les mères notamment. Là, on voit un lapereau qui est mort... (Il sort de la cage un cadavre tout aplati et le pose sur la grille d'une des cages.)

* Maladie hémorragique virale.

Est-ce dû au fait qu'ils n'ont pas beaucoup d'espace ?

Non, il est mort, tout simplement. C'est une mort naturelle.

Ça arrive souvent ?

Eh bien on travaille avec du vivant, c'est obligé qu'on ait un peu de perte. Sur la quantité de lapereaux sous la mère, on va avoir 5 à 6 % de mortalité. Ce qui est normal, il ne faut pas se tracasser pour ça.

Quand vous les manipulez, ça donne la sensation qu'ils sont dépourvus de toute individualité... Les voyez-vous simplement comme des machines ?

C'est vrai, oui, je les vois un peu comme des machines. Parce que c'est intensif. Tous les quarante-deux jours, des mises bas. Tous les quarante-deux jours, des inséminations. Tous les quarante-deux jours, des enlèvements, des lapins qui partent à l'abattoir. Entre 16 et 17 000 à chaque fois et, pendant ce temps, il y en a 20 000 qui naissent... Moins maintenant, car j'ai décidé de diminuer de moitié la production. À partir du début de l'année prochaine, les naissances vont tourner autour de 10/12 000 et il en partira entre 9 000 et 9 500 toutes les six semaines.

Quelle surface avez-vous par lapin ?

La cage fait 38 cm sur 1 m et dedans, on a en moyenne 10 lapins, ce qui revient à peu près à la taille d'une feuille A4 par individu. Mais ce sont des petits avec leur mère, donc la surface est bonne. Et puis, ça correspond à la réglementation. Les conditions d'élevage nous sont imposées par les coopératives, ce n'est pas nous qui décidons.

Et comment faites-vous, chaque jour, quand vous voyez tous ces lapins mourir et les conditions dans lesquelles ils vivent ? Êtes-vous comme désensibilisé, à force ?

Pour moi, ils ne sont pas maltraités. Ils ont un confort, à manger et à boire à volonté, des températures agréables, une ambiance très bonne... Donc, je l'accepte. Mais c'est vrai qu'on pourrait avoir de meilleures conditions avec des cages beaucoup plus grandes. On pourrait aussi mettre moins de lapins par cage mais le problème, c'est qu'investir coûte très cher et notre rémunération est dérisoire. Les éleveurs n'ont pas les moyens d'acheter ces parcs, ils sont obligés de continuer avec ce qu'ils ont. Autrement, ce n'est pas viable, on ne peut pas s'en sortir.

Aimeriez-vous avoir des lapins en plein air ?

En plein air, ce serait compliqué.

Pourquoi ?

Parce que le lapin est un animal sauvage et pour l'élever, nous avons besoin de cages, ça a toujours été comme ça. Même dans le temps, chez nos grands-mères, les lapins étaient dans des clapiers. Le lapin, si tu l'élèves dans la nature, il va filer hein, tu ne vas pas le garder ! Il va partir, on n'a pas le choix.

Sachant que le lapin est un animal sauvage qui n'est pas fait pour être en cage, n'auriez-vous pas envie de vous reconvertir dans un autre type d'élevage ?

Pour l'instant, je suis en réflexion. Je voudrais bien arrêter l'élevage de lapins, mais les bâtiments, je ne peux pas en faire grand-chose d'autre. Et si je remets des animaux, je retourne dans l'intensif...

Et au tout départ, pourquoi avoir choisi l'élevage intensif ?

Ce n'est pas vraiment un choix, c'est imposé par les coopératives. Leur but, c'est d'accompagner l'éleveur, de faire un suivi technique. Elles fournissent les aliments et offrent les débouchés en achetant les lapins. Parce que moi, compte tenu de la quantité que je produis, je ne peux pas les vendre à des particuliers. Ce sont les coopératives qui les achètent et les portent à l'abattoir. Il y a tellement de personnes à nourrir dans le monde, qu'il faut produire. Or, ce système-là permet une grande rapidité. Pour que les mères fassent des petits tous les quarante-deux jours, on joue avec la lumière artificielle. Sept jours avant de les inséminer, elle reste allumée seize heures par jour, puis, on redescend à douze heures. Les mères ne voient jamais la lumière du jour et les petits, le seul moment où ils l'aperçoivent, c'est quand ils vont dans le camion... Si on les élevait dans la nature, on ne pourrait pas faire ça. Alors, comme il faut nourrir la population à bas prix... On procède de cette façon... C'est produire pas cher.

Si, aujourd'hui, vous aviez la possibilité de basculer vers de l'élevage extensif, le feriez-vous ?

Si j'en avais la possibilité, oui, dès demain ! Seulement je ne peux pas arrêter comme ça, j'ai des obligations. Je me suis engagé à rembourser des prêts bancaires et tant qu'ils courent je n'ai pas le choix, il faut continuer. Dès que j'en ai l'occasion, en revanche, je le fais. Je viens de fermer deux sites où il n'y avait plus d'investissement à rembourser. Mais vous savez, sur ce type d'élevage, l'éleveur n'est pas vraiment rémunéré. Ce sont nos fournisseurs qui gagnent de l'argent.

Est-ce que finalement le problème n'est pas là ? Dans la rémunération des éleveurs qui est beaucoup trop faible ?

L'éleveur ne vit pas de son travail. Et quand il n'arrive plus à nourrir sa famille, qu'est-ce qu'il se passe ? Il baisse les bras. Il est découragé, il perd pied et ne s'occupe plus de ses bêtes. Et c'est là que la maltraitance peut intervenir. Alors on voit des vidéos chocs avec des animaux qui sont morts parce qu'il ne passe plus s'en occuper… mais on n'est pas tous comme ça les éleveurs !

Et vous, réussissez-vous à gagner votre vie ?

Je gagne 350 euros par mois.

350 euros ?!

Oui… Si on avait une rémunération de 2,30 euros du kilo ce serait bien, mais actuellement, nous sommes en moyenne à 1,85 euro. Alors, pour ne pas augmenter le prix au kilo, on nous pousse à augmenter la productivité. À chaque fois que nous procédons à une insémination artificielle, il faudrait obtenir 21 kilos de viande, mais c'est quasiment impossible ! Quand j'insémine 1 300 femelles et que je vais palper, j'en aurais seulement 1 100 de gestantes. Donc si 200 mères ne produisent pas, il faudrait que les 1 100 mettent bas 11 lapereaux à chaque fois, ce qui est impossible. On ne peut pas demander plus, on est arrivés au maximum de la production. Les meilleurs producteurs arrivent parfois à un rendement de 18/19 kilos par insémination artificielle. Mais nous avons aussi des problèmes climatiques et quand il fait très chaud comme cet été, où nous avons eu jusqu'à 40 °C, les femelles sont épuisées et les lapereaux n'ont pas d'appétit, ils ne grossissent pas. Et alors, les rendements baissent. On n'est plus à 17 kilos, mais à 15 kilos par insémination… Vous comprenez ?

Ce que vous êtes en train de dire, c'est que vous êtes tenus par les coopératives qui vous obligent à cette forme d'organisation. Vous seriez comme pris au piège dans un système dont vous ne pouvez plus sortir ?

Tout à fait ! Les coopératives nous tiennent par un système d'aide de trésorerie. Comment peut-on vivre avec 350 euros ? C'est quasiment impossible. Alors, quand plus rien ne va et qu'on a du mal à joindre les deux bouts, elles nous font des avances. On peut demander jusqu'à 10, 15, 20 000 euros. Mais cette aide, il faut la rembourser. Et on le fait à chaque fois qu'on vend un lot. Alors, elles nous tiennent peut-être la tête hors de l'eau, mais une fois que t'es engagé et que tu as signé tous ces trucs-là, tu ne peux plus partir. Ton élevage ne t'appartient plus de toute manière, ce sont elles qui gèrent tout. Ce qui est injuste c'est que nous on ne gagne rien, mais qu'en revanche, nous alimentons beaucoup de personnes autour de nous. Les comptables vivent très bien. Les vétérinaires, l'abattoir et la coopérative vivent très bien. Pendant que nous, on est en train de mourir dans nos élevages. Si l'éleveur n'arrive plus à se sortir de cette situation, il faut arrêter la production. C'est soit tout le monde gagne sa vie, soit il faut fermer les bâtiments.

Mais quand vous avez démarré, vous connaissiez les conditions, non ?

Oui, mais quand tu démarres, ils ne te disent pas tout à fait la vérité. Ils disent que tout se passe bien et te font un plan économique avec des chiffres comme 16 à 17 kilos par insémination artificielle. Sur le papier, ça passe. Financièrement, on peut boucler les prêts. Seulement, dans l'excédent brut d'exploitation, ils ne comptent pas la rémunération de l'éleveur. Or, pour tourner, une entreprise doit avoir des excédents. Vous connaissez une entreprise qui ne fait pas de bénéfice ? Non ? Eh bien nous on tourne sans bénéfice ! Après avoir payé toutes nos charges, il ne nous reste rien du tout et pour faire tourner nos élevages, ce sont les aides de trésorerie qui nous maintiennent. Alors évidemment, je savais que les lapins étaient élevés en intérieur, mais pas que pour essayer d'en vivre il me faudrait en mettre toujours plus dans les cages.

Que pensez-vous, globalement, de notre relation à l'agriculture ? Pouvons-nous continuer à produire en masse, à élever des animaux de cette façon, sachant que ce n'est pas durable pour notre planète ?

C'est vrai que ce n'est pas soutenable, mais on a une population à nourrir. Et on doit le faire pour pas cher, ce qui signifie élevage intensif.

Mais peut-être n'a-t-on pas besoin de manger autant de protéines animales qu'on le fait aujourd'hui ? Ne faudrait-il pas remettre en cause la façon dont on se nourrit ?

Je suis d'accord avec ça. Il faudrait diminuer la quantité de viande et manger uniquement de la qualité. Mais pour ça, il faut qu'on nous donne les moyens de le faire ! Alors, vous imaginez bien, vu qu'on peine déjà à faire de l'élevage intensif...

***

Laurent nous emmène dans un autre bâtiment où a lieu l'engraissement des lapins. C'est là que les petits sont conduits après trente-cinq jours pour être engraissés, pendant trente-huit jours. Des tuyaux jaunes sont disposés tout le long des rangées de cages et déversent en continu des aliments qui ressemblent à des croquettes pour chats dans de petits distributeurs où les lapins peuvent manger toute la journée. Laurent a été rejoint par Philippe Grégoire, éleveur comme lui.

Et vous, Philippe, êtes-vous également éleveur de lapins ?

Philippe : Non, je suis ici pour donner un coup de main à Laurent, mais sur ma ferme, je suis producteur de lait. Avant, j'étais en conventionnel, en production laitière et cultures céréalières. Puis, je suis passé en bio en 2015.

Qu'est-ce qui vous a amené à faire cette conversion ?

Suite aux crises successives que la production laitière a connues, notamment en 2006 et 2009, nous étions partis vers un système autonome qui dépende le moins possible des marchands d'aliments. Ce qui fait que même en conventionnel, nous avions déjà 80 % de notre surface en herbe. Du coup, quand nous avons franchi le pas de passer en bio, on était déjà proches de ce modèle. Ce que nous voulions, c'était fuir le système intensif.

Pour quelles raisons ?

Parce qu'il a ruiné le monde agricole. L'agriculture industrielle a démarré après-guerre, quand tout était à reconstruire. Puis, lorsqu'elle s'est fortement développée dans les années 1970-1980, elle s'est mise à enrichir toutes les structures autour de nous. Marchands d'aliments, revendeurs de matériel, commerçants, coopératives... Tout un business s'est monté autour de l'agriculteur qui, lui, a multiplié sa productivité par 20, c'est plus que dans l'industrie ! Mais ce faisant, il s'est aussi retrouvé piégé dans un système très contraignant qui l'a ruiné. Les animaux aussi ont perdu au change, ils ont une durée de vie bien moindre en système intensif qu'en extensif ou en bio.

Laurent Hélaine, Vipulan et Bella dans l'élevage de lapins.

Mais si l'agriculteur se retrouve piégé dans le modèle intensif, comment avez-vous fait, vous, pour en sortir ?

Ce qui m'a sauvé, c'est la part d'autonomie que j'avais réussi à construire. Car le problème pour celui qui est en intensif, c'est qu'il a contracté des investissements et des emprunts qui l'emprisonnent dans son propre modèle. C'est pourquoi il est quasiment impossible de passer directement d'un système intensif au bio. Ou alors, sur un grand nombre d'années. Et encore, il faut bien le préparer. C'est la raison pour laquelle, souvent, les éleveurs sont engagés à vie dans leur modèle. Le rompre, c'est ne plus faire face à ses engagements financiers, qui se referment ainsi comme un piège sur l'agriculteur.

Et pour vous, quelles ont été les étapes ?

Au départ, en plus de mon élevage laitier, je livrais ma production céréalière à la coopérative. Puis, à partir des années 2000, j'ai commencé à désintensifier mon système. J'y suis allé progressivement, étape par étape. Quand on est installé depuis longtemps, on a un petit peu moins d'emprunts, ce qui permet, si on le souhaite, de changer progressivement de modèle. Nous sommes alors entrés dans un programme de conversion à l'agriculture biologique étalé sur cinq ans. Or, comme pour bon nombre d'autres agriculteurs, l'État n'a pas tenu ses engagements. Nous avons des contrats qui n'ont pas été respectés.

Comment ça, pas respectés ? Que s'est-il passé exactement ?

Pour faire la conversion en bio, il existe des subventions. Les deux tiers viennent de l'Europe et un tiers de l'État. Celui-ci en délègue la gestion aux régions, qui le font un peu à leur sauce. Elles taillent dans les budgets, mettent une partie de l'argent à disposition des transformateurs ou de l'agriculture intensive... Au final, ce que l'on voit, c'est que le soutien à l'agriculture biologique, ce n'est pas la priorité des pouvoirs en place.

Pour quelle raison ?

L'agriculture biologique ne les intéresse pas, car elle ne fait pas vivre les grandes industries. En bio, on a beaucoup moins besoin de vétérinaires, plus besoin de marchands d'engrais, on travaille avec peu de mécanisation, on achète moins de gros tracteurs et on produit nous-mêmes les céréales pour nos animaux. Un système autonome, c'est un modèle qui fait vivre l'agriculteur mais peu de monde autour. Donc, par définition, cela n'intéresse personne.

Ce qui nous empêcherait de sortir de l'agriculture intensive serait donc une question d'argent ?

C'est le modèle économique qui empêche le passage du système intensif au bio autonome, car il est trop indépendant et ne rapporte pas assez à tous ceux qui gravitent autour des fermes. De plus, comme nous le disions, les agriculteurs ont investi. Ils ont contracté des emprunts et tant qu'ils ne sont pas allés au bout, ils sont coincés. Alors, pour arriver à sortir du système industriel, c'est extrêmement compliqué.

Et vous, quand vous vous retrouvez dans un élevage comme celui-ci, avec des milliers d'animaux entassés dans des cages, comment vous sentez-vous ?

Souvent, les agriculteurs, nous sommes nés dans les exploitations. Et l'évolution que nous en avons connue a été progressive. Au départ, on n'avait pas envisagé les choses telles qu'elles sont aujourd'hui perçues par la société. Tout s'est enchaîné, sans que nous ne réalisions vraiment. Si on prend l'exemple des bovins, avant, l'usage voulait que le veau reste sous la mère. Mais par la suite, nous avons été mis en compétition. D'abord sur un plan européen, puis au niveau mondial. Le modèle avec les petits sous la mère ne dégageant pas assez de rentabilité, on nous a demandé de concentrer les élevages et de développer du hors-sol. Dans un premier temps, cette intensification a fourni du revenu aux agriculteurs qui sont alors tombés dans le piège. Ils ont monté un bâtiment, puis deux, puis trois, puis quatre… et progressivement, tout a été automatisé. Tout s'est enchaîné ainsi, un peu malgré nous.

À vous entendre, on peut se demander qui décide pour votre exploitation ? Vous, ou quelqu'un d'extérieur qui serait comme au-dessus de vous ?

Le modèle agricole s'est développé après-guerre quand tout était à reconstruire. Les gouvernements ont alors pris en cogestion le principal syndicat existant, et tout est parti de là. Au départ, on se disait qu'il fallait nourrir la population. Ce qui a fonctionné, d'ailleurs, dans un premier temps. Mais à partir des années 1970-1980 on s'est engouffré dans une productivité délirante, où il fallait sans cesse s'agrandir et produire toujours plus. Ce fut la création des coopératives et le début du mélange des genres, car à leur tête, on retrouve les mêmes personnes qu'à celle des syndicats. C'est comme si le secrétaire général de Force ouvrière était à la tête du groupe Renault, c'est de la cogestion totale ! Aujourd'hui, on peut le dire, les multinationales ont la mainmise sur le système. C'est l'agroalimentaire qui gère le monde agricole.

Mais les syndicats ne sont-ils pas censés défendre les intérêts des agriculteurs ?

Ils sont censés, oui. Mais, d'une part, ils sont rentrés en cogestion avec l'agroalimentaire et, d'autre part, *via* les élections aux chambres de l'agriculture, ils sont financés par le pouvoir politique qui, lui, mène des politiques libérales… Quels qu'ils soient, les gouvernements successifs ont suivi la politique du libre-échange. Tous, sans exception, se sont adossés à l'agroalimentaire et à la FNSEA*. Et ils l'ont aussi fait par intérêt géopolitique, car depuis longtemps, l'agriculture est une monnaie d'échange avec les pays en voie de développement. Alors on l'a industrialisée à fond pour exporter à travers le monde. Et à partir de là, on a fait fausse route. On a mis en place un prix mondialisé, mais on sait très bien que les coûts de production ne sont pas les mêmes ici qu'en Inde, en Chine ou en Nouvelle-Zélande. Et même si on harmonisait les fiscalités et le prix du travail – chose qui est impossible –, rien que d'un point de vue climatique, deux agriculteurs ne peuvent pas produire au même coût. Rien qu'en France, on constate qu'il y a des écarts entre la Bretagne, le centre ou le sud-est. Alors, comparer un producteur français à un indien ou un américain, ça n'a pas de sens, on court à la catastrophe.

Est-ce ce qui vous a poussé à passer à l'agriculture biologique ?

Le déclic, ce fut l'écœurement. Au bout de plusieurs dizaines d'années de carrière, quand on voit que la valeur ajoutée que l'on dégage part systématiquement chez les transformateurs, les intermédiaires et l'agroalimentaire, on a forcément envie de se tourner vers des solutions comme la bio et les circuits courts. On cherche à contourner le système car on voit bien que, malgré les années qui passent et les gouvernements qui se succèdent, personne ne touche au fond du problème. Alors on nous parle toujours de filières. Celle du lapin, du lait, de la viande bovine... mais une filière, c'est une addition de valeurs ajoutées, dont le premier maillon est le producteur. Sauf que lui, on ne le rémunère pas ! Avec quatre-vingts à quatre-vingt-dix heures de travail par semaine, sept jours sur sept, et des difficultés à nourrir sa famille, de nos jours en France, c'est un suicide par jour, au bas mot.

* Fédération nationale des syndicats d'exploitants agricoles.

Les agriculteurs seraient un peu comme les dindons de la farce d'un système qui, désormais, les dépasse totalement ?

Nous sommes clairement les dindons de la farce d'un système d'agrobusiness qui enrichit en premier lieu les multinationales. Puis les intermédiaires, qui captent toutes les marges.

La dégradation du bien-être animal est-elle, selon vous, liée à ce système d'agrobusiness que vous décrivez ?

La question de la dégradation du bien-être animal ne se posait pas après-guerre. Elle est venue avec l'agriculture intensive, qui a concentré de plus en plus d'animaux tout en réduisant le nombre de travailleurs. Les éleveurs sont débordés et n'ont pas les moyens d'employer de la main-d'œuvre. J'ai des copains qui sont tombés malades, qui ont eu besoin de se faire opérer ou qui ont fait des AVC. Et, alors qu'ils étaient arrêtés pendant six mois ou un an, ils n'avaient pas assez d'argent pour se faire remplacer. Ce sont des membres de leur famille qui ont dû délaisser leur propre travail pour venir s'occuper de l'exploitation.

Que faudrait-il faire selon vous ?

Il faut cesser d'envahir le monde, de vouloir vendre coûte que coûte à la terre entière. D'autant que, la plupart du temps, on exporte des produits non valorisants. Il y a quelques exceptions bien sûr, comme avec le champagne et les produits de luxe, mais de manière générale, on exporte du bas de gamme. Et ce faisant, on vient inonder les marchés des pays émergents, on tue les producteurs locaux, on les empêche de se développer... Alors quand les politiques nous disent qu'on a ouvert un nouveau marché en Chine pour la viande bovine et que c'est extraordinaire, c'est faux ! Parce que ce qu'on va surtout enrichir c'est l'agroalimentaire, le monde coopératif et les intermédiaires.

Le producteur, lui, ne gagnera rien à vendre sa viande en Chine, au contraire même, il perdra de l'argent. Il est encore temps de suivre le bon modèle. Il nous faut monter en gamme, produire des denrées à haute valeur ajoutée et distribuer en priorité en circuits courts.

Depuis quelques années, on voit se développer des projets de méthanisation qui permettraient d'améliorer l'empreinte écologique des élevages. Pouvez-vous nous en dire un peu plus ?

La méthanisation a été promulguée par Xavier Beulin lorsqu'il dirigeait la FNSEA, pour répondre à un engagement contracté auprès de GDF Suez visant à améliorer le bilan énergétique de la France. Le but du jeu, c'est d'accentuer encore davantage le développement des élevages industriels et de faire grossir les exploitations agricoles pour qu'elles installent des outils de méthanisation. Qu'il y ait des lapins, des vaches ou n'importe quels autres animaux dans les bâtiments, l'élevage va devenir un sous-produit. Et les prix vont encore baisser, car la rentabilité viendra de la vente du méthane à GDF Suez. Avec la méthanisation, on pousse à industrialiser encore plus l'agriculture. C'est tout l'inverse de ce que préconise l'agriculture biologique !

Comme quoi, ce qui pourrait être perçu comme une avancée environnementale n'en est pas toujours une...

Tout ce qui touche à l'environnement, à l'empreinte écologique, au bilan carbone ou au réchauffement climatique est contraire au système capitaliste libéral. Si on reste avec les mêmes à la tête des multinationales qui dirigent le monde agricole, on ne s'en sortira pas. On nous dit qu'il faut nourrir l'humanité, mais on n'a pas vocation à nourrir le monde entier ! D'autant que ça tue les pays émergents qui veulent développer leur propre agriculture, pendant que nous, on ruine nos agriculteurs. Et, en fin de compte, on détruit la planète.

Que préconisez-vous pour sortir de cette impasse ?

Il faut revenir au local et prendre en compte la dégradation de l'environnement dans l'équation. Nous pourrions, par exemple, jouer sur le prix des produits pour reprendre la main sur les filières. Aujourd'hui, quand le consommateur achète une denrée, les dommages causés par l'usage de produits phytosanitaires nocifs ne sont pas facturés. C'est la société tout entière qui paye, sous forme d'impôt ou autre, mais ce n'est pas répercuté dans le prix du produit. Alors que si on faisait ça, un produit bio coûterait peut-être moins cher qu'un produit conventionnel !

***

En sortant de chez Laurent nous n'en menions pas large. À l'hôtel où nous déjeunions et où un menu unique était proposé, personne ou presque n'a pu avaler un morceau de viande. Même ceux qui, dans l'équipe de tournage, n'étaient pas végétariens étaient pris par une sorte de haut-le-cœur en associant ce que nous venions de voir avec ce qui se trouvait dans leur assiette. C'est l'expérience que font la plupart des gens directement confrontés à l'élevage intensif ou aux abattoirs, confirmant la phrase de Paul McCartney : "Si les murs des abattoirs étaient vitrés tout le monde deviendrait végétarien." Sans forcément aller jusque-là (nous discuterons plus loin de la question brûlante : faut-il ou non manger des animaux ?), adopter un régime plus végétal semble aujourd'hui totalement incontournable pour freiner le réchauffement climatique et permettre aux animaux sauvages de continuer à habiter leurs niches écologiques. En 2017, la FAO estimait que 30 % des terres de la planète étaient utilisées pour l'élevage[1]... Alors même que c'est globalement inefficace pour nourrir beaucoup d'êtres humains. Et particulièrement pour la viande rouge. Produire 1 kilogramme de viande de bœuf dans un système intensif nécessite 25 kilogrammes de céréales – pour nourrir l'animal – et environ 15 000 litres d'eau. Ces 25 kilos de céréales nourriraient bien plus d'êtres humains que le kilo de bœuf obtenu… En réalité, si toutes les céréales étaient destinées aux humains plutôt qu'aux animaux, nous pourrions théoriquement nourrir 3,5 milliards de personnes supplémentaires[2]. Sur le strict plan climatique, le WWF a calculé dans un rapport de 2017 qu'une assiette végétarienne permet de réduire de 52 % son "poids carbone" et une assiette végétalienne de 64 %, tout en réduisant le prix respectivement de 28 et 26 %[3]. En 2016, une étude de l'université d'Oxford avait, pour sa part, calculé que les émissions mondiales pourraient baisser de 63 % si toute l'humanité adoptait un régime végétarien et de 70 % avec un régime végétalien[4]. Tout en sauvant des millions d'animaux sauvages dont l'habitat est détruit pour nourrir les animaux d'élevage et de vies humaines. Selon les chercheurs, un régime plus équilibré, avec moins de viande, davantage de fruits et légumes, éviterait 5,1 millions de décès. 7,3 millions si nous adoptions tous un régime végétarien. Comme pour le plastique ou les pesticides, nous pourrions interroger les leviers qui s'offrent à nous, pour savoir s'il est plus efficace de sensibiliser les individus ou prendre des mesures législatives et réglementaires. Selon la FAO, la consommation de viande mondiale a baissé pour la première fois en 2019 de 1,9 % et de 3 % en 2020[5]. Signal faible, mais peut-être annonciateur d'une tendance pour l'avenir. Pour autant, il n'y a pas encore matière à crier victoire. Jusqu'ici la production de viande avait triplé en un demi-siècle… Ainsi, si nous voulons réduire considérablement notre consommation de viande, il serait sans doute plus efficace de le faire à travers une mesure structurelle emblématique qui, à mon sens, ferait honneur à l'humanité : bannir l'élevage en cage, mais également en bâtiment fermé sans accès à l'extérieur, comme le propose le Référendum pour les animaux[6]. En France, 98 % des porcs sont élevés dans de tels bâtiments. 82 % des poulets de chair sont enfermés par milliers dans des hangars n'offrant pas d'accès à l'extérieur et entassés jusqu'à 22 individus par mètre carré. 97 % des dindes sont élevées en bâtiments fermés, ainsi que 62 % des chèvres et un peu plus de 62 % des poules pondeuses (environ 51 % en cages + 12 % au sol en bâtiments[7]). Interdire ce type d'élevage aurait la vertu de cesser d'infliger ces terribles conditions de vie à des animaux, mais également de diminuer mécaniquement la quantité de viande que nous pourrions consommer, tout en réduisant les émissions de gaz à effet de serre. Et ça n'est pas rien. Selon l'association L214, si chacun d'entre nous adoptait un régime végétarien deux fois par semaine, 350 millions d'animaux terrestres et 1 milliard d'animaux aquatiques seraient épargnés chaque année. Mais prohiber ce type d'élevage est un combat politique d'envergure, de même nature que celui mené par l'ONG Bloom et Claire Nouvian pour interdire la pêche en eaux profondes et la pêche électrique, qui lui a valu de recevoir en 2018 le prix Goldman pour l'environnement*, la plus haute distinction internationale dans le domaine, souvent décrit comme le "Prix Nobel de l'écologie".

Nous sommes allés la rencontrer au Parlement européen pour comprendre la manière dont ces victoires ont été obtenues et comment les reproduire. Elle y était avec Mathieu Colléter, scientifique et lobbyiste pour Bloom. Nous n'avons pas été déçus du voyage.

* Chaque année, le prix Goldman est attribué à un activiste de chaque continent pour récompenser un engagement exceptionnel en faveur de la défense de l'environnement. Claire Nouvian l'a reçu pour l'Europe.

DES LOIS POUR TRANSFORMER LA SOCIÉTÉ

Rencontre avec Claire Nouvian
et Mathieu Colléter

Mathieu, vous qui êtes de formation scientifique, pourquoi et dans quel contexte avez-vous rejoint l'association Bloom ?

Mathieu : J'ai une formation d'ingénieur agronome spécialisé en halieutique. Pour ma thèse, j'ai étudié l'impact de la pêche et du changement climatique sur les océans. Je modélisais un écosystème, du phytoplancton jusqu'aux baleines, et regardais la manière dont il avait été impacté par le développement massif de la pêche industrielle depuis les années 1950. Puis, j'ai travaillé deux ans au Canada, au sein d'un important programme qui étudiait l'incidence du changement climatique sur les écosystèmes marins. C'est en modélisant l'océan du futur que nous nous sommes aperçus qu'il y aurait moins de production primaire, et donc moins de poissons et de captures. Ces découvertes inquiétantes m'ont donné envie d'agir dans la sphère politique, dans l'espoir d'améliorer la gestion des pêches. Je suis alors rentré en France et peu de temps après, j'ai rejoint l'association Bloom.

De quelle manière la pêche en eaux profondes impacte-t-elle les écosystèmes marins ?

Mathieu : L'écosystème océanique est très complexe, avec beaucoup de proies, de prédateurs et de nombreuses interactions entre les espèces et le milieu. Donc quand vous pêchez et que vous touchez à une espèce, les impacts se répercutent en chaîne. À la fin, tous les prédateurs ayant à la fois des proies et des concurrents, c'est l'ensemble de l'écosystème que vous déstabilisez. Quand on arrive avec un immense chalut et qu'on racle jusqu'à 2 000 m de profondeur pour ramasser quelques tonnes de poissons, on porte atteinte à l'ensemble des espèces qui vivent dans cet écosystème comme les vers, les étoiles de mer, les coraux ou les éponges.

Claire : Même dans les eaux de surface, la pratique intensive du chalutage a un impact énorme sur l'écosystème, alors imaginez ce que ça donne dans un milieu aussi fragile que celui des grandes profondeurs ! En eaux profondes, il suffit d'un passage pour tout dévaster car dans cet environnement obscur et froid, les métabolismes sont ralentis, les animaux évoluent très lentement, ont une maturité sexuelle tardive et une longévité extraordinaire, à l'instar de certains coraux multimillénaires, qui ont commencé à se développer alors que nous construisions les pyramides d'Égypte ! Et c'est cet écosystème délicat, qui a mis des milliers d'années à se constituer, que l'on détruit à coups de bulldozer, en quelques secondes seulement.

Et pour la pêche électrique, qu'en est-il ?

Mathieu : La pêche électrique est également très destructive. Elle a été développée en mer du Nord dans le but d'accroître les captures, notamment de soles, un poisson plat qui se vend cher. Des industriels néerlandais ont eu l'idée de mettre des électrodes sur les filets, afin que les poissons enfouis dans le sable se plient sous l'effet du *taser*, et en soient expulsés, pour les "ramasser" plus facilement. Mais l'électricité n'est pas sélective, elle a aussi des impacts sur les œufs et les juvéniles, de même que sur les vers marins, les crustacés et tous les organismes qui logent à l'intérieur et à la surface du sédiment. Les conséquences à moyen ou long terme de ces pratiques n'ont pas encore pu être chiffrées précisément car c'est une pratique récente, mais les pêcheurs artisans qui sont aux premières loges du massacre nous disent qu'après le passage d'un chalut électrique, l'océan s'est transformé en cimetière, tout est mort. C'est ainsi que les artisans qui pratiquent une pêche plus durable et écologique font faillite, au profit d'une pêche industrielle destructrice des écosystèmes.

Et vous, en tant qu'être humain, comment vivez-vous cela ?

Mathieu : (rires) Pas bien du tout ! Mais ce qui me plaît, c'est d'avoir travaillé avec l'équipe de Bloom – et en particulier avec Laetitia Bisiaux – à révéler cette réalité et tenter d'agir sur elle. Avant que Laetitia ne commence à étudier tout ça, personne n'avait conscience de l'étendue des dégâts. Maintenant, un grand nombre de politiciens se disent aussi qu'il y a moyen de faire mieux et, franchement, ce n'est pas dur car on peut difficilement faire pire que la pêche électrique ! En revanche, nous sommes face à un problème structurel : les citoyens sont trop faibles face à la puissance du pouvoir économique. À Bruxelles, 90 % des lobbyistes représentent l'industrie et 10 % seulement l'intérêt général, par le biais des organisations environnementales et citoyennes. Nous devons taper fort pour faire entendre notre voix.

Comment en est-on arrivé à un tel déséquilibre ?

Claire : Lorsque l'Union européenne a été créée, on a demandé à la Commission de légiférer sur tous les sujets. C'est elle, avec ses

30 000 employés, qui est à l'origine de toutes les propositions de lois pour tous les pays européens, c'est énorme ! Pour éclairer son travail de législateur, sur des sujets aussi variés que techniques, la Commission a alors demandé à ce que des lobbys se constituent, car elle avait besoin d'interlocuteurs avisés. Autrefois, la représentation des différents intérêts était concentrée au niveau de la Commission et du Conseil. Mais en 2009, le traité de Lisbonne a changé les règles et le Parlement, qui ne donnait jusque-là qu'un avis consultatif, est devenu colégislateur. Désormais, il décide aussi des lois, ce qui lui donne une importance majeure. C'est à ce moment-là que les lobbys ont commencé à fondre sur le Parlement, comme des rapaces sur leurs proies.

Mathieu : Le Parlement est la seule institution européenne issue du vote des citoyens, il devrait donc nous représenter. Mais la plupart des députés ou des groupes politiques sont clairement plus sensibles à la défense de leurs intérêts personnels et donc, à ceux de leur circonscription, qu'à l'intérêt général. C'est le drame de la politique.

Comment les lobbys peuvent-ils entrer au Parlement s'ils n'appartiennent à aucun parti ?

Claire : Vous pouvez pénétrer dans le Parlement comme dans un moulin, dès lors que vous vous inscrivez sur le registre de la transparence et que vous demandez une accréditation de lobbyiste. Sauf qu'aucune des informations que vous fournissez n'est vérifiée, c'est une procédure plus que légère ! Les lobbys envoient aux institutions des mails truffés de mensonges, ils utilisent des badges presse pour accéder au Conseil des ministres de l'UE pendant les négociations annuelles des quotas de pêche, mais aucune sanction n'est prise. Voilà le niveau de tolérance de Bruxelles pour le monde des affaires... Si une ONG fraudait sur un badge, elle serait immédiatement radiée du registre. On ne joue pas à armes égales... D'autant que tout se résume à la capacité humaine et aux ressources financières. Ceux qui sont bien représentés sont ceux qui ont assez d'argent pour prendre le train ou l'avion et rémunérer des lobbyistes à arpenter les institutions européennes.

Comment l'Europe vote-t-elle ses lois ?

Claire : Les propositions législatives de la Commission européenne sont communiquées au Parlement et au Conseil, formé par les États membres de l'Union européenne. Au Parlement, les textes de loi passent devant des commissions spécialisées – sur la pêche, l'agriculture, les affaires économiques, le commerce international, etc. – composées de quelques dizaines de députés. Ces derniers examinent le texte et l'amendent. Les commissions spécialisées du Parlement ne donnent pas uniquement leur avis, elles ont le pouvoir de changer le texte. Puis, le plus souvent, le projet de loi va vers un vote en plénière du Parlement, au cours duquel l'ensemble des députés européens prennent position sur la loi. Mais il arrive parfois que le texte parte directement en négociation avec le Conseil et la Commission. À la fin de la procédure législative, les trois grandes institutions européennes siègent ensemble dans ce qu'on appelle un "trilogue" et décident alors de tout, dans un processus très opaque qui se déroule dans une pièce fermée, soustraite aux regards. Il n'y a pas d'observateur, pas de transmission, pas de caméra, pas de notification presse, pas même un filet d'annonce où que ce soit... N'ayant aucun moyen de savoir ce qui se dit, on essaie d'influencer les décisions de l'extérieur, par des messages et des textos, mais avec une telle surreprésentation des intérêts industriels, c'est extrêmement difficile de peser... C'est pourquoi, pour obtenir l'attention des députés et les forcer à nous écouter, nous avons besoin d'une mobilisation massive des citoyens.

Pouvez-vous nous donner un exemple de la manière dont ça se passe ?

Mathieu : Un jour, un lobbyiste de la pêche industrielle néerlandaise est allé voir la Commission européenne en disant qu'il fallait électrifier les filets de pêche, car cette idée de génie serait particulièrement efficace pour capturer les poissons. Un avis scientifique avait stipulé à la Commission européenne de ne pas donner de dérogation à cet effet, mais par un jeu d'influences politiques, elle est allée à l'encontre de cette recommandation. Et la pêche électrique a démarré ainsi, en douce, sans aucune transparence, sans faire la une des journaux. Pendant dix ans, sans que personne n'y prête attention, on a donc électrocuté les fonds marins et développé une technique particulièrement destructrice sous couvert, soi-disant, "d'expérimentation". Pas moins de quatre-vingt-quatre licences ont ainsi été octroyées et ce, sans qu'aucune caution scientifique n'ait été donnée. Cette situation a perduré jusqu'à ce que des pêcheurs artisans lancent l'alerte et que Bloom s'empare du sujet.

N'y a-t-il donc rien de mis en place pour garantir la transparence du système ?

Claire : Sur le registre de transparence mentionné plus tôt, on est censé indiquer la somme d'argent qu'on investit dans les activités de lobbying. Mais un groupe d'intérêts peut tout à fait dire qu'il ne consacre que 100 000 euros par an même si, en réalité, il dépense dix fois plus en lobbying, car personne ne vérifie. L'écosystème politique bruxellois tout entier fonctionne avec opacité donc même si, par miracle, vous obteniez une amélioration des normes de transparence, les informations appelées à devenir publiques un jour ne seraient tout simplement plus consignées par écrit. Ceux qui ont des choses à cacher se débrouillent toujours. Nous attendons une transparence totale de la part de nos élus, une vertu morale assumée, à défaut d'être spontanée. Rappelons que cet idéal d'honnêteté n'est pas une utopie, mais un des fondements du mandat représentatif. Les députés y souscrivent en signant un code de conduite éthique.

Nous les élisons pour représenter l'intérêt général contre les intérêts particuliers et défendre notre avenir. Mais les lobbys pétroliers, pharmaceutiques, chimiques, agroalimentaires, etc., attendent aussi d'être représentés, ils n'ont simplement pas la même notion de l'intérêt général ! Pour eux, un élu doit offrir un retour sur investissement... et en général, les industriels ont plus de rétributions directes et symboliques à offrir aux élus, au cours de leur mandat ou même après... Ils ont, par exemple, des perspectives de carrière à faire valoir, ce que les citoyens n'ont pas.

Peut-on encore appeler ça de la démocratie ?

Claire : Sous cet angle-là, pas vraiment... et c'est la même chose dans les institutions nationales. La surreprésentation du secteur privé est une préoccupation majeure car trop souvent, ce sont les multinationales et les industriels qui dictent les lois. D'autant que dans de nombreux pays, ils participent aussi au financement des campagnes politiques. Il y a une confusion, un lien complexe entre les pouvoirs économiques et politiques. Avec les années, nous avons vraiment appris à bien connaître le système et mesuré l'ampleur des efforts qu'il fallait fournir pour attirer l'attention d'un seul membre de ce Parlement. Vous devez parfois les supplier de prêter attention à votre dossier. L'autre jour, à la veille d'un débat où devait se décider la reprise de subventions à la pêche industrielle, j'ai entendu une personne qui travaille au sein de la Commission de la pêche dire : "Oh tu sais, ce n'est pas ma tasse de thé en ce moment..." Pas ma tasse de thé ? Alors que nous parlons de 6 milliards d'euros qui vont déterminer l'avenir de l'océan !

Vous souhaiteriez que ces 6 milliards d'euros aillent où ?

Claire : Il faut bien comprendre une chose essentielle, sans doute l'élément le plus important à retenir de tout ce que je vous dis aujourd'hui : "c'est l'argent public, c'est-à-dire nos impôts, qui alimente la destruction de l'océan". Ce sont les subventions publiques qui maintiennent à flot des navires trop efficaces et en surnombre, qui eux-mêmes ont été construits avec de l'argent public, et qui ont mené le secteur de la pêche à sa ruine et l'océan à sa version actuelle, appauvrie et exsangue. Les industriels de la pêche sont incapables, et je dis bien "incapables", de résister à la faillite structurelle qui les attend s'ils ne sont pas portés à bout de bras par les subventions publiques. C'est pourquoi il est essentiel de repenser le fléchage des aides publiques, afin que le secteur de la pêche se transforme et fasse de la préservation des emplois, ainsi que de l'adoption de méthodes de pêche douces pour l'environnement, une priorité absolue. C'est aux pouvoirs publics de faire le choix d'une pêche humaine et durable, mais les freins à l'œuvre sont aussi puissants que dans le monde agricole. Tout le système est vicié. Le parallèle pêche-agriculture n'est pas assez fait. Pourtant, la pêche est bien plus subventionnée que l'agriculture, relativement au poids du secteur.

L'argent public devrait en outre être investi dans la science, la connaissance, la collecte de données, autant d'éléments sans lesquels il est inenvisageable de bien gérer une ressource qui demeure sauvage. C'est pour cela que nous nous sommes mobilisés au Parlement européen, mais en vain. Les fonds accordés pour la protection de l'océan sont très insuffisants. Et, en outre, ils entrent en concurrence frontale avec les incitations financières qu'instaure le même règlement, pour accroître la pression de pêche sur l'environnement. C'est typique de l'incurie des institutions européennes : vous encouragez les acteurs à détruire l'environnement mais vous faites taire les critiques en accordant quelques miettes législatives pour sa protection.

Est-il encore possible de changer les choses ?

Claire : C'est une vaste question... et il est difficile d'y répondre sans tomber dans l'exercice divinatoire... Ce que je sais, c'est que la vie, c'est le changement, incessant. Mais la vie est aussi, dans le même temps, la résistance au changement. Notre cerveau archaïque et fainéant rechigne à modifier ses habitudes, car changer est coûteux. Il en va de même en politique. Depuis l'invention des démocraties modernes, les classes dominantes ont bon an mal an réussi à garder le contrôle sur les processus de décision. On n'a pas encore expérimenté une démocratie garantissant la prise en compte des intérêts des plus vulnérables. Au niveau européen, le mal est encore accentué car l'impuissance des citoyens est prévue et organisée, constitutionnellement. Partout, des garde-fous d'opacité existent pour défendre la soustraction de la décision publique au scrutin des citoyens. Vous ne pouvez rien contre les décisions de la Commission, du Conseil ou du Parlement, même lorsque vous avez prouvé des cas de fraude, de corruption morale, de trafic d'influence, de fonds publics indûment obtenus ou de pratiques illégales, comme nous l'avons fait chez Bloom. La Commission met en ligne des formulaires de plainte et organise des consultations citoyennes, mais n'a à répondre de rien devant quiconque. Sa souveraineté est totale. Quasiment aucune décision européenne ne peut être attaquée en justice par un simple citoyen. Ce qui est terrible, c'est que ce régime de défiance vis-à-vis des citoyens, en raison de l'histoire fasciste et nazie de l'Europe, est en train de renforcer leur propre méfiance envers les institutions, et d'alimenter le moulin populiste. De chaque côté, la défiance est légitime. Les pères de la Constitution européenne ont eu raison de se méfier de la barbarie qu'amène le populisme. Les citoyens européens ont raison de se méfier d'institutions qui confisquent le débat et remettent les arbitrages de décisions publiques aux groupes d'intérêts privés. À la fin, pourtant, on se retrouve tous piégés dans l'impasse d'un système opposant défiance contre défiance.

Alors, où se situe la bonne réponse pour le changement ? Pour la construction d'une société de la confiance qui mise sur l'inclusion, l'éducation et la lutte contre les inégalités. Ce changement de prisme et de pratiques ne peut pas, c'est structurel, venir des classes dominantes qui ont trop à perdre. Je pense sincèrement que c'est aux citoyens d'organiser le débat sur l'avenir des démocraties et donc, de nos sociétés et de nos institutions.

Si vous en aviez le pouvoir, que changeriez-vous en priorité ?

Claire : Beaucoup de choses, pour ne pas dire tout ! J'instaurerais une transparence totale sur l'usage des fonds publics et un accès incontestable aux documents administratifs, je donnerais des recours aux citoyens contre les décisions iniques, injustifiables et arbitraires des institutions, je relancerais le débat sur le mandat impératif pour une partie au moins des promesses des candidats aux élections, je suivrais les conseils de Thomas Piketty en matière économique, de Gabriel Zucman en matière fiscale, de Julia Cagé pour la refonte du système de financement des démocraties et de capitalisation des médias... Et je demanderais aux associations de lutte contre la corruption comme Anticor, Transparency et Corporate Europe Observatory de se mettre d'accord sur un programme de mesures impérieuses pour garantir le respect des codes éthiques des décisions publiques. Ce ne sont pas les idées ou les besoins qui manquent, dans tous les domaines. J'organiserais alors la réflexion et le débat de façon à aboutir à un plan d'action autour d'un groupe d'experts et d'ONG, d'un côté, et, de l'autre, de citoyens, sur le modèle de la Convention citoyenne pour le climat. Nous avons un grand besoin d'apprendre à débattre et à vivre ensemble. Et pour se transformer, rien de tel que la pratique. Je demanderais donc à des facilitateurs en communication non violente d'être les médiateurs de ces débats publics.

Et que penser des grandes campagnes environnementales, des groupes de militants qui se tiennent devant les ministères à chanter avec leurs pancartes, à quel point pensez-vous que leurs voix sont écoutées ?

Claire : Je pense que les militants et les ONG ont une palette d'actions restreinte pour être audibles dans l'espace public. Se regrouper permet de faire un peu de bruit, de donner à voir la mobilisation et surtout, de se remonter le moral car ce serait trop dur de rester passifs à observer, impuissants, le film horrible qui se déroule sous nos yeux… Faire communauté permet de se réparer autour d'aspirations et de rêves communs. Vivre, c'est résister. Et résister, c'est aussi descendre dans la rue, dire non, affirmer qu'on a le choix et qu'on veut que nos voix soient entendues. Rien ne justifie qu'un seul segment de l'opinion dirige le monde. D'autant que celui-ci a des intérêts court-termistes qui causent la destruction de notre bien commun et de notre avenir à tous. Alors aller dans la rue, oui, si tant est qu'on ne se met pas à risque, sinon on se voit entraînés dans un face-à-face avec la puissance de l'État, une entrevue dont on sort perdants et abattus. Et oui, aussi, à condition que ce ne soit pas la seule modalité envisagée pour tenter de gagner la bataille, car sinon elle est vouée à l'échec.

Les politiques seraient-ils comme déconnectés de la réalité ?

Claire : Si on entend par "réalité" la précarité et la galère matérielle du quotidien d'un très grand nombre de Français, alors oui, à quelques exceptions près, les politiques sont très éloignés de ce réel. Autre différence majeure, en politique, votre vie ne vous appartient pas. Rien n'est gratuit, tout est calcul et optimisation. Le milieu politique hypertrophie la violence des rapports interpersonnels, impose un rythme inhumain et baigne dans une grande médiocrité intellectuelle. Survivre dans cet environnement recrute autant que cela forge des traits de caractère particuliers. Rares sont ceux qui ont réussi à trouver le moyen d'émerger et de durer en politique sans avoir à utiliser les armes de l'ennemi, sans se salir les mains et l'âme. Ceux qui ont été influents, avec des discours d'amour et des modalités de fraternité ou de paix, ont été assassinés ou l'ont payé cher. C'est pourquoi il y a une inadéquation profonde entre les enjeux de notre époque, qui demandent des qualités de courage, de vision et de maturité humaine hors normes, et la classe politique qui fonctionne sur des modalités de compétition et même, très souvent – et c'est vraiment saisissant –, de revanche. Le contraste est ahurissant, entre les textos de cours d'école (invectives, chantages et oukases sont monnaie courante dans les interpellations personnelles) que s'envoient les responsables politiques et, par ailleurs, leur image médiatique qu'ils soignent avec brio, donnant à voir l'exact contraire de ce qu'ils sont réellement. Je me dis souvent que si les gens connaissaient personnellement la plupart de ceux qu'ils voient à la télé, et qu'ils admirent parfois avec dévotion, ils décrocheraient du poste et iraient réellement cultiver leur jardin... Comme toujours, il y a de rares et lumineuses exceptions, heureusement, au modèle dur et violent qui est le nôtre.

Quand vous dites que c'est dur et violent, à quoi pensez-vous ?

Claire : À la violence du monde, à notre propre violence, celle qui existe en chacun de nous et que la société nous renvoie, amplifiée, en boomerang. Celle aussi que la politique exacerbe. L'enjeu est celui de notre transformation personnelle pour pouvoir passer à des rapports interpersonnels et systémiques plus apaisés et responsables, les seuls qui soient aptes à nous sortir de l'impasse écologique, démocratique et sociale. Ce serait au monde politique de donner l'exemple, mais il est le plus éloigné de la capacité à être et à se montrer vulnérable. Tout tient sur le rapport de force. Être authentique ne fonctionne qu'avec des gens qui partagent cette posture. En politique, chacun est agresseur et victime. D'un point de vue psychique, physique et moral, où que vous soyez placé·e sur l'échiquier, l'exercice est fatalement brutal. Quand vous vous croyez "en famille", vous découvrez que c'est là que les gens se portent les coups qui font le plus mal. Quand vous faites le siège des institutions, vous êtes confronté·e à des lobbys industriels prêts à tout pour défendre leurs intérêts. Nous avons été choqués par le niveau de malhonnêteté des lobbyistes industriels, ainsi que par leurs méthodes. Leur objectif, c'est de conserver ou d'augmenter leur profit, un point c'est tout. Qu'importe si leur activité est nocive pour la santé humaine et environnementale. Ils mentent, insultent et vont même jusqu'à proférer des menaces de mort. Personnellement, j'en ai reçu quasiment tous les jours pendant un an. Mais nous avons de la chance en Europe occidentale, car il s'agit simplement d'intimidations. Alors qu'en Europe de l'Est, en Amérique du Sud, en Afrique ou en Asie, ce n'est pas la même histoire. Ils suppriment purement et simplement les ONG, les lanceurs d'alerte, les journalistes. L'expression de "héros de l'environnement" est galvaudée, mais j'ai été secouée par le courage des autres lauréates du prix Goldman. Celui de la Hondurienne Berta Cáceres, par exemple, assassinée en 2016, ou de la Colombienne Francia Márquez, qui a reçu le prix la même année que moi, en 2018, et qui a échappé de justesse à une double tentative d'assassinat l'année suivante. Ailleurs, on abat celles et ceux qui se mettent en travers des intérêts industriels ou politiques.

Comment pourrions-nous nous y prendre pour faire changer les mentalités et impliquer davantage de gens sur les questions écologiques ?

Claire : Je peux répondre spécifiquement à la question en vous parlant des angles qui nous ont fait gagner nos batailles. Par exemple, le fait de démontrer que la destruction aveugle des grandes profondeurs marines aurait été – et serait encore – impossible sans l'injection d'argent public. Je pense que c'est cette terrible réalité sur l'usage de nos impôts qui a emporté la mise *in fine*, mais puisqu'il a fallu sept ans pour mettre fin à une activité inutile et irréversiblement destructrice de biodiversité, qui n'aurait jamais dû apparaître, nous voilà sommés de nous poser une question plus systémique : malgré la preuve concrète de l'emballement climatique et de la destruction d'espèces et d'habitats naturels, pourquoi les humains du XXIe siècle ne sont-ils toujours pas capables de faire du maintien de leur maison commune une priorité radicale et absolue ?

Je pense qu'on trouve la réponse en se penchant sur notre cerveau. Sur celui qui a assuré notre survie et a été notre plus fidèle allié pendant des centaines de milliers d'années. Notre cerveau archaïque, reptilien, est devenu notre pire ennemi. Un cerveau affûté pour percevoir les dangers lit comme des menaces des choses qui n'en sont pas. Notre vue est obstruée par des peurs diverses, amplifiées par des médias qui y ont vu un moyen de capter les audiences, alors que la seule façon de rester dans la raison et de faire preuve de logique est de muscler notre cerveau "récent", le néocortex, car il est le lieu où se logent nos capacités d'altruisme et d'empathie. Maîtriser le cerveau archaïque en gonflant nos aptitudes rationnelles et empathiques par le biais de l'éducation est, à mon avis, la seule façon d'obtenir un intérêt durable et enraciné pour les questions écologiques. La bonne nouvelle, c'est qu'on sait faire. La mauvaise, c'est que nous sommes en concurrence avec les médias et toutes sortes de contenus divertissants qui activent nos peurs et valorisent les résolutions de conflits par la violence.

N'est-il pas triste de penser que les gens n'agissent pas par empathie, mais pour des questions de peur ou d'argent ?

Claire : Connaissez-vous l'histoire de *La Jungle*, le livre écrit en 1905 par Upton Sinclair[1] ? Il y décrit la vie misérable des travailleurs migrants dans les abattoirs américains du début du XXe siècle, la façon dont la viande était produite et la cruauté absolue qui régnait envers les animaux. On dit que lorsqu'il a lu l'ouvrage, Theodore Roosevelt aurait jeté les saucisses qu'il était en train de manger. Ce sont les conditions sanitaires infâmes des abattoirs qui ont ému le président des États-Unis comme la population, pas notre cruauté envers les travailleurs migrants ou les animaux, tous deux piégés dans une machine infernale de mort. Notre égoïsme est un obstacle majeur face aux enjeux actuels, mais il peut être surmonté. Simon Baron-Cohen, un psychologue anglais extraordinaire, propose de remplacer le mot "cruauté" par "érosion de l'empathie[2]". Il démontre que si on ne reçoit pas suffisamment d'amour et d'attention quand on est enfant, on ne peut pas développer d'aptitude à l'empathie. Pour Baron-Cohen, l'empathie est le seul outil universel dont nous disposons pour résoudre les problèmes auxquels nous sommes confrontés. Si je suis empathique, je ne peux supporter qu'il arrive aux autres ce que je ne désire pas pour moi-même. Impossible donc de ne pas tendre la main à son prochain, de ne pas traiter les migrants avec dignité et humanité, de ne pas agir avec détermination par rapport à la crise écologique, etc. C'est le seul rempart contre un monde violent, l'unique façon de construire une société plus juste. La beauté de l'empathie, c'est que chaque enfant peut la développer et c'est gratuit. En revanche, cela exige une volonté très claire de la part de l'État, car si nous voulons vraiment changer le monde, nous devons repenser la manière dont nous éduquons nos enfants pour qu'ils deviennent plus compétents que nous émotionnellement et qu'ils intègrent que face à l'adversité, la compétition est une voie mortifère. Seule la coopération peut garantir le succès.

Et comment pourrions-nous accélérer le processus ? Parce qu'on a tout de même l'impression que ça n'avance pas assez vite et que si on continue ainsi, on va droit dans le mur...

Claire : Oui, on va droit dans le mur. En fait, une grande partie de la population mondiale est déjà en train de se le prendre, le mur. Le double mur de l'effondrement écologique et démocratique. Les peuples savent qu'ils sont livrés à eux-mêmes. Il n'y a plus d'espace de dissidence, les États réaffirment leur souveraineté au mépris des droits humains, l'Europe est impuissante au plan international et se droitise de plus en plus, les politiques appartiennent à leurs bailleurs de fonds... La corruption est profonde et gangrène même les régimes libéraux. Sincèrement, je pense que le pire est à venir. Hitler avait été visionnaire en faisant alliance avec IBM pour développer les machines à fichiers perforés. Aujourd'hui, la Chine a réalisé le rêve fasciste de surveillance numérique à visée génocidaire avec les Ouïghours. La dystopie est devenue réalité, mais comme le drame qui se prépare est morcelé en de multiples espaces, la conscience ne vient que lorsque nous parvenons à en faire un récit ramassé. Mais cette conscience ne change rien à notre impuissance. Je pense qu'en termes de barbarie, l'humanité peut aller encore très loin. Les chercheurs ont montré que plus les gens étaient riches, moins ils avaient de morale... Or, les nantis dominent le monde, et notamment la politique, puisqu'ils se payent leurs candidats. Regardez l'analyse faite par Julia Cagé du financement de la campagne de Macron : la démocratie est corrompue par l'argent privé. Si on ne se focalise que sur le court terme, c'est l'abattement garanti. Donc, il faut imaginer des plans d'action et de reconquête idéologique à plus long terme.

Avez-vous encore de l'espoir dans la classe politique ?

Claire : Non, aucun. Même s'il y a des individus formidables qui arrivent à gagner quelques combats de temps à autre. À l'avenir, soit une personnalité à la Nelson Mandela s'impose à nous, soit – et je pense que c'est plus stratégique de miser sur la seconde option – nous devons imaginer des ressorts démocratiques collectifs. Mais à court terme, je vois le ciel s'obscurcir encore. Et toi Mathieu ?

Mathieu : Bonne question ! Mon espoir, actuellement, se fonde sur les mobilisations publiques et le collectif, mais pas sur les politiques en tant qu'individus. Sans les mobilisations, les grèves d'étudiants, les actions en justice, les campagnes des ONG, le travail des scientifiques et des lanceurs d'alerte, ça ne bougerait pas.

Il y a une forme de déconnexion des responsables politiques, dont le parcours ne favorise pas l'intérêt général. Et pendant qu'ils défendent leur strapontin, ils arrêtent de représenter ceux qui les ont élus.

En tant qu'ONG, comment vous y prenez-vous pour mettre la pression sur les politiques ?

Mathieu : Au sein du Parlement européen, notre mission principale consiste à informer les députés de tout ce qui touche à l'intérêt général. Nous leur faisons découvrir la vision écosystémique de l'environnement dont, souvent, ils ne savent pas grand-chose. Nous allons taper aux portes, alertons quand il se passe des choses qui ne sont pas acceptables, tentons de briser les dynamiques établies entre et au sein des partis… En ce moment, par exemple, on travaille sur les subventions à la pêche et beaucoup de nouveaux députés ne comprennent pas grand-chose à ces dossiers, qui sont assez techniques. On leur explique alors en quoi c'est fondamental et pourquoi, quand on travaille sur le modèle économique de la pêche, on agit sur sa durabilité ainsi que sur l'état des écosystèmes dans le futur. Aujourd'hui, on sait qu'il ne faut surtout pas que l'Europe finance de nouveaux bateaux aux pêcheurs, car nous en avons déjà beaucoup trop qui prélèvent bien trop de poissons. En Atlantique nord-est, 40 % des stocks de poissons sont surexploités et c'est plus de 90 % en Méditerranée. Nous leur apportons la preuve qu'on est déjà dans une situation de surpêche et essayons d'avoir des relais médiatiques pour leur montrer que c'est un sujet qui intéresse la société dans son ensemble. C'est pour cette raison que nous lançons des pétitions et que nous avons besoin de citoyens.

Et si nous n'écoutons pas les scientifiques et que nous ne prenons pas les décisions courageuses qui s'imposent, en 2050, à quoi ressemblera l'océan ?

Mathieu : L'impact du changement climatique sur les écosystèmes marins est effrayant avec, notamment, des répercussions directes sur le volume de production primaire. Non seulement sa quantité va diminuer, mais le phytoplancton va aussi être beaucoup plus petit, ce qui aura pour conséquence d'amoindrir l'efficacité du transfert de biomasse vers l'étage supérieur de la chaîne alimentaire. Il y aura donc moins de poissons et des spécimens plus petits, car avec moins d'oxygène dans l'océan, ils dépenseront plus d'énergie pour respirer au détriment de leur croissance. Globalement, l'eau de mer va devenir plus chaude, plus acide et moins oxygénée, ce qui aura des impacts terribles. En Afrique de l'Ouest ou en Asie du Sud-Est, on prévoit une baisse spectaculaire de poissons, de l'ordre de 60 % à 70 %. Dans des zones où la population locale en dépend, en termes de sécurité alimentaire, c'est dramatique. En Europe aussi, si nous ne réduisons pas les émissions de gaz à effet de serre, nous perdrons 30 à 40 % des prises potentielles de poissons. Aujourd'hui, déjà, on voit des populations de poissons migrer vers les pôles.

Avec l'association Bloom, vous avez déjà gagné une bataille contre la pêche en eaux profondes. Comment cela s'est-il passé ?

Claire : Nous avons commencé par réunir l'ensemble des arguments économiques, scientifiques et environnementaux qui récusaient ce modèle de pêche. Puis, nous les avons soumis au Parlement européen. En décembre 2013, nous avons perdu le premier vote, mais nous avons persévéré et trois ans plus tard, en juin 2016, nous avons gagné. Nous avons montré que ces flottes de pêche, qui étaient financées par des subventions publiques, n'arrivaient pas à être rentables. L'opinion publique (que nous avons mobilisée en masse grâce à une BD virale de Pénélope Bagieu, ce qui a permis à notre pétition de collecter 900 000 signatures) était heurtée par le fait que nos impôts, fruits de notre travail, servaient à alimenter une pêche destructrice pratiquée, qui plus est, par une grande enseigne que tout le monde connaissait : Intermarché. Le fait d'avoir désigné un responsable principal a permis de mobiliser plus facilement l'opinion. La flotte de pêche a alors accepté d'arrêter le chalutage en eaux profondes au-dessous de 800 m et c'est seulement à partir de là que le Conseil, la Commission et le Parlement européens ont accepté de légiférer. C'est donc uniquement lorsque les industriels ont été forcés de changer leurs pratiques que les institutions ont accepté de réglementer. Le monde à l'envers !

Et pour la pêche électrique, comment vous y êtes-vous pris ?

Claire : Pour la pêche électrique, nous avons aussi commencé par construire notre démonstration scientifique et économique. Les lobbys industriels néerlandais, qui avaient beaucoup d'avance sur nous en termes de calendrier, avaient déjà largement couvert le Parlement et les institutions européennes. Mais la chance que nous avons eue, c'est qu'au moment où on s'est mis sur le dossier, les élections européennes arrivaient. Or, pendant une campagne électorale, les politiciens sont attentifs à ce qu'ils font. Ils savent que l'opinion publique va s'intéresser à eux de plus près. On a donc toujours les mêmes éléments de départ : une démonstration scientifique qui est parfaitement claire, un impact environnemental qui est épouvantable et un scénario économique inacceptable, en général, renforcé par des fraudes ou des arbitrages financiers scandaleux. Puis, il y a le contexte. Et pour la pêche électrique, ce qui nous a permis de gagner rapidement, c'est le calendrier politique, le fait que les députés ne voulaient pas avoir mauvaise presse avant le verdict des urnes.

Si vous deviez résumer une sorte de méthode qui pourrait être utilisée par les activistes pour gagner des combats politiques, à quoi ressemblerait-elle ?

Claire : Déjà, l'essentiel est de ne jamais perdre de vue ses idéaux et de viser haut. Ne pas entamer un combat en acceptant de raboter les angles. Ensuite, je pense que ce qui fait le succès de Bloom, c'est notre extrême rigueur, la robustesse de nos recherches scientifiques et de nos investigations. Avant de nous exprimer dans l'espace public, nous vérifions tous les aspects des dossiers qu'on investit. Lorsque nous nous présentons devant un décideur public, nous connaissons parfaitement les aspects économiques, environnementaux, sociaux... Nous pouvons donc raconter une histoire complète et fournir les preuves de ce que nous avançons. Mener des recherches permet aussi de produire un contenu primaire, une histoire que personne d'autre n'a racontée jusque-là. Cela fournit des "accroches", des "bonbons" médiatiques. Sans cela, pourquoi les médias parleraient-ils de vous ? Notre spécialité, c'est de quantifier la façon dont l'argent public encourage et entretient des pratiques de pêche destructrices de l'environnement et des emplois. Nous sommes dans un bras de fer avec l'administration française et en procès contre l'État, qui refuse de nous donner accès à certaines informations cruciales, alors qu'elles devraient être publiques. Nous ne lâcherons pas ce combat tant que les ministères n'accepteront pas d'être parfaitement transparents et que l'argent des impôts des Français alimentera la destruction de l'environnement.

Dans le cas de la pêche en eaux profondes, finalement, ce sont les entreprises qui vous ont aidés. Elles peuvent donc aussi faire plier les politiques dans le bon sens ?

Claire : Non, les entreprises ne nous ont pas aidés. C'est à cause d'elles qu'on a mis sept ans pour gagner la bataille, qu'on a sacrifié sept années de soirées, de vacances et de vie sociale, à dormir cinq ou six heures par nuit les jours fastes... Tout ça pour interdire une technique qui, à la base, n'aurait même pas dû être inventée ! Pendant tout ce temps, ce sont les lobbys industriels qui bloquaient tout. *In fine*, ce sont eux qui ont le pouvoir. À Bruxelles, on dit que le stylo du législateur est tenu par les lobbys, car ce sont eux qui dictent les lois. Souvent, les amendements sont apportés déjà tous ficelés aux institutions. On a même vu des gouvernements de pays comme la France ou l'Espagne faire un copié-collé des arguments des industriels… un copié-collé !

À entendre toute l'énergie qu'il faut déployer, on peut se sentir un peu découragé… Y a-t-il tout de même un espoir ?

Claire : Je pense que la question de l'espoir est hors sujet. Espérer ou non est une affaire de croyance, c'est une question très intime, alors que l'espace public est un lieu aconfessionnel, le lieu de l'action. Pour les environnementalistes, qui sont à risque élevé de dépression en raison de l'immense brutalité de la marche du monde, la question du courage doit se poser en termes d'efficacité : où mon action sera-t-elle la plus efficace ? Comment construire une réflexion stratégique qui envisage bien tous les angles, afin de jeter mon dévolu sur ce que j'estime être le plus impactant ? À titre personnel, il nous revient de nous poser les bonnes questions pour faire des choix éclairés. Quel genre de vie voulons-nous avoir ? Le philosophe Jacques Ellul propose de choisir l'éthique de la non-puissance. Pour lui, la vraie puissance, c'est celle de savoir qu'elle existe, qu'elle est là, à portée de main, mais de décider de lui tourner le dos. Nos *modes de vie* nous imposent, certes, des contraintes – il faut bien prendre le métro ou la voiture pour aller travailler – mais nos *styles de vie*, eux, sont soumis à nos choix propres. Et on peut faire le choix de la liberté, de l'éthique de la non-puissance, délaisser les smartphones dernière génération, les technologies gadgets, tout ce qui n'est pas nécessaire, et choisir de vivre autrement. Se concentrer sur nos besoins réels et profonds, plutôt que de laisser nos imaginaires être colonisés par des désirs fabriqués par d'autres.

***

Depuis des décennies, des activistes s'évertuent à orienter les politiques publiques pour qu'elles respectent les écosystèmes et aident à stopper le réchauffement climatique. Mais avec quelle efficacité ? Évidemment, chaque victoire est bonne à prendre et lorsque la pêche en eaux profondes sera définitivement interdite (en 2025...), les écosystèmes marins s'en porteront infiniment mieux. Mais pendant les huit années de combat de Claire et Bloom pour obtenir l'interdiction de la pêche en eaux profondes (et les neuf années avant que cette interdiction entre en vigueur), combien de décisions publiques sont allées dans l'autre sens (celui de continuer à détruire et à dégrader) ? Combien de milliers de tonnes de poissons ont été extraites de l'océan ? Pendant que les cinq membres actifs de Bloom passaient leurs jours et leurs nuits à faire un travail de titan, combien de centaines de lobbyistes travaillant dans des cabinets d'influence publique payés par des entreprises multinationales ont été à la manœuvre ? Dix fois plus. Par conséquent, les victoires et les combats héroïques apparaissent souvent comme de maigres consolations ou, pire, comme des éléphants accouchant d'une souris. C'est, par exemple, ce qui s'est produit en France en 2008 avec le Grenelle de l'environnement. Suite à la mobilisation de 900 000 personnes pour signer le Pacte écologique formulé par la fondation Nicolas Hulot lors de la campagne présidentielle, le gouvernement de Sarkozy, fraîchement élu, a annoncé en grande pompe une sorte de révolution écologique. Un an et d'interminables discussions avec les représentants de tout ce que la France comptait comme groupes d'intérêts plus tard, elle n'a pas eu lieu. Malgré de réelles avancées, “le Grenelle a été l’occasion de beaucoup d’annonces mais de très peu de mises en œuvre”, comme l’a écrit le Réseau Action Climat dans son “contre-rapport” des travaux[3]. C’est également ce qui s’est produit en 2021 avec la Convention citoyenne pour le climat que j’ai co-initiée avec le collectif des Gilets citoyens et dont j’étais l’un des trois garants. Je m’attarde un instant sur cet exemple que je connais de première main pour illustrer ce qui va suivre.

Comme le préconisait Claire Nouvian, cette histoire avait commencé par des mobilisations. Entre septembre 2018 et mars 2019, les Gilets Jaunes, les marches et grèves pour le climat, ainsi que l’Affaire du siècle, qui a rassemblé 2,3 millions de personnes pour attaquer l’État en justice pour son inaction climatique, avaient permis d’engager un rapport de force. Grâce à cela, nous avons pu persuader Emmanuel Macron de créer une assemblée de citoyens, représentatifs de la diversité des Français, dans un objectif précis : formuler des propositions pour réduire de 40 % les émissions de gaz à effet de serre d’ici 2030 dans un esprit de justice sociale. Pour cette grande première en France – et sans doute dans le monde pour un sujet aussi large – un dispositif a été construit sur mesure : tirage au sort pour reconstituer une France en miniature, socle de connaissance et auditions de scientifiques incontestables sur le climat, auditions de parties prenantes de toute la société (élus, syndicalistes, chefs d’entreprise de tous secteurs, ONG, ingénieurs, agriculteurs…), groupe d’appui constitué d’experts pour éclairer les 150 sur la technicité des sujets, comité légistique (constitué de juristes) pour traduire en loi les propositions, pléiade d’animateurs pour faciliter et équilibrer les débats… Tout ceci a demandé un travail hors normes, sans aucun doute perfectible (la question principale étant le poids et l’influence des experts du groupe d’appui), d’importants investissements (plus de 5 millions d’euros), mais a surtout permis de mesurer à quel point la démocratie est un exercice exigeant. Permettre à 150 Français, représentatifs de la diversité du pays, de participer à la décision demande du temps, de l'attention et une sacrée dose de travail. Car ces 150 citoyens ont élaboré, pendant près d'un an et dans la plus grande autonomie, un plan de 149 mesures. Et non seulement leurs travaux ont été salués par le Haut Conseil pour le climat, la plupart des ONG, des figures comme Nicolas Hulot et même le Medef, qui en a loué le "sérieux", mais il a également été largement soutenu par les Français, si on en croit deux sondages commandés à la remise de leurs travaux. "À l'exception du 110 km/h les propositions séduisent 62 % des Français qui en ont entendu parler", selon l'institut Odoxa mandaté par *Le Figaro* et Franceinfo*. L'enquête commandée par le Réseau Action Climat à l'institut Elabe** montre, pour sa part, un très large soutien à 13 des 14 mesures structurantes testées. Comme nous l'avions déjà vu en Irlande, où 2 assemblées délibératives tirées au sort avaient permis de trancher les épineux débats du mariage pour tous et du droit à l'avortement***, la Convention citoyenne a réussi à proposer un point d'équilibre acceptable par le plus grand nombre et plus ambitieux que ce qu'aucun gouvernement français n'avait proposé jusqu'ici. Ce qui confirme que des citoyens tirés au sort, informés et formés aux sujets qu'ils doivent trancher, sont plus volontaires que leurs élus. Oui, mais...

Alors que de plateaux de chaînes d'info en tweets, des voix s'élevaient pour accuser les ONG et les organisateurs d'avoir "lobotomisé" les conventionnels et de leur avoir préécrit un projet ouvertement écologiste (ce que les 150 ont inlassablement démenti), que de nombreux éditorialistes fustigeaient la soi-disant radicalité de ces

* *Les mesures de la Convention citoyenne séduisent les Français... à l'exception notable des 110 km/h*, http://www.odoxa.fr/sondage/mesures-de-convention-citoyenne-seduisent-francais-a-lexception-notable-110-km-h/

** Sondage : Des Gaulois pas si réfractaires à l'action climatique, 26 juin 2020, https://reseauactionclimat.org/sondage-des-gaulois-pas-si-refractaires-a-laction-climatique/

*** Les assemblées citoyennes en Irlande, Tirage au sort, référendum et constitution, Dimitri Courant, 5 mars 2019, La Vie des idées, https://laviedesidees.fr/Les-assemblees-citoyennes-en-Irlande.html

"Khmers verts", "collectivistes", "anticapitalistes" et même "décroissantistes*", c'est une autre offensive d'influence qui se préparait dans les couloirs de grandes entreprises et de ministères. Selon un rapport produit par l'Observatoire des multinationales** : "Les propositions des « citoyens », avant même de pouvoir être examinées au Parlement, ont été l'objet d'une violente offensive de lobbying. Les principaux secteurs industriels concernés – automobile, aérien, agrochimie, publicité – ont mobilisé tous les leviers d'influence à leur disposition, en public et dans l'ombre, soutenus par une large coalition de conservatismes et d'intérêts établis." Cette enquête semble corroborée par des révélations du *Journal du dimanche**** et du *Canard enchaîné***** pointant le travail de sape du Medef sur le délit d'écocide et celui du lobby de la publicité sur les mesures visant à réglementer leur secteur. Résultat : l'ambition des mesures de la Convention fut quasi systématiquement rabaissée. La situation confinait alors à l'absurde : cédant à cette pression, le gouvernement a amoindri le plan qu'il avait lui-même commandé pour respecter les engagements qu'il s'était lui-même fixés lors de l'accord de Paris sur le climat. Il s'est ainsi empêché de tenir ses objectifs (–40 % en 2030), alors que le Conseil d'État, le tribunal administratif de Paris, le Haut Conseil pour le climat (qu'il a lui-même instauré) et une partie de la population l'exhortaient à le faire. Incompréhensible, et pour le moins inacceptable, pour ceux qui avaient tant travaillé pendant dix-sept mois. Mais aussi pour

* Yves Calvi déclare la guerre aux Khmers verts de la Convention pour le climat, Télérama, 25 juin 2020, https://www.telerama.fr/ecrans/yves-calvi-declare-la-guerre-aux-khmers-verts-de-la-convention-pour-le-climat-6659339.php

** Lobbys contre citoyens. Qui veut la peau de la convention climat ? 8 février 2021, https://multinationales.org/lobbys-citoyens-convention-climat

*** Projet de loi climat : en coulisses, un intense bras de fer sur le "délit d'écocide", JDD, 10 janvier 2021, https://www.lejdd.fr/Politique/projet-de-loi-climat-en-coulisses-un-intense-bras-de-fer-sur-le-delit-decocide-4017351

**** Le lobby publicitaire à l'assaut des propositions de la Convention citoyenne, Mediapart Le Club, 16 décembre 2020, https://blogs.mediapart.fr/jeanne-guien/blog/161220/le-lobby-publicitaire-l-assaut-des-propositions-de-la-convention-citoyenne des millions de Français qui s'inquiètent de l'évolution climatique du pays. D'autant plus inacceptable, que le chef de l'État avait lui-même engagé sa parole... En avril 2019, lorsqu'il avait annoncé, avec une certaine audace, la création de la Convention citoyenne pour le climat, Emmanuel Macron avait en effet déclaré : "Ce qui sortira de cette convention sera, je m'y engage, soumis sans filtre soit au vote du Parlement, soit au référendum, soit à application réglementaire directe." Il réitérera cet engagement le 20 janvier, annonçant : "Si à la fin de vos travaux vous donnez des textes de loi, des choses précises, là je m'engage à ce qu'ils soient donnés ou au Parlement ou au peuple français tels que vous les proposerez." Enfin, le 29 juin à l'Élysée il s'engagera à transmettre 146 mesures sur 149. Ces promesses, il ne les tiendra jamais. En réalité, même les mesures formulées sous forme de textes de loi seront modifiées (et amoindries) avant d'être envoyées au Parlement, et de nombreuses mesures ne seront jamais transmises*. Les raisons de ce revirement sont certainement nombreuses et il faudrait être dans la tête du président de la République française pour les apprécier dans leur ensemble. Pour autant, la répétition de ce type de situation amène à formuler quelques hypothèses qui me paraissent solides. Tout d'abord, nous sommes manifestement face à une limite de nos démocraties représentatives. Partout dans le monde, les élus font l'objet d'une défiance grandissante, confrontés à des mouvements contestataires parfois violents, des poussées populistes et même complotistes. Et ils n'y sont pas pour rien. La démocratie représentative telle qu'elle est pratiquée peine à créer de véritables espaces de concertation et de prise de décision collective. Elle ne parvient pas à répondre à des enjeux cruciaux pour l'avenir de l'humanité comme le réchauffement climatique, qui fait l'objet depuis quarante ans d'atermoiements de partis de droite comme de gauche. Les causes

* Convention pour le climat : seules 10 % des propositions ont été reprises par le gouvernement, Reporterre, 31 mars 2021, https://reporterre.net/Convention-pour-le-climat-seules-10-des-propositions-ont-ete-reprises-par-le-gouvernement

sont multiples : influence disproportionnée des intérêts privés face à l'intérêt général, électoralisme, déresponsabilisation des citoyens, affaiblissement des parlements (particulièrement en France), modes de scrutin... En 2014, Martin Gilens, enseignant et chercheur à Princeton, et Benjamin I. Page, professeur à la Northwestern University[4], ont conduit une étude désormais célèbre (publiée en ligne par Princeton et Cambridge University) utilisant les données de 1 800 politiques publiques entre 1981 et 2002 aux États-Unis. Elle cherchait à comprendre : "Qui gouverne ? Qui établit véritablement les règles ? Dans quelle mesure l'ensemble des citoyens américains sont-ils souverains, semi-souverains ou largement impuissants ?" À l'issue de cette fine analyse sur deux décennies, les chercheurs y concluaient : "Une analyse multivariée indique que les élites économiques et les groupes organisés représentant les intérêts des entreprises ont un impact indépendant important sur la politique du gouvernement américain, tandis que les citoyens moyens et les groupes d'intérêts de masse n'ont que peu ou pas d'influence indépendante." Ils tiraient la conclusion que les États-Unis penchaient davantage du côté de l'oligarchie que de la démocratie[5] (le pouvoir du peuple, par le peuple, pour le peuple). À la lecture de ce qui s'est produit avec la Convention citoyenne, avec le Grenelle de l'environnement et à la lumière de ce que Claire Nouvian et Mathieu Colléter nous ont décrit, il est difficile de ne pas faire le même constat pour la France et l'Union européenne. Les groupes d'intérêts privés ont une influence disproportionnée sur les décisions publiques. Or, la question climatique comme celle de la biodiversité sont, par excellence, des questions d'intérêt général qui demandent le dépassement des intérêts particuliers. Pourquoi n'y parvenons-nous pas ? Pourquoi la volonté politique n'est-elle pas capable de s'élever au-dessus des influences des lobbys ? Cela s'est pourtant déjà vu dans l'Histoire... Claire Nouvian nous a apporté plusieurs pistes pour répondre à ces questions. Dans l'exemple de la Convention citoyenne, on peut en avancer une autre, complémentaire : l'incapacité du Président français et de ses deux Premiers ministres (Édouard Philippe puis Jean Castex) à imaginer un monde fonctionnant sur d'autres fondamentaux que ceux qu'ils connaissent. Incapacité partagée par de nombreux autres leaders mondiaux, qu'ils soient politiques ou économiques. Peut-être sommes-nous à une charnière culturelle comme nous n'en avons pas connu depuis longtemps, qui nous oblige à repenser en profondeur ce qui nous meut en tant que société. Peut-être avons-nous besoin d'un autre récit de ce que l'avenir pourrait être. Car celui qui nous a conduits jusqu'ici, fondé sur la croissance économique et une certaine conception du progrès, est en train de nous entraîner vers l'abîme. C'est ce que nous a longuement expliqué Éloi Laurent, économiste à l'OFCE, enseignant à Sciences-Po Paris et à l'université de Stanford en Californie.

LE RÉCIT DE LA CROISSANCE ET LES NOUVEAUX INDICATEURS

Rencontre avec Éloi Laurent*

* Cet entretien a eu lieu en décembre 2019, avant la pandémie de coronavirus...

Pensez-vous que l'économie peut continuer à suivre sa trajectoire propre, sans se soucier de l'écologie ?

Évidemment non. "Économie" et "écologie" ont la même étymologie. Le radical grec *éco* vient de *oikos*, qui signifie "le ménage, l'économie". Une racine inventée deux millénaires avant l'écologie… C'est justement ce qui m'intéresse dans mon travail, mettre l'accent sur l'interaction qui existe aujourd'hui entre ces deux notions, et particulièrement entre la crise des inégalités et la question écologique. Mon hypothèse est qu'elles sont liées, comme jumelles. Plus il y aura d'inégalités, plus les crises écologiques s'aggraveront, ce qui alimentera à son tour les inégalités, et ainsi de suite. C'est pourquoi, si nous voulons vraiment résoudre l'une et l'autre de ces crises, nous devons les aborder conjointement.

Par quoi commencer ?

Par réduire les inégalités, car elles sont un facteur majeur de dégradation des écosystèmes. Qualité de l'air, accès à la nourriture, à l'énergie, protection contre le changement climatique… rien n'est également réparti entre les êtres humains. Or, plus il y a d'inégalités, au sein et entre les pays, plus les dommages écologiques touchent les personnes les plus vulnérables. Ces êtres sont les sentinelles écologiques de notre monde : ils subissent les premiers les conséquences du changement climatique et nous avertissent de ce qui finira par nous arriver, à tous, si nous poursuivons dans cette voie. Malheureusement, il existe comme un gradient social des crises écologiques. Et c'est la raison pour laquelle les représentations abstraites que sont les frontières anthropocènes ou planétaires ne me semblent pas pertinentes, car elles masquent les différents systèmes sociaux. Ce qui m'intéresse, c'est comprendre quel type de dynamique sociale conduit aux crises écologiques et, inversement, les conséquences sociales que ces crises déclenchent. C'est là que ça commence à avoir un sens pour moi, que je me mets à croire en ce que je sais.

Qu'entendez-vous par "croire en ce que je sais" ?

Une distinction intéressante a été proposée par le philosophe français Jean-Pierre Dupuy entre *connaître* et *croire* en la science. Si on vous dit, par exemple, que selon tel ou tel modèle climatique nous ne devrions pas dépasser une température de 2 °C jusqu'à la fin du XXIe siècle par rapport aux niveaux préindustriels, peut-être le savez-vous. Mais le *croire*, c'est lui donner un sens. Et cela change tout. Le sens collectif que l'on retrouve dans toute société humaine, c'est précisément celui de la justice, la notion de ce qui est juste et injuste. C'est, selon moi, ce qui nous sépare du monde naturel, qui donne une spécificité à notre espèce.

Quand vous parlez du système qui déclenche les crises environnementales, à quoi pensez-vous ? À celui qui veut que nous recherchions toujours plus de croissance, de capital, de gain économique ?

Absolument ! Et pourtant, cela ne ressort pas suffisamment dans l'idée d'Anthropocène* qui donne l'impression que c'est l'humanité, avec un grand H, qui déclenche les crises écologiques. Ce qui m'intéresse, c'est de comprendre le type d'indicateurs avec lesquels nous gouvernons nos économies, ainsi que les conséquences sociales qu'ils induisent. La théorie des frontières anthropocènes ou planétaires soutient que tout va bien, jusqu'à ce que nous atteignions un seuil de réchauffement de 2 °C. Et qu'alors, nous entrons dans une zone dangereuse. Or, ce que nous constatons, c'est que nous sommes déjà à 1,1 °C et que bien des personnes dans le monde en souffrent déjà. La différenciation sociale de l'impact écologique est la clé pour comprendre ces crises et, finalement, pour les résoudre. Il nous faut identifier le type de systèmes qui provoquent ces phénomènes comme le changement climatique ou la crise de la biodiversité, mais comment le faire si on l'aborde uniquement par l'humanité dans son ensemble ? S'agit-il d'un problème moral, lié au simple fait d'être humain ? Ou vient-il de certains systèmes économiques en particulier ?

Quelle est selon vous la source du problème ?

La croissance, bien sûr ! Il est désormais absolument clair que la poursuite de la croissance économique, telle qu'elle est conçue aujourd'hui, engendre la destruction des écosystèmes. En un sens, c'est un grand paradoxe, car la croissance est un concept biologique tout à fait naturel. Et cependant, nous construisons des modèles où la poursuite de cette croissance ignore complètement le monde sauvage et ses limites.

Il y a là deux grands concepts qui s'entremêlent. Le premier, emprunté à la biologie, est l'idée de circularité. L'économie serait

* Le terme "Anthropocène", qui signifie "l'Ère de l'humain", est une théorie qui suppose que nous sommes entrés dans une période où l'influence de l'être humain sur la biosphère a atteint un tel niveau qu'elle est devenue une "force géologique" majeure capable de marquer la lithosphère.

comme un corps, dans lequel les éléments circulent en cercles ou en cycles. Puis vient l'idée de croissance en tant qu'expansion, en quelque sorte, de ce corps. Pourtant l'analogie avec le monde naturel nous fait très vite comprendre qu'il est impossible de croître indéfiniment. Dans toute croissance, il y a une fin. À un moment donné, vous êtes développé et vous ne grandissez plus. La croissance infinie est une illusion, mais elle demeure un concept très puissant dans nos sociétés, justement, parce qu'elle entre en résonance avec la réalité biologique. Elle est facile à comprendre, à imager, et pourtant, s'il est un problème majeur aujourd'hui, c'est bel et bien la croissance économique. Elle provoque la destruction des mondes naturels avec une *expansion*, disons, artificielle, qui ne s'inscrit dans aucune réalité géophysique.

Pensez-vous, comme le suppose le rapport Meadows, que l'économie et la démographie vont s'effondrer dans les dix prochaines années si la croissance continue à ce rythme ? Et peut-être même, plus globalement, le monde tel que nous le connaissons ?

Avec *Les Limites à la croissance*[1], écrit au début des années 1970, l'équipe autour de Dennis et Donella Meadows avait une incroyable intuition de ce qui allait se passer. Ils ont eu raison de souligner le fait que si on continue d'entretenir l'illusion d'une croissance infinie, ce qui va se passer en fin de compte est une forme d'effondrement. Actuellement il y a déjà des pays dans le monde où beaucoup de choses *s'effondrent*, sauf la croissance économique.

Comme ?

Comme les États-Unis ! Voilà un pays qui est l'une des plus grandes puissances économiques mondiales* et où, pour autant, l'espérance de vie baisse. Regardez la Californie. Elle est censée être la cinquième

* Qui avant la crise du coronavirus avait toujours 3 % de croissance.

puissance économique mondiale avec la Silicon Valley, avec une croissance annuelle du PIB de 5 % et malgré cela la santé, l'égalité, la pauvreté, la confiance dans les institutions... se dégradent. Les écosystèmes eux-mêmes sont en crise structurelle, à tel point que la Californie devient, année après année, un peu plus inhabitable, dévorée par les mégafeux et affectée par d'intenses sécheresses. Pour moi, cela dit tout de l'illusion de la croissance économique, du fait qu'il s'agit d'un système artificiel qui détruit progressivement tout ce qui est naturel dans notre monde. Par naturel, j'entends aussi bien sûr la santé humaine.

Pensez-vous qu'il faille se diriger vers un modèle de décroissance ?

Dans l'histoire, on ne retrouve aucun modèle de décroissance. En revanche, ce qu'on appelle en économie *l'état stationnaire*, c'est-à-dire le fait d'atteindre un plateau et de décider de ne plus croître, est une idée très ancienne. Elle remonte au milieu de la révolution industrielle, vers 1850, quand l'économiste libéral anglais John Stuart Mill* écrit que le développement économique doit s'arrêter parce qu'on est en train de détruire la planète... En 1850 !

Il nous faut maintenant remplacer cela par, d'un côté, ce qu'on pourrait appeler le développement soutenable qui vise à prendre soin des écosystèmes et, de l'autre, la justice sociale. Opposer croissance et décroissance, non, je n'y crois pas. Faire augmenter le PIB ne résoudra rien, le faire diminuer ne résoudra rien non plus. Je pense qu'il faut simplement changer d'échelle.

Faut-il alors abandonner ces notions de croissance et de décroissance ?

De mon point de vue, l'opposition entre croissance et décroissance nous a fait perdre dix ou quinze ans. Le PIB n'est pas une finalité

* John Stuart Mill (1806-1873) est un philosophe, logicien et économiste britannique, parmi les plus influents du XIXe siècle.

en soi. C'est un outil, quelque chose d'intermédiaire censé nous apporter autre chose. Si on veut de la croissance, ce n'est pas pour la croissance elle-même. Personne n'a jamais rencontré la croissance, personne ne sait ce que c'est exactement, ni comment on la mesure... Ce qui intéresse les gens, c'est l'emploi, la santé, l'éducation. Et ce qu'on nous raconte, c'est qu'avec la croissance on obtient ces choses-là. Sauf qu'en réalité, elle n'est plus cet objectif intermédiaire qui permet de les atteindre, elle est, au contraire, devenue un obstacle qui nous en empêche. On a longtemps cru que c'était la croissance économique qui nous permettrait d'atteindre le bien-être. En un sens, ça a été vrai dans les années 1950-1960 en matière de développement humain. Mais les écosystèmes, la biodiversité ou le climat avaient largement commencé à être saccagés. À aucun moment de notre histoire, nous n'avons connu des écosystèmes en pleine santé couplés à une très forte croissance. En revanche, il y a eu un moment où il y avait de la croissance et un faible niveau d'inégalité sociale, des revenus relativement équitablement distribués, la santé, l'éducation, des institutions, des infrastructures, la confiance... tout ce qui nous intéresse en fait. Mais ce grand alignement des courbes est terminé depuis trente ans. Depuis, la croissance augmente de façon délirante, pendant que tout le reste baisse.

Si ces concepts de croissance ou de décroissance ne sont pas pertinents, par quoi les remplacer ?

Il faut se concentrer sur le bien-être humain. Qu'est-ce qu'une vie réussie, une vie heureuse ? Si vous interrogez les gens sur ce qui importe le plus pour eux, partout dans le monde ils vous diront : la santé et les liens sociaux. Alors maintenant je pose la question : est-ce que nos politiques publiques sont construites avec comme indicateur central la santé ? Ne serions-nous pas plutôt en train de détruire ce qui constitue la source première du bien-être humain ? Avec la santé, ce qui est intéressant, c'est que nous avons l'interface à la fois sociale et environnementale. Parce qu'il est impossible de dissocier la santé humaine de celle des écosystèmes. C'est pour cette raison que je pense que la santé est l'indicateur fondamental qui doit et qui va remplacer la croissance au XXIe siècle. Pour moi, il n'y a quasiment pas d'autre solution.

Malheureusement, que ce soit le lien social ou la santé, ces deux indicateurs sont mis à mal par l'organisation actuelle du monde. Regardez ne serait-ce que le sort de l'hôpital public dans un pays comme la France, qui avait pourtant un des systèmes de santé parmi les meilleurs au monde et que nous sommes, méthodiquement, en train de détruire ; ou encore ce qu'il reste de nos liens sociaux, avec ce qu'il se passe dans le monde du travail, de l'entreprise, de la transition numérique... Notre hyperconnexion entraîne une déconnexion sociale, en particulier chez les jeunes. Aux États-Unis, notamment, c'est frappant. En même temps que l'usage d'Internet, des SMS et jeux vidéo augmente, les temps de sommeil et de socialisation diminuent. Les gens se reposent de moins en moins, ne prennent pas soin de leur santé, voient moins les autres... ce qui conduit inéluctablement à davantage de mal-être, de solitude et d'isolement. Un comble, dans un monde hyperconnecté.

La transition numérique s'est faite exactement au moment où nous aurions dû lancer la transition écologique. Elle donne l'illusion d'une *dématérialisation*, alors que nos systèmes économiques n'ont jamais été aussi matériels*. Nous consommons aujourd'hui

* "Entre 1900 et 2009, l'extraction mondiale de matières premières (biomasse, minéraux industriels et de construction, minerais métalliques, ressources énergétiques fossiles) a été multipliée par 10, passant de 7 à 68 milliards de tonnes, soit deux fois plus vite que la population mondiale. L'OCDE estime qu'à l'horizon 2030, elle pourrait atteindre 100 milliards de tonnes. Ces tendances se sont accélérées au cours des deux dernières décennies sous l'effet de l'augmentation de la demande des économies émergentes et du maintien, à un niveau soutenu, de celle des pays développés", site du ministère de l'Environnement, www.ecologie.gouv.fr/sites/default/files/Th%C3%A9ma%20-%20Produire%20plus%20avec%20moins%20de%20matières.pdf, voir aussi https://ecoinfo.cnrs.fr/2014/04/24/situation-et-tendances-des-matieres-premieres/

trois fois plus de ressources naturelles qu'en 1970 et Amazon détruit l'Amazone, très concrètement[2]. En dix ans, la transition numérique a révolutionné le monde, tout en détruisant l'environnement. Mais c'est aussi un formidable signe d'espoir, car on peut se dire que si le monde s'est transformé en dix ans, il doit pouvoir changer à nouveau. Nous avons *grosso modo* vingt ans pour réorganiser nos systèmes économiques avant qu'ils ne s'effondrent littéralement.

Comment ?

La notion qui m'intéresse le plus dans la question écologique, c'est celle de la responsabilité. Nous sommes responsables de ces crises, de la préservation de l'hospitalité de la planète pour nous, les humains, ainsi que pour toutes les autres créatures que nous entraînons dans notre autodestruction. Être responsable, répondre de ses actes, c'est être capable de les justifier. Or, peut-on dire qu'il est intelligent d'avoir basé nos systèmes économiques sur les éléments de leur propre autodestruction ? C'est totalement absurde ! Il n'y a pas de frontière entre les êtres humains et la nature. Nous faisons partie de la nature et elle fait partie de nous. Nous sommes des écosystèmes constitués de dizaines de milliers de bactéries, qui vivent en nous, que nous abritons et avec lesquelles nous collaborons. Nous évoluons dans ce monde d'interdépendance et de collaboration qu'est la biosphère. On peut décider de l'accepter ou de le refuser, mais on ne peut le nier, c'est un fait. Il est temps pour nous de comprendre qu'économie et société sont imbriquées dans un système plus vaste qui se nomme la biosphère et que, si par malheur celle-ci venait à s'effondrer, alors elles succomberont et nous avec. Aujourd'hui, l'humanité est face à trois grands enjeux : le bien-être, la résilience (sa résistance aux chocs, notamment aux chocs écologiques) et la soutenabilité, c'est-à-dire le fait de concevoir des systèmes économiques et sociaux qui soient compatibles, sur le long terme, avec les écosystèmes naturels desquels dépendent les conditions mêmes de ce bien-être.

Mais comment s'y prendre pour que nos sociétés donnent la priorité au bien-être, à la santé et à l'environnement, plutôt qu'au PIB et à la croissance ?

Il y a deux façons de faire une transition, de provoquer un changement dans les sociétés humaines. L'une consiste à changer les attitudes et l'autre les comportements. Les attitudes sont une question de système de valeurs, de ce en quoi vous croyez. Elles sont un levier de changement extrêmement puissant. Si vous pensez qu'il est plus cool d'avoir un vélo plutôt qu'une voiture, alors vous aurez probablement un vélo pour le restant de votre vie. Les comportements, eux, sont davantage une réponse à une politique publique. Si vous rendez l'utilisation du carbone plus coûteuse par le biais de la fiscalité, par exemple, les gens vont changer leurs habitudes. Mais ils le feront parce qu'ils en sont obligés et pas parce qu'ils croient que c'est important. Alors que si vous changez les attitudes, vous modifiez aussi les comportements.

Les problèmes environnementaux actuels sont-ils liés au système capitaliste ? Ce débat est une sorte de serpent de mer dans le milieu écologiste... Faut-il sortir du capitalisme pour résoudre la crise écologique ?

Mais qu'est-ce que le capitalisme ? Comme pour la croissance, les gens sont peu nombreux à savoir ce que c'est. Pour faire simple, le capitalisme, c'est deux idées et quatre strates. La première idée fait référence à Fernand Braudel, un historien français de l'École des Annales, pour lequel le capitalisme, c'est la manipulation du temps qui induit une manipulation de l'espace. Auparavant, nous étions dans une économie de marché, où les transactions économiques avaient lieu sur des places physiques. Dans les villages des XIIIe et XIVe siècles en Europe, les gens venaient vendre et acheter différentes denrées. C'étaient des lieux de rencontre entre l'offre et la demande. Puis, à partir du XVIe siècle, l'avènement de techniques nouvelles a permis aux transactions de ne pas uniquement avoir lieu ici et maintenant, mais d'être décalées dans le temps. Le "tu as un canard, j'ai une vache et on va se les échanger" devient alors "je te donnerai un canard si tu me donnes, dans trois mois, une vache plus une botte de foin". La botte de foin sert à compenser la différence entre le moment où la transaction est conclue et celui où elle va avoir réellement lieu. C'est le taux d'intérêt. Et si le taux d'intérêt c'est le prix du temps, le capitalisme, c'est la manipulation de ce temps, la richesse plutôt que le revenu, la profondeur temporelle de l'économie.

La seconde idée du capitalisme apparaît au XIXe siècle avec la dissociation entre le travail et la propriété des moyens de production. L'amphithéâtre dans lequel nous nous trouvons c'est du capital qui ne nous appartient pas, mais que nous utilisons pour travailler. La plupart des gens ne possèdent pas leurs outils de production. Il y a, d'une part, ceux qui détiennent le capital et, de l'autre, ceux qui utilisent ces moyens de production pour leur subsistance : les travailleurs. Sortir du capitalisme signifierait donc à la fois sortir de l'idée de la manipulation du temps et reconnecter les outils du capital avec ceux du travail. En un sens, nous sommes tous capitalistes, car la plupart d'entre nous ne possédons pas les moyens de notre travail. Les seuls qui ne le soient pas vraiment seraient les détenteurs du capital, car ils n'ont pas ce problème de dissociation. Ils vivent, précisément, des moyens de production qu'ils possèdent.

Vous parliez également de quatre strates du capitalisme. Quelles sont-elles ?

La première, c'est la liberté économique. Celle de consommer, de produire, d'innover, d'entreprendre, de faire des documentaires... Dans une économie non capitaliste, ces décisions sont prises par une autorité centrale, un pouvoir politique qui dit aux gens ce qu'ils ont le droit de faire ou non. La deuxième strate, c'est l'économie de marché, le fait d'avoir des marchés plus ou moins libres sur lesquels se rencontrent l'offre et la demande, selon des règles imposées par l'État de droit. La troisième, c'est le capitalisme pris comme dissociation entre le capital et le travail dont nous venons de parler, et la quatrième, le capitalisme néolibéral dans lequel nous vivons. Un régime dans lequel la puissance publique ne sert plus à réguler le marché mais, au contraire, à favoriser ses intérêts. Du coup, la question qui se pose est : quelle est la strate qui pose problème pour la préservation de la biosphère ? Est-ce la liberté économique, l'économie de marché, la dissociation du capital et du travail, ou le capitalisme néolibéral ? Mon avis personnel, c'est que les trois premières strates peuvent être régulées si la puissance publique n'est pas au service du marché.

Existe-t-il des pays non capitalistes qui détruisent la biosphère ?

Oui, la Chine en est un très bon exemple. Certains ne seront peut-être pas de mon avis, mais si on prend la définition que nous venons de voir, la Chine n'est pas un pays capitaliste à proprement parler. C'est une économie administrée dans laquelle la monnaie n'est pas libre, la propriété des entreprises n'est pas libre, et où toutes les libertés économiques sont conditionnées au bon vouloir du pouvoir politique. Et pourtant c'est le pays qui, de toute l'histoire économique, est le plus insoutenable, avec 30 % des émissions de CO_2 et 25 % de la consommation des ressources naturelles (alors que l'ensemble des pays industrialisés ne consomment pas 20 % de la totalité de ces ressources). Mais admettons que la Chine soit un exemple controversé et prenons l'URSS. Nous avons affaire à l'un des régimes au monde qui a le plus détruit l'environnement, qui a le plus poursuivi cette obsession de la croissance, et cela, indépendamment du capitalisme.

Y a-t-il des pays ou des systèmes économiques plus soutenables que d'autres ?

En 2019, quatre pays, qui sont tous des petits pays gouvernés par des femmes, ont décidé de sortir de la croissance : la Nouvelle-Zélande, la Finlande, l'Islande et l'Écosse. Au mois de mai de cette même année, la Nouvelle-Zélande a voté le premier budget de bien-être de l'histoire et affirmé que la santé des enfants, physique comme mentale, était la priorité essentielle. Ce qui nous amène à une autre notion fondamentale pour l'économie du XXIe siècle : celle du patrimoine naturel à transmettre. Si, comme moi, on pense que ce qui fait la croissance, c'est la richesse, alors tout va dépendre de la manière dont vous définissez cette dernière. Et on peut tout à fait décider que la richesse, c'est la santé, l'éducation, la biosphère... C'est en partie ce qu'ont fait les pays nordiques. Si on regarde les indicateurs comme la préservation des ressources naturelles, l'émission de CO_2, la santé, l'éducation, les inégalités, la justice sociale, etc., ils arrivent en tête de tous les classements. Ils sont donc capables de remettre en question la croissance économique du PIB, tout en étant des économies capitalistes.

Croissance et capitalisme ne seraient donc pas nécessairement liés ?

Au Japon, depuis le début des années 1990, il n'y a pour ainsi dire plus de croissance, et pourtant, le capitalisme tient toujours debout. Il est très intéressant de regarder ce qu'il se passe dans le monde, car quand on fait ça, on se rend compte que la question fondamentale n'est peut-être pas le capitalisme en soi, mais plutôt la strate qui concerne le capitalisme néolibéral. Ce qui semble important, c'est l'encadrement de tous les mécanismes de marché par la puissance publique et l'utilisation de la démocratie comme contrepoids. Le XXe siècle a vu l'augmentation du niveau d'éducation et d'espérance de vie la plus importante de toute l'histoire de l'humanité. Le miracle du développement humain a eu lieu dans des pays dans lesquels le capitalisme s'était affirmé, mais avec un contrepoint fondamental, celui de l'État providence. C'est pourquoi je pense qu'il faut prolonger l'État providence en un État social écologique, qui fasse aussi bien sur la question environnementale que ce qu'on a su le faire sur la question sociale en faisant augmenter les niveaux de santé et d'éducation. C'est un peu trop simpliste de dire qu'en sortant du capitalisme on va tout régler. Il est beaucoup plus fondamental de sortir de la croissance.

Nos économies occidentales ont fait l'expérience de la croissance et nous en avons tiré des bénéfices. Mais qu'en est-il des pays qui ne l'ont pas encore faite ? À quel titre pouvons-nous leur dire de ne pas s'engager dans cette voie ?

Vous avez raison, il y a un souci d'égalité. Nous avons bénéficié des combustibles fossiles pour alimenter notre croissance économique et maintenant, nous disons à d'autres pays qu'ils ne devraient pas les utiliser... Cela dit, nous pouvons témoigner du fait qu'il existe un risque qu'ils se détruisent eux-mêmes avec une croissance économique hypertrophiée. La Chine en est le meilleur exemple. Au fond, son expérience est unique dans l'histoire : pendant quarante ans, 10 % de la croissance économique mondiale a bénéficié à 15 % de l'humanité. En termes de croissance, on n'a pas vu mieux. Et qu'est-ce qu'elle nous apprend ? Que l'inégalité est aujourd'hui, en Chine, bien plus importante qu'avant. Non seulement le bonheur n'a pas augmenté, mais il a même diminué. La démocratie, les libertés civiles et politiques n'ont pas été améliorées, et les écosystèmes ont été complètement détruits. L'expérience chinoise peut servir de référence pour encourager les pays en voie de développement à faire attention. Bien sûr, il ne s'agit pas de les empêcher d'accéder à la croissance. Juste, leur montrer qu'elle n'est pas la solution à tous leurs problèmes, bien au contraire.

Pourquoi trouve-t-on si peu d'écologie dans l'économie d'aujourd'hui ?

C'est un fait, les économistes s'intéressent moins aux questions écologiques qu'il y a un, voire deux siècles ! Quand on regarde les publications actuelles, très peu portent sur l'environnement. Une étude a même montré que sur 77 000 publications, celles consacrées à la recherche sur le changement climatique représentent 1 %. Ça dit tout du problème. Et pourtant, les services écosystémiques environnementaux sont un concept très utile, car ils relient le bien-être à la durabilité. Ils montrent que la nature est *le* système de soutien de la vie en fournissant d'innombrables biens et services indispensables, comme la pollinisation, la régulation de l'air, de l'eau, du climat, etc. Malheureusement, lorsque les économistes rencontrent cette notion de services écosystémiques, la plupart du temps ce qu'ils en font, c'est la monétiser. Ce qui les intéresse, c'est le montant que vous allez payer pour un service donné. Or, c'est là quelque chose de très dangereux car de la monétisation, on passe très vite à la marchandisation. Alors même qu'aujourd'hui, nous devrions au contraire démonétiser et rematérialiser l'économie pour la rendre réellement utile, socialement utile. Les services écosystémiques peuvent être réellement utiles pour comprendre la valeur de la nature, mais il faut être conscients de ce qu'on en fait et extrêmement prudents lorsque l'on essaie de les monétiser. C'est un très bel exemple des dégâts que l'économie peut faire sur la question du monde naturel, et il est grand temps que les économistes s'en rendent compte.

Pensez-vous que nous avons un but sur Terre en tant qu'espèce ?

Quel est le but des êtres humains ? Nous n'avons aucun moyen de répondre à cette question de manière générale. Pour ma part, je suis devenu économiste parce que je voulais comprendre le monde dans lequel je vis. Comprendre pourquoi les gens se préoccupent tant de consommation, de production, de croissance, de politique ou de fiscalité... En tant qu'économiste, mon but est d'identifier ce qui compte pour les gens et de leur donner des alternatives pour qu'ils puissent atteindre leurs propres objectifs. Pour moi, l'économie au XXIe siècle n'est pas une science, c'est une discipline reliée à la physique et à l'éthique. Mais personnellement, mon but à moi, en tant qu'être humain, c'est l'amour. C'est la seule chose qui m'importe sur cette planète. Aimer et être aimé, c'est tout. Mais le vôtre peut être différent !

***

Les êtres humains raffolent des histoires. Comme le dit Nancy Huston dans son essai éponyme, nous sommes une espèce fabulatrice. C'est sans doute le trait qui nous distingue le plus des autres espèces (jusqu'à preuve du contraire tout du moins) et qui me paraît central pour comprendre les dynamiques collectives qui nous meuvent. Mais avant de développer cette idée, qui m'est particulièrement chère, je tiens à dissiper un possible malentendu quant aux termes. Lorsque je dis que les humains construisent et adhèrent à des récits, des fictions, adorent raconter des histoires, il serait aisé de comprendre qu'il s'agit systématiquement de mensonges, de manipulations délibérées (ce qui est parfois le cas) particulièrement à une époque où les questions de *fake news*, de post-vérité ou de complotisme sont aussi prégnantes. La langue française est, à cet égard, ambiguë. Le terme "histoire" est utilisé – souvent avec une majuscule – pour qualifier la discipline qui étudie les événements du passé et cherche à comprendre leurs impacts sur le présent. Mais il peut aussi être employé pour désigner une œuvre d'imagination ou pire, un mensonge. "Arrête de me raconter des histoires" signifie dans le langage courant "arrête de me raconter n'importe quoi". De son côté, le mot "fiction" est généralement associé à l'idée de construction imaginaire, inventée, qu'il s'agisse d'un roman, d'une pièce de théâtre ou d'un film. Or, le mot "fiction" vient du latin *fingere* qui signifie aussi "façonner, fabriquer" et renvoie à l'idée de construction, d'élaboration. Mais il veut également dire "se représenter, imaginer". "Récit" est, quant à lui, dans la définition du *Larousse* "l'action de relater, de rapporter quelque chose". Bien que ces trois termes me paraissent très intéressants pour décrire ce qui va suivre, pour éviter toute confusion, j'emploierai majoritairement le terme "récit", plus neutre en français. Le mot "fiction" sera, lui, entendu dans le sens étymologique premier de construction et d'élaboration.

Comme de nombreuses autres personnes avant moi, je postule que nous, humains, ne pouvons pas nous empêcher de construire des récits. Que c'est une activité constitutive de notre espèce. Comme le dit Nancy Huston, "c'est notre façon d'être au monde". L'hypothèse que je formule est que nous passons notre temps à organiser les éléments disparates, partiels et subjectifs que nous percevons de la réalité, de manière à leur conférer du sens. Ces récits sont partout, ils peuvent prendre des formes individuelles ou collectives. Si je me présente à vous, je choisirai des éléments de ma biographie que j'agencerai d'une certaine façon, avec un certain point de vue, comme le ferait un monteur de cinéma, et cela constituera une version subjective de qui je suis. Une construction fictionnelle. Si une personne qui ne m'aime pas voulait faire de même, elle choisirait sans doute d'autres faits (qui peuvent tous être parfaitement exacts), les organiserait d'une autre façon et raconterait une tout autre histoire à mon propos. C'est ainsi que sur les réseaux sociaux, des personnes qui ne me connaissent qu'à travers quelques éléments très partiels, souvent sous l'angle déformé des médias, peuvent d'un côté se raconter que je suis un Khmer vert, radical et autoritaire, tandis que d'autres se raconteront que je suis un bisounours, adepte d'une forme de capitalisme vert, complice du pouvoir politico-médiatique. Ces deux appréciations contraires sont fictionnelles. Elles résultent d'une construction mentale, d'un montage influencé par des références socioculturelles, des opinions politiques, des biais de confirmation… Néanmoins, elles existent dans le cerveau de nombreuses personnes et peuvent prendre une ampleur non négligeable à mesure que ces fictions seront propagées, partagées et adoptées par une multitude d'individus. C'est ainsi que peut se former une réputation ou une histoire collective lorsqu'il ne s'agit pas d'une personne mais d'une lecture plus globale du monde. Comme l'énonce l'historien et essayiste Yuval Harari, plus nous sommes nombreux à adhérer au même récit et plus nous sommes nombreux à respecter les mêmes règles, les mêmes lois, les mêmes valeurs[3]. C'est le cas lorsque nous jouons à un jeu. Il nous faut d'abord adhérer à des règles communes, décidées d'un commun accord, de façon subjective, pour pouvoir fonctionner et jouer ensemble. De la même façon il nous faut adhérer à une lecture (forcément subjective et d'une certaine façon fictionnelle) commune du monde pour élaborer des directions, des projets économiques et politiques. Ainsi, de grands récits sont à l'origine des religions, des monarchies, des systèmes idéologiques et politiques. Ces récits portent en eux une formidable puissance d'entraînement, par leur capacité à constituer des socles communs d'interprétation du monde, qui permettent à des millions (voire des centaines de millions) de personnes de s'organiser autour de valeurs et de normes sociales communes. De tout temps, les tenants de ces récits se sont affrontés pour tenter d'imposer à une frange la plus large possible leur vision du monde. Ainsi, à la fin du XVIIIe siècle, le récit des Lumières, de la République, des droits de l'homme et du citoyen est venu fracturer le récit monarchiste de "droit divin". Au XXe siècle, fascisme, communisme et capitalisme se sont affrontés jusqu'au plus grand conflit armé de tous les temps. Mais, au-delà de la confrontation directe des blocs politiques et militaires, les fictions et interprétations du réel se sont également entrechoquées et combattues, chaque camp utilisant différents médias pour propager sa propre fiction. Le cinéma a alors joué un rôle non négligeable ouvrant la voie à une guerre d'images, de montages, que nous connaissons désormais trop bien. À ces différents jeux, le capitalisme et le libéralisme sont sortis largement gagnants, libres de répandre une certaine lecture du monde sur tous les continents. Cette fiction, qui a fait de la croissance du PIB son axiome de base, qui a érigé le progrès technique et technologique comme la condition *sine qua non* de l'évolution de l'humanité, qui indique comme direction privilégiée de nos trajectoires collectives l'enrichissement matériel et financier, est devenue l'Histoire à laquelle une majorité d'habitants de cette planète veulent participer. Et même quand les régimes politiques sont autoritaires, comme en Chine, en Russie ou en Iran, des centaines de millions de personnes aspirent à gagner autant d'argent que possible, à avoir de plus en plus de confort, de biens matériels et la reconnaissance sociale qui va avec. C'est cette fiction, et toutes les architectures mentales, économiques, juridiques, politiques qui en découlent, qui est le moteur de ce que nous décrivait Tony Barnosky : bientôt huit milliards d'individus dévorant les espaces naturels pour construire les moyens de leur subsistance, de leur prospérité (du moins l'idée qu'ils s'en font) et de leur divertissement. Divertissement, car il s'agit de supporter une dimension non négligeable de cette fiction qui stipule qu'il faut travailler pour vivre et que ce travail doit contribuer à maintenir à flot le système économique mondial à travers la croissance. Chaque personne adhérant à ce récit en devient donc un agent productif, en produisant et en consommant. Si un nombre suffisamment important de personnes se détourne de cette tâche, soit parce qu'il adhère à une autre vision du monde, soit parce qu'il est face à une impossibilité physique de le faire, toute l'organisation économique s'en trouve affectée. C'est ce que nous avons vécu avec les confinements liés à la pandémie de coronavirus. Une fois la mécanique de production/consommation enrayée, l'économie mondiale globalisée est à l'asphyxie. Comme le relatait le journal *Le Monde* début 2021 : "Sur

l'ensemble de l'année 2020, le produit intérieur brut (PIB) a chuté de 6,8 % en zone euro, selon les données publiées par Eurostat, mardi 2 février. Il s'agit, de loin, de la pire année économique de l'histoire contemporaine. En comparaison, la récession de 2009 avait vu le PIB reculer d'environ 3,7 %. [...] Pour faire face, les gouvernements des pays riches ont décidé de maintenir les économies sous perfusion, en débloquant des plans de soutien sans précédent. Le FMI a calculé que l'intervention publique mondiale s'élevait à 14 000 milliards de dollars (11 600 milliards d'euros) en 2020."
Cette obligation de croissance est l'argument perpétuellement invoqué pour justifier la timidité des politiques climatiques ou écologiques. Elle est le frein numéro un des entreprises confrontées à l'obligation de résultat vis-à-vis de leurs actionnaires.

La croissance est, pour ainsi dire, l'axiome de base de la religion économique moderne. Nous pouvons bien chercher toutes les "solutions" du monde, mettre en lumière des héros comme Paul François, Afroz Shah ou Claire Nouvian, tant que la majorité des habitants de cette planète croit dur comme fer que la croissance infinie du PIB est la chose la plus importante qu'il faut privilégier aux dépens de tout le reste, les forêts, les océans, les mammifères, les oiseaux, les insectes et même les êtres humains, rien ne changera vraiment. Les activistes héros, et tous ceux qui cherchent à leur emboîter le pas dans leurs actions quotidiennes, ne resteront que des saumons cherchant à toute force à remonter le courant, jusqu'à l'épuisement. Or, ce dont nous avons besoin n'est pas de prouver fièrement que nous sommes capables d'accomplir des exploits, mais de détourner le fleuve, pour que tout le monde puisse aller dans la même direction. Pour cela nous avons besoin d'un autre récit collectif que celui de la croissance. Qui donne suffisamment de sens et de perspectives à l'humanité pour orienter différemment son destin.

À partir de cet instant, nous avons réorienté notre quête. Plutôt que continuer à chercher des réponses techniques aux cinq grandes causes de l'extinction dans une logique quelque peu mécaniste, nous nous sommes intéressés à ce qui pourrait devenir les fondamentaux d'un autre récit. Pour cela nous sommes allés rencontrer Philippe Descola, sans doute l'un des anthropologues vivants les plus respectés, disciple de Claude Lévi-Strauss et auteur de *Par-delà nature et culture*, ouvrage qui renferme certainement une partie de ce que nous cherchions...

LA NATURE N'EXISTE PAS

Rencontre avec Philippe Descola

Sur le toit du Collège de France, vue sur Paris. Devant nous rien que des immeubles gris collés les uns aux autres.

Lorsque vous voyez un paysage comme celui-là à quoi pensez-vous ?

J'aime Paris parce que j'y suis né et que je connais bien cette ville. Comme beaucoup de cités anciennes, elle est partie d'une île sur un fleuve, un carrefour de routes devenu peu à peu lieu de commerce et de pouvoir. Quand des gens s'agrègent et s'enrichissent, ils attirent à leur tour des architectes, des artistes, des mécènes... C'est ainsi que ces villes anciennes se sont édifiées. Paris a commencé sur l'île de la Cité, puis s'est développée sur les berges et enfin s'est étendue vers la rive gauche que nous surplombons et qui, au Moyen Âge, est devenu le quartier des universités. Montmartre, que vous voyez là-bas, a été construite bien plus tard avec cette horrible église érigée pour célébrer la fin de la Commune de Paris. Dans une ville comme celle-ci, le temps et l'espace sont mélangés. En la regardant, on fait automatiquement un peu d'histoire, les gens y sont habitués. Même physiquement, ils sont familiers avec le fait de mettre leur pas dans ceux de multiples générations qui

ont donné sa forme à la ville, d'emprunter des réseaux de surface comme souterrains, de savoir quelles sont les spécialités de tel ou tel quartier… C'est une façon très spécifique de se comporter dans le monde, qui serait tout à fait inconcevable pour des habitants de l'Amazonie*.

En regardant cette vue, des Indiens d'Amazonie la trouveraient-ils répugnante ?

Pas nécessairement répugnante, mais bizarre certainement. Ils imaginent des villes d'esprits sous la terre ou sous les rivières, mais beaucoup d'entre eux n'ont pas vraiment idée de ce qu'est une ville. Ils savent seulement qu'il s'y trouve beaucoup de monde. Cela dit, environ la moitié des Amérindiens d'Amazonie vivent maintenant dans des villes. Ils y vont à leur corps défendant car c'est là que sont les services de santé, les écoles, les services sociaux, mais c'est une

* Philippe Descola a vécu trois ans, en immersion, avec les Indiens Achuars en Amazonie.

résidence alternée et ils sont heureux d'y échapper pour retourner chez eux. Il y a quelques années, un ami de Papouasie-Nouvelle-Guinée venu pour la première fois dans une grande agglomération a fait des remarques très intéressantes. Il se demandait, par exemple, pourquoi il y avait des voitures de chaque côté du trottoir. Il pensait que c'était une sorte d'ornement, mais n'avait pas imaginé que les habitants puissent tout simplement en avoir besoin et qu'ils les garaient là parce qu'ils n'avaient guère d'autres choix. Les gens qui ne sont pas habitués aux villes font ce genre d'observations, de la même manière que des visiteurs qui ne connaissent pas l'Amazonie peuvent être très naïfs quant à ce que les Amérindiens font et pensent.

Face à un paysage urbain, certains n'y voient que du gris et de la froideur, alors qu'à la vue d'un paysage de nature, des sentiments de bonheur et de joie peuvent survenir. Ce ressenti vous semble-t-il normal ?

Regarder un *paysage de nature*, comme vous dites, n'est pas quelque chose de "normal". Vous parlez ainsi parce que vous venez d'un milieu où vous êtes habitués à regarder des paysages en peinture et en photographie. Votre regard s'est formé à les regarder, et donc à percevoir des morceaux de pays comme des paysages. Mais supposez que vous n'ayez jamais vu de paysage représenté, sans construction ni être humain, vous ne ressentiriez pas du tout la même chose. En italien, le mot *pittoresco* signifie "comme une peinture" : est "pittoresque", dans les cultures paysagères européennes, le site que l'on a appris à regarder comme une peinture. Jusqu'au XIXe siècle, les Européens n'aimaient pas les montagnes. Ils pensaient qu'elles étaient sévères, effrayantes, horribles. Le goût pour la nature sauvage n'est apparu qu'au XIXe siècle.

Vraiment ? Il semble pourtant que vouloir être dans la nature est quelque chose d'instinctif.

Pour autant, ça ne l'est pas. Je peux vous montrer des textes d'écrivains français célèbres décrivant leur voyage vers l'Italie et qui, quand ils traversent les Alpes, parlent d'une vue horrible, d'arbres sombres, de gorges enserrées, de montagnes hautes et terrifiantes… La façon dont on regarde l'environnement est liée à notre milieu social et culturel. La forêt amazonienne a longtemps été considérée par les Européens comme l'enfer vert, un ensemble confus d'arbres et de rivières, peuplé d'indigènes hostiles. Les explorateurs du XIXe siècle la considéraient comme un endroit terrible. Le changement est arrivé, entre autres, parce que des anthropologues ont décrit les interactions complexes qu'il existe entre les Amérindiens et la forêt. Alors maintenant c'est devenu positif, mais ce n'est pas inné. C'est une vue d'esprit, un acquis.

Ce qui nous amène à se demander : qu'est-ce que la nature ?

C'est une question très complexe. On peut dire que c'est essentiellement ce qui est en dehors de nous, les humains. Mais avec une contradiction tout de même, parce qu'une partie de l'être humain est aussi naturelle. Nous touchons là aux discordances motrices de ce que j'ai appelé le *naturalisme,* à savoir cette idée selon laquelle les humains sont des animaux et, en même temps, complètement distincts du reste du monde grâce à leurs capacités cognitives et morales. Même si la notion de nature est plus ancienne, le naturalisme ainsi entendu a émergé vers le XVIIe siècle et continué de se développer jusqu'à nos jours. Elle est ce qui nous permet de regarder de haut tout ce qui est non humain, que l'on peut alors exploiter en tant que ressources, apprécier en tant que paysage ou évaluer par la science comme des phénomènes physiques, à condition d'en rester éloigné.

Mais si nous faisons fondamentalement partie de la nature, appelleriez-vous ce paysage urbain : nature ?

En réalité, je n'utilise jamais le terme "nature", sauf pour critiquer le faux universalisme. Au XVIIe siècle, il est devenu un élément central de la vision du monde des Européens. Et nous l'avons projeté sur les autres peuples à travers la planète, alors même qu'il n'existe pas d'équivalent dans leurs langues. Le mot "nature" ne peut être traduit en chinois, en japonais, en tamoul, en hindi, ni dans n'importe quelle autre langue. C'est pourquoi il s'agit d'une notion délicate. Il est très courant d'entendre dire que les Amérindiens ou les aborigènes australiens sont "proches" de la nature. Mais c'est une absurdité, car pour eux, elle n'existe pas en tant que telle. Ce qui existe, ce sont les plantes, les animaux, les rivières, les montagnes... mais pas la *nature* en tant que totalité abstraite vis-à-vis de laquelle il faudrait se rapprocher.

Et les animaux, les percevez-vous comme des personnes ?

En Europe, et plus globalement dans le monde moderne, nous pensons que ce qui nous différencie des autres animaux sont nos capacités cognitives et morales. La volonté d'établir une frontière entre les animaux humains et non humains est très ancienne. En Europe, nous l'avons fondée sur la *discontinuité morale et subjective*, cette idée selon laquelle nous avons des capacités de communication et de symbolisation que les autres animaux ne posséderaient pas. Ce qui pose toutes sortes de problèmes intéressants et, en même temps, politiquement compliqués. Car non seulement nous excluons les animaux non humains de notre monde, du fait de leurs soi-disant incapacités cognitives et morales, mais nous écartons également les populations qui entretiennent avec eux des rapports d'intimité qui présupposent, précisément, qu'il y a continuité subjective et morale. Il s'agit donc d'une double exclusion, mais il existe un moyen de la contourner.

Comment ?

En considérant qu'il existe de nombreuses autres façons de communiquer. Nous devrions être attentifs à ce que nous disent ces populations qui entretiennent des liens étroits avec les plantes et les animaux. À tous ces gens avec lesquels j'ai vécu en Amazonie qui, comme tant d'autres à travers le monde, pensent que les animaux non humains montrent des signes d'un moi intérieur, qu'ils peuvent former des projets et réfléchir sur eux-mêmes, qu'ils ont une sorte de subjectivité que l'on pourrait appeler *intériorité*. Si ces peuples entretiennent ces rapports aux animaux, c'est parce qu'ils ne se bornent pas aux systèmes de signes qu'ils manipulent entre eux, les signes symboliques du langage, mais qu'ils intègrent également ceux qu'utilisent les autres animaux. Nous, les humains, nous créons des signes et des mots que chaque langue manipule à sa guise pour leur donner du sens. Mais il existe d'autres façons de communiquer, comme les signes iconiques (les images) ou les signes indiciels (la connexion entre la girouette et le vent qui la fait tourner). Ces types de signes sont constamment utilisés par les animaux. En les rendant visibles, on déplace complètement la question. Et si on veut lutter contre cette idée selon laquelle l'humain est *roi* dans la création, il est important de le faire. Notre capacité à nous connecter aux animaux non humains est beaucoup plus large qu'on ne le pense, nous n'utilisons qu'une infime partie des systèmes de communication.

Pouvons-nous continuer à vivre comme on le fait aujourd'hui, de manière totalement séparée du reste du vivant ?

Personnellement, cela me paraît difficile. C'est une leçon que j'ai apprise en Amazonie et c'est la raison pour laquelle je pense que c'est une question d'éducation. Dans les écoles européennes

ou nord-américaines, on apprend très peu la manière dont nous sommes connectés à tous les éléments du monde de façon inextricable. À quel point, au fond, notre humanité même est fondée sur la coexistence, dans notre organisme, de milliards de bactéries avec lesquelles nous sommes en interaction constante et qui nous déterminent. Ces choses-là, que nous savons depuis quelque temps maintenant, sont complètement passées sous silence au profit de cette idée de prééminence des humains, simplement parce qu'ils parlent ou fabriquent des objets. Alors oui, c'est vrai, nous créons des outils complexes et avons même inventé la bombe atomique qui peut détruire la planète. Mais la découverte d'autres espèces fabriquant aussi des outils n'a cessé de s'intensifier avec le temps, en particulier ces dernières années.

Qu'a-t-on découvert exactement ?

Nous avons constaté que la fabrication et l'utilisation d'outils chez les animaux sont fondées sur un apprentissage. Les adultes transmettent leurs savoir-faire aux petits. Chez les chimpanzés, il peut même y avoir des différences dans les techniques utilisées en fonction des communautés observées et selon qu'elles communiquent entre elles ou non. Ces choses, que nous croyions spécifiques aux humains, en réalité ne le sont pas. Et il en est de même du langage. Peter Marler, un spécialiste de la communication animale, a démontré que le chant de certains oiseaux requiert un apprentissage. Chez les pinsons, par exemple, il existe différents dialectes et des variations dans les formes de communication en fonction des interlocuteurs. Ils n'utilisent alors pas le même chant ou le même son selon qu'ils s'adressent à leurs congénères ou à des animaux d'une autre espèce, selon qu'ils s'attendent à une réaction ou non... À la lumière de ces découvertes, la frontière entre animaux humains et non humains devient de plus en plus ténue, et le fait que nous soyons un élément du vivant parmi d'autres une évidence, même si cela ne semble pas encore pénétrer dans la conscience ordinaire.

Depuis tout à l'heure, nous mettons des guillemets lorsqu'on parle de "nature". Quel autre terme pourrait-on utiliser ? Le "reste du vivant" ?

Dans la tradition philosophique européenne, depuis le XVIIe siècle, la nature est employée à toutes les sauces. Au fond, c'est un concept un peu vide qui permet de donner du relief à tout ce à quoi il est opposé. C'est pourquoi je lui préfère *le monde*. C'est beaucoup plus vaste, à la fois humain et non humain, bâti et non bâti. Cela dit, je ne rechigne pas complètement à l'emploi du mot "nature", à condition que ce ne soit pas trop systématique. On peut aussi parler de "non humain", mais dans cette catégorie, on trouve également des artefacts, des outils, machines ou robots, qui ne sont pas véritablement des objets naturels au sens classique. Le grand poète portugais Fernando Pessoa a écrit un très beau texte à ce sujet. Il dit :

J'ai vu qu'il n'y a pas de Nature,
Que Nature n'existe pas,

Il y a collines, vallées, plaines,
Il y a arbres, fleurs, herbages,
Il y a rivières et pierres,
Mais qu'il n'y a pas un tout dont cela fasse partie,
Qu'un ensemble réel et véritable
*Est une maladie de nos idées**.

Cette expression, *une maladie de nos idées*, montre bien à quel point vouloir transformer l'ensemble des êtres vivants qui nous entourent en une totalité extérieure tient d'une perversion mentale qui nous éloigne du vivant. La question n'est pas simple et il n'y a, pour le moment, pas de réponse immédiate à y apporter.

Cette vision de "nature" est-elle un héritage du Romantisme ?

Nature et *culture*, *nature* et *société*, *nature* et *art*, *nature* et *histoire*... Le concept de *nature* permet de qualifier les choses par contraste. C'est au contact de tout ce à quoi on l'oppose qu'elle prend du relief. L'idée de *nature* est ancienne et a commencé par recouvrir tout ce qui n'est pas le produit d'une action humaine, mais au sens où on l'entend maintenant, elle est effectivement très liée au Romantisme. À cette réaction que l'on a vue apparaître au XIXe siècle en Europe contre la dégradation des environnements champêtres, la migration des populations vers les villes et, surtout, l'émergence des grandes zones industrielles. Cette riposte s'est en partie manifestée par le goût des paysages en dehors de toute présence humaine. Nous parlions tout à l'heure des montagnes qui, jusque-là, étaient considérées comme des endroits affreux et sinistres. C'est à partir du Romantisme qu'elles sont

* Fernando Pessoa, "Par un jour excessivement clair", *Poèmes païens*, Fernando Pessoa, Christian Bourgois, 1989.

devenues des lieux sublimes au sein desquels on peut jouir, précisément, de cette *nature*.

Ce mouvement s'est-il manifesté seulement en Europe et en Amérique du Nord ?

Il a commencé en Europe, en particulier au Royaume-Uni, en Allemagne et en France, puis il a pris différentes formes, se manifestant à travers la poésie, les romans ou la peinture. Aux États-Unis, le Romantisme a pris l'aspect du culte du sublime dans la peinture, dans la célébration de la *Wilderness*. Au moment où le Congrès commandait la réalisation de grands paysages des montagnes Rocheuses dont on commençait l'exploration, la nature sauvage s'immisçait au cœur de l'identité américaine. C'était une façon d'affirmer que ce pays grandiose avait été confié au peuple américain par Dieu lui-même, afin qu'il le préserve et célèbre sa beauté. Le Romantisme a émergé en réaction contre le rationalisme du XVIIIe siècle alors particulièrement actif en Allemagne et au Royaume-Uni. En Occident, nous avons hérité de la dimension romantique de la nature sauvage que nous devons promouvoir. Le premier parc national du monde, Yellowstone aux États-Unis, a d'ailleurs été créé à la fin du XIXe siècle en expulsant un groupe d'Indiens Shoshones qui y vivait. Au cours du XXe siècle, la politique générale de préservation de la nature a été très liée à cette idée selon laquelle des humains ne sauraient continuer à vivre dans une réserve naturelle, alors que l'environnement que l'on souhaite protéger a souvent été façonné par eux. Comme en Amazonie, où la forêt est en partie anthropogénique.

L'Amazonie n'est donc pas une forêt primaire ?

D'une certaine façon, on peut dire qu'il s'agit d'une forêt assez largement anthropisée. Cela dit, il existe des différences dans l'ensemble des transformations que les humains peuvent infliger à un écosystème et dans certains cas, il s'agit d'une destruction presque complète. Dans celui de l'Amazonie, en revanche, si vous n'êtes pas un scientifique ou un autochtone, vous ne remarquerez pas la différence. Vous verrez qu'il y a un niveau de biodiversité très élevé, avec parfois une centaine d'espèces ligneuses différentes sur un seul hectare, mais vous ne verrez pas que cette diversité est constituée par des plantes qui sont et qui ont été utiles aux humains pendant des millénaires, et qui se trouvent là parce que les Amérindiens les ont manipulées. Il est absurde de vouloir préserver un environnement en expulsant les humains qui ont contribué à sa formation.

Si la culture euro-américaine est celle qui a le plus romancé la nature, comment se fait-il qu'elle soit aussi celle qui concourt le plus à sa destruction ?

Vous souhaitez préserver ce que, justement, vous avez détruit sans discernement. Ou plutôt vous tentez de préserver des petites parties de ce que vous n'avez pas encore détruit. Même aux États-Unis, la politique des parcs nationaux a mis un certain temps pour établir ses priorités contre les bûcherons, les mineurs ou les grands industriels, qui voulaient garder la possibilité de couper du bois.

Comment pourrions-nous dépasser cette séparation que nous avons créée avec les animaux non humains ?

Il existe des discontinuités entre les animaux humains et non humains, mais tout va dépendre de celles que vous choisissez de souligner ou de nier. Après Darwin et le triomphe de l'évolutionnisme, nous avons choisi de mettre l'accent sur des discontinuités d'ordres cognitives, morales et psychologiques, mais nous pourrions leur préférer certaines formes de continuités, comme le fait que de nombreuses espèces animales présentent des qualités sensibles qui ressemblent aux nôtres : le soin aux petits, la peur des prédateurs, la mémoire des souffrances et des plaisirs… Ou que, tout comme nous, elles communiquent de manière complexe. En Amazonie, les chasseurs apprennent à connaître les animaux, car quand ils les poursuivent, ils doivent être capables de prévoir leur comportement. Ils se mettent alors à la place de l'animal, voient à travers ses yeux. C'est une perspective particulière car leur objectif, au final, est de le tuer pour le manger. Et en même temps, cela implique une identification très étroite avec lui. Ce n'est pas une nécessité évolutive de se distinguer des êtres vivants non humains.

Ce sont des Achuars que l'on voit ici, sur cette photo ?

Oui, c'est une famille Achuar. Vous pouvez voir que l'un d'entre eux tient un toucan. Ils aiment avoir des animaux de compagnie.

N'est-ce pas contradictoire avec le fait qu'ils perçoivent les animaux comme des personnes ?

Généralement, ils adoptent les petits des animaux qu'ils mangent. Ils en prennent soin, les nourrissent et jamais ils ne les maltraiteront ou ne les tueront. Pour autant, il ne s'agit pas d'une réelle domestication car ils n'essaient pas de les faire se reproduire en captivité. Certaines de ces espèces pourraient tout à fait être domestiquées comme le tapir, le pécari (sorte de cochon sauvage) ou le capybara (un gros rongeur), mais pour les Achuars, tous ces animaux appartiennent aux esprits qui les gouvernent. Et c'est seulement parce que les esprits le permettent qu'ils ont le droit de les tuer. D'une certaine manière, il s'agit d'une forme de compensation. Ils adoptent les enfants des animaux qu'ils chassent. Nos vies sont toujours pleines de contradictions, même si certaines sont plus évidentes que d'autres.

Pensez-vous que cette idée que nous sommes séparés de la "nature" est à l'origine de l'extinction accélérée des espèces ?

L'extinction est en partie involontaire, ce qui est peut-être l'un de ses aspects les plus douloureux. Elle est due à la progression de l'agriculture industrielle, des villes, des usines, des produits chimiques... Ce ne sont pas les gens qui se réveillent un matin en se disant "Tiens, aujourd'hui je vais faire disparaître une dizaine d'espèces", c'est une série de facteurs qui se cumulent. De nombreuses personnes regrettent d'ailleurs cette extinction, bien qu'elles ne fassent rien pour l'empêcher. Le grand problème aujourd'hui, et depuis la généralisation du naturalisme au sens où je l'entends, c'est que le monde est devenu anthropocentrique. Nous avons mis en branle une nouvelle époque, l'Anthropocène, un temps géologique dont nous devenons la force motrice. L'être humain en tant qu'espèce est responsable de ce changement global dans le système Terre. Mais ce n'est pas l'humanité dans son ensemble qui est en cause, c'est le mode de vie d'une partie seulement. Les Achuars d'Amazonie, les aborigènes d'Australie ou les Inuits de l'Arctique ne sont pas responsables. Nous le sommes. Et ce, par le biais d'un système d'exploitation qui a émergé, précisément, parce que la nature était considérée comme quelque chose d'extérieur, que l'on peut exploiter indéfiniment grâce aux progrès des sciences et des techniques. Certains ont pris conscience que nous nous sommes fourvoyés, mais il y a encore des gens qui pensent que cela peut continuer ainsi. Que nous pourrons éternellement exploiter la nature et transformer les non-humains en un système de ressources. Ce qui bien sûr relève plutôt d'un rêve ou d'une illusion dramatique.

Peut-on réussir à organiser la société de façon à vivre avec le reste du monde vivant ou sommes-nous condamnés, en tant qu'espèce, à prendre toute la place ?

La partie d'entre nous qui est consciente du problème devra faire prévaloir ses idées sur celle qui ne l'est pas. Ou pire, qui est indifférente. Si les prévisions des climatologues sont justes, dès la fin du siècle, même si on fait beaucoup d'efforts, on aura du mal à éviter les 4 ou cinq 5 degrés de réchauffement. Il revient à une minorité agissante de faire changer les choses, car la plupart des gens imaginent ça dans un temps tellement lointain qu'ils n'ont pas conscience des conséquences. Il est très difficile d'expérimenter la catastrophe en tant qu'expérience de pensée, c'est quand elle est présente qu'on en mesure toute la gravité. Nous devons donc attirer constamment l'attention là-dessus, mais surtout, trouver et proposer des formes d'expérimentation sociale, des systèmes frugaux qui soient moins destructeurs de l'environnement. Les grands récits de transformation du XIXe et du XXe siècles ont vécu. Ces grands récits révolutionnaires, destinés à mettre fin aux inégalités sociales et économiques, ont montré leurs limites. L'Union soviétique et la Chine sont deux nations communistes et pourtant, elles ont bouleversé l'environnement de façon au moins aussi destructrice que ne l'ont fait les pays capitalistes. Aujourd'hui, des expériences très intéressantes sont menées çà et là sur les territoires, de manière locale. Espérons qu'elles vont se disséminer et contaminer peu à peu le reste du monde.

Que pensez-vous du municipalisme libertaire qui propose, justement, de retourner à l'échelle locale ?

Les théories du municipalisme ont été développées par Murray Bookchin, un auteur anarchiste américain. Elles ont beaucoup été discutées dans des endroits très différents du monde comme au Kurdistan syrien avec le système d'autonomie du Rojava, au Chiapas avec les zapatistes dans les communautés indigènes ou encore dans les zones à défendre (ZAD), à l'instar de Notre-Dame-des-Landes en France. C'est un mouvement intéressant qui repose sur l'idée qu'à l'échelle locale, en tissant des liens avec des collectifs de même nature, on est capable de vivre de manière relativement autonome et frugale. Ce sont des expériences à encourager, car elles tranchent complètement avec le productivisme et l'idéologie de la croissance à l'origine des crises actuelles, à l'instar de ces immenses circuits de distribution agricole qui parcourent des milliers de kilomètres, ou ces gigantesques champs d'éoliennes qui ne sont qu'une transposition du modèle nucléaire où l'électricité est produite à distance et qui n'ont aucun sens. *A contrario*, tout ce qui encourage la production de proximité et le circuit court est bénéfique. Si les communautés locales pouvaient s'arranger pour produire une partie de leur propre alimentation et avoir, par exemple, une éolienne qui les rende autosuffisantes en énergie, ce serait une excellente idée.

Pensez-vous que l'être humain ait une quelconque utilité sur cette planète ?

Je ne sais pas... Quand il manifeste une de ses principales qualités, l'imagination, il produit des choses intéressantes, parfois même d'une grande beauté. Mais en dehors de ça, je ne peux pas répondre à cette question.

Vous croyez que notre espèce ne sert vraiment à rien ? Si elle disparaissait, ce ne serait pas...

Je serais moins affecté par la disparition de l'espèce humaine que par celle de la vie elle-même. La vie est un phénomène tellement extraordinaire ! Précisément, par ses capacités à se diversifier. Si, par notre faute, on laissait derrière nous une planète morte et stérile, on aurait vraiment tout raté. D'autant qu'il n'est absolument pas certain qu'il y en ait d'autres, dans tout l'univers, qui hébergent la vie. C'est une grosse responsabilité. Peut-être que dans des millions d'années, émergera une nouvelle espèce vivante douée d'intelligence et, en examinant ce que nous avons laissé, tirera profit de notre expérience. Mais je n'ai pas une vision démiurgique de l'espèce humaine. Autant je suis conscient de ce que l'humanisme a permis à la Renaissance et les valeurs qu'il a représentées dans le développement de la modernité dans les quatre ou cinq derniers siècles, autant je pense que dans d'autres civilisations qui me sont familières, le fait d'avoir une perspective plus écocentrique, géocentrique ou biocentrique, une conception selon laquelle les humains ne sont qu'une composante parmi d'autres d'un ensemble plus vaste, donne des résultats aussi intéressants.

L'anthropocentrisme et le spécisme sont-ils à l'origine de ce qui nous a conduits à la situation actuelle ?

Oui, et l'eurocentrisme aussi, qui est une forme d'anthropocentrisme. D'une façon ou d'une autre, tous les collectifs humains sont anthropocentrés, au moins un peu. Les Achuars le sont aussi lorsqu'en rêve, ils parlent avec des animaux qui se présentent sous une forme humaine. Ce sont bien des Achuars qui le disent et non pas les animaux eux-mêmes. Mais si tous les collectifs sont anthropocentriques, certains le sont davantage que d'autres et parfois de façon extrême. C'est le cas des civilisations euro-américaines.

Comment pourrions-nous raviver le lien qui existe entre nous et le reste du vivant ?

D'abord, par des expériences quotidiennes de prises de conscience... Prendre l'habitude de fréquenter le vivant et apprendre à connaître un grand nombre d'espèces animales et végétales. En Amazonie, les adolescents sont capables de nommer trois cents à quatre cents espèces d'oiseaux, d'imiter leur chant, de décrire leurs mœurs, leur nourriture, leurs habitudes conjugales... Tandis que dans les zones défavorisées de grandes villes américaines, le seul concept utilisé est celui d'*oiseau*, sans aucune forme de différenciation, alors même qu'il en existe une grande diversité dans ces quartiers. Et c'est la même chose pour les arbres ou les plantes. La curiosité vis-à-vis du vivant est quelque chose qui s'éveille, s'apprend, se stimule et ça n'est pas suffisamment fait. Autrefois, sur les murs des écoles françaises, il y avait les *Leçons de choses**, des planches d'anatomie, de botanique, de zoologie, de géographie qui constituaient une forme d'introduction à la diversité du monde et pouvaient susciter un intérêt particulier pour les plantes et les animaux, les rochers ou les fleuves, les rapports entre les types de cultures, l'architecture et le climat... Que ce soit dans le milieu familial ou à l'école, cette sensibilisation doit commencer dès le plus jeune âge.

Vous dites qu'il faut réapprendre toutes ces choses très tôt et, en même temps, il semblerait que ce soit dans les quartiers les plus pauvres qu'elles manquent le plus ? N'est-ce pas un privilège de se poser ces questions ? Quand on n'a même pas de quoi se nourrir, peut-on s'en soucier ?

C'est une très bonne question, et c'est la raison pour laquelle l'éducation joue un rôle fondamental. Si l'on ne peut pas toujours faire cet apprentissage dans le milieu familial, il faut pouvoir compter sur l'école. L'expérience de la diversité du vivant peut se faire même dans des milieux dégradés où il y a relativement peu d'espèces. Il suffit d'être attentif aux insectes et aux herbes folles qui poussent sur les trottoirs ou les voies ferrées. Il me semble que l'un des caractères les plus pernicieux de l'inégalité sociale à l'intérieur d'une société moderne comme la nôtre, c'est la relégation d'une partie des populations dans des endroits qui sont, précisément, hors de la *nature*. Dans des lieux où on ne peut pas jouir de choses aussi simples et belles que le chant d'un merle le matin, les feuilles d'un peuplier qui bruissent dans le vent, des rides sur l'eau... Des choses que l'on peut apprécier parce qu'on a eu l'éducation pour, mais aussi parce

* Louis Albert de Broglie, *Leçons de choses*, Deyrolle, 2010.

que l'on vit dans un milieu où elles existent. C'est à la fois l'une des façons les plus scandaleuses de marquer ces inégalités et le reflet de l'absence totale d'intérêt de la part des pouvoirs publics pour la beauté et la complexité des milieux de vie. Si l'on veut que le savoir, en général, et sur la biodiversité en particulier, celui qui permet de saisir la complexité et la beauté du vivant, ne devienne pas un luxe, il faut confier à l'éducation la mission de combler ce genre d'inégalités.

***

Février 2020. Le monde se prépare à vivre une expérience inédite. D'ici quelques jours, près de 4,5 milliards de personnes seront confinées chez elles, les frontières se fermeront, les avions resteront cloués au sol, la croissance économique s'effondrera, faute d'échanges, des animaux sauvages réinvestiront des lieux jusqu'ici colonisés par des humains, les émissions de gaz à effet de serre connaîtront leur chute la plus brutale depuis des décennies, mais surtout, des millions de personnes mourront. Rien qu'aux États-Unis, un an après le début de l'épidémie, on dénombrera plus de morts que lors des deux conflits mondiaux et la guerre du Viêtnam réunis. Tout ceci à cause d'un virus de type grippal, *a priori* issu du monde animal sauvage : une zoonose*. Ce n'est ni la première ni la dernière fois que des épidémies se déclenchent. Sauf que cette fois, devant l'ampleur du désastre, de nouvelles voix de scientifiques s'élèvent.

En mai 2020, Thierry Pech, directeur du think tank Terra Nova, a produit une synthèse[1] des travaux de ces dernières années sur l'évolution des catastrophes naturelles et, parmi elles, des

* Une zoonose est une maladie ou infection qui se transmet des animaux vertébrés à l'être humain, et *vice versa*. Les pathogènes en cause peuvent être des bactéries, des virus ou des parasites.

épidémies. Elle montre que le nombre d'épidémies a connu une forte recrudescence depuis le début du XXe siècle, particulièrement liées à des zoonoses et plus spécifiquement encore, des zoonoses issues du monde sauvage. Selon le rapport, "Sur les trente dernières années (1980-2013), on relève une augmentation de plus de 400 % des foyers épidémiques de type zoonotique". On a ainsi connu dans les cinquante dernières années le MERS, le SRAS, les virus Zika, Ebola, le virus de Marburg, la fièvre de la vallée du Rift, la fièvre hémorragique de Crimée-Congo... Dans une autre synthèse de mars 2020[2], Thierry Pech écrit : "Il y a déjà une douzaine d'années, sept chercheurs publiaient à ce sujet des résultats inquiétants : sur un recensement de 335 événements liés à des maladies infectieuses émergentes entre 1940 et 2004, ils notaient que plus de 60 % sont en lien avec des zoonoses, et que près des trois quarts d'entre eux (72 %) trouvent leur origine dans le monde sauvage et s'accélèrent avec le temps. Si nous ne l'avons pas remarqué, souligne-t-il, c'est certainement parce que nos systèmes de santé ont fait de formidables progrès face aux maladies infectieuses au cours du XXe siècle, ce qui est une excellente nouvelle, mais ne nous protège pas d'un accident comme celui de la Covid-19. Les raisons pour lesquelles ces épidémies apparaissent plus fréquemment semblent être directement liées à la destruction massive et accélérée de la biodiversité. Selon de nombreuses recherches, plus le nombre d'espèces diminue et plus la chance de voir les virus arriver jusqu'à l'humain augmente. D'abord parce qu'une multitude d'espèces aurait tendance à diluer les virus et même à les arrêter lorsque ces derniers tombent sur une espèce « cul-de-sac » *(ou impasse épidémiologique)*, qui ne le transmet plus à d'autres. Ensuite parce qu'en détruisant les habitats des animaux sauvages, ceux-ci sont plus enclins à nicher à proximité de nos lieux de vie. Comme le souligne un article de plusieurs chercheurs du Muséum d'histoire naturelle[3]" : en déforestant massivement les forêts tropicales "nous mettons en contact des populations humaines, souvent en état de santé précaire, avec de nouveaux agents pathogènes. Les réservoirs de ces pathogènes sont des animaux sauvages habituellement cantonnés aux milieux dans lesquels l'espèce humaine est quasiment absente ou en petites populations isolées." Enfin, en chassant et en mangeant des espèces sauvages, le risque de propagation de zoonoses peut être accentué. C'est ce qui s'est produit pour le virus Ebola, où de la "viande de brousse" contaminée de chauve-souris a été envoyée dans de grands centres urbains. À ces différents facteurs liés aux zoonoses sauvages s'ajoutent les risques inhérents à d'autres zoonoses en lien avec l'élevage industriel. "Des centaines de milliers de bêtes entassées les unes sur les autres en attendant d'être conduites à l'abattoir : voilà des conditions idéales pour que les microbes se muent en agents pathogènes mortels, écrit la journaliste Sonia Shah, auteur de *Pandémie*[4]. Par exemple, les virus de la grippe aviaire, hébergés par le gibier d'eau, font des ravages dans les fermes remplies de poulets en captivité, où ils mutent et deviennent plus virulents – un processus si prévisible qu'il peut être reproduit en laboratoire. L'une de leurs souches, le H5N1, est transmissible à l'homme et tue plus de la moitié des individus infectés[5]." Depuis des années maintenant, des élevages entiers sont régulièrement abattus pour éviter les risques de contamination. Ainsi, la conjonction de ces facteurs : effondrement de la biodiversité animale, destruction des habitats, braconnage et trafic d'animaux sauvages, élevage intensif, auxquels nous pouvons ajouter la mondialisation accélérée des échanges, nous expose à un risque épidémiologique toujours plus grand et plus fréquent. S'il est, dans la plupart des cas, maîtrisé à temps, nous savons désormais que nous ne sommes pas tout-puissants. Et qu'un minuscule virus est capable de mettre nos économies à l'arrêt, de clouer au sol nos avions et de désorganiser le monde que nous avons mis tant de soin à construire. De ce fait, repenser notre relation au reste du vivant sur cette planète apparaît non plus comme une lubie de naturalistes férus de chants d'oiseaux, mais comme une nécessité vitale.

"Les grands récits de transformation du XIXe et du XXe siècle ont vécu", nous a confié Philippe Descola. Les grands récits révolutionnaires communistes, mais également celui de la croissance, mis à mal par l'extinction accélérée des espèces, le réchauffement du climat, les pollutions et l'émergence de la pandémie de Covid-19 qui, comme Éloi Laurent nous l'a pointé du doigt, montre désormais son caractère trompeur et insoutenable. Ces récits, tous anthropocentrés, se sont manifestement appuyés sur l'autre grand récit que nous a décrit Philippe Descola : celui de la *nature* comme entité séparée des humains, comme décor, espace récréatif et ressource à exploiter sans limites. S'il nous conduit vers de graves ennuis, on peut alors conjecturer qu'un grand récit de transformation au XXIe siècle pourrait se fonder sur l'hypothèse inverse : l'appartenance pleine et entière des êtres humains au reste du monde vivant et leur interdépendance.

Cette supposition nous pose la brûlante question de savoir à partir de quoi nous construisons nos récits. Comme nous l'avons vu, les humains élaborent leurs fictions collectives à partir de leur perception du réel. Des perceptions, orientées par une multitude de facteurs, plus ou moins objectifs. Une des tentatives d'objectiver notre observation, et ainsi notre lecture du monde, est ce que l'on a coutume d'appeler la recherche scientifique. Les éléments collectés, vérifiés par un grand nombre de chercheurs de toutes disciplines, sont supposés pouvoir faire l'objet d'un consensus le plus large possible, évidemment appelé à évoluer en fonction des outils et des connaissances dont nous disposons. Ainsi, le consensus pour affirmer que la Terre était plate a été battu en brèche par Galilée, jusqu'à être définitivement confirmé par les premières images de notre planète réalisées par satellites dès 1959, puis, par la première exploration spatiale où des hommes ont pu en témoigner. De nos jours, et sur les questions qui nous occupent, le GIEC constitue une tentative de dégager un consensus le plus indiscutable possible sur la question du changement climatique. Pour autant, nous voyons que ce consensus n'est pas total et que des voix s'élèvent parmi des scientifiques ou des élus comme Donald Trump. Ce qui se joue alors n'est pas seulement une bataille de récits, mais une lutte pour objectiver un tant soit peu les éléments à partir desquels on les élabore. C'est à partir de faits, les plus solides possible, que penseurs, chercheurs, activistes, leaders économiques ou politiques peuvent remettre en question les récits dans lesquels nous évoluons et en élaborer de nouveaux, comme le fait Éloi Laurent avec la croissance. Ainsi, cette assertion que je viens de proposer : "les humains appartiennent au reste du monde vivant et en sont totalement interdépendants", doit pouvoir être vérifiée par l'observation et par des faits.

C'est ce à quoi s'est attachée la prochaine personne que nous sommes allés rencontrer : Jane Goodall.

À une époque où les femmes étaient découragées de poursuivre des carrières scientifiques, où elles n'étaient généralement pas prises au sérieux, où elles pouvaient facilement être qualifiées de légères ou hystériques, Jane a eu l'audace de poursuivre des recherches non conventionnelles – d'abord sans diplôme, puis en passant un doctorat à l'université de Cambridge – en menant la toute première étude sur les chimpanzés dans leur environnement naturel. Grâce à sa ténacité, elle a non seulement vécu une vie extraordinaire, mais elle a surtout changé notre façon de penser la relation entre les humains et les animaux.

Jane fait partie des êtres humains qu'on n'oublie pas. Se tenir à côté d'elle est déjà une expérience en soi. Malgré les centaines de jours qu'elle passe à arpenter la planète pour transmettre un message de paix, d'espoir et d'action, elle semble ne jamais se départir d'un calme profond, d'un ancrage qui lui confère une présence aussi vibrante que celle d'un chêne centenaire ou d'un animal sauvage. Et cela n'est probablement pas étranger à l'extraordinaire expérience qu'elle a conduite, pendant des années, partageant le quotidien des chimpanzés à Gombe, en Tanzanie. Mais c'est sans doute également lié à autre chose. Faire ce qu'on aime rend rayonnant, puissant et utile...

NOUS FAISONS PARTIE DU MONDE VIVANT

Rencontre avec Dr Jane Goodall

Fondatrice de l'Institut Jane Goodall
et messagère de la Paix auprès des Nations unies

Pouvez-vous revenir à la genèse de votre histoire, nous expliquer comment tout a commencé ?

J'ai grandi en Angleterre et j'étais juste une petite fille qui aimait les animaux. J'ai eu beaucoup de chance, car ma mère encourageait cet amour. Lorsqu'à un an et demi, j'ai amené un tas de vers de terre au lit avec moi, au lieu de se mettre en colère, elle a juste dit : "Nous ferions mieux de les remettre dehors parce qu'ils pourraient mourir ici."

Ma première expérience d'observation des animaux a eu lieu quand j'avais quatre ans et demi. Nous étions dans une ferme à la campagne – ce qui, pour une petite fille qui vivait à Londres, était totalement magique – et, alors que j'aidais à ramasser les œufs, quelque chose m'intriguait. Je ne parvenais pas à voir, sur la poule, un trou assez grand pour faire passer un œuf. Panier à la main, je demandais donc à tout le monde d'où l'œuf pouvait bien sortir. Mais personne, ce jour-là, n'ayant satisfait ma curiosité, j'ai tenté de m'approcher suffisamment d'une des poules pour y voir quelque chose. Grossière erreur ! De peur, elle s'est envolée soudainement, je peux encore sentir ses ailes me frôler ! J'ai alors attendu, attendu, attendu… La nuit arrivant, n'ayant aucune idée de l'endroit où je me trouvais, ma famille a appelé la police. Et quand je suis rentrée, au lieu de me gronder comme l'auraient fait tant de mères, la mienne s'est simplement assise pour entendre ma merveilleuse aventure. Car j'avais fini par y arriver ! À un moment donné, j'ai vu une des poules entrer, se lever légèrement sur ses pattes et l'œuf sortir !

Cette histoire est caractéristique d'un enfant à l'esprit scientifique. Curieux, il se pose des questions et, s'il n'obtient pas de réponse, décide de découvrir par lui-même. Il fait des erreurs, mais n'abandonne pas, il a de la patience. Tout était là, dans cette petite enfant de quatre ans et demi, mais une autre mère aurait peut-être annihilé cette curiosité et je n'aurais alors pas accompli ce que j'ai fait par la suite.

Votre fascination pour le monde naturel est-elle innée ? Ou est-ce votre mère qui vous l'a transmise ?

Cette fascination précoce est absolument innée. Ma famille aimait les animaux et me procurait des livres sur eux, mais sans plus. Mon rêve d'Afrique a commencé quand j'avais dix ans. La Seconde Guerre mondiale faisait rage, mon père était parti à l'armée et nous avions très peu d'argent. Dès que je parvenais à mettre un peu d'argent de poche de côté, je me rendais dans une petite librairie d'occasion, où il y avait des piles de livres à même le sol et un drôle de petit vieux. J'y passais des heures. Un jour, j'ai trouvé un petit livre sur les singes. J'étais passionnément amoureuse de ces glorieux seigneurs de la jungle, mais je me demandais : "Qu'a fait Tarzan ? Il a épousé la mauvaise Jane !" J'étais jalouse, même si, bien sûr, je savais qu'il n'y avait pas de Tarzan.

C'est ainsi que mon rêve a commencé. Je voulais aller en Afrique vivre avec les animaux sauvages et écrire des livres sur eux. Tout le monde se moquait de moi. Comment aurais-je pu faire cela ? Il y avait une guerre, nous n'avions pas d'argent, l'Afrique était loin et je n'étais qu'une fillette, à une époque où les filles n'étaient destinées à rien d'autre que se marier et avoir des enfants. Mais ma mère, elle, me disait : “Si tu veux vraiment faire ce que tu dis, travaille dur, profite de chaque opportunité, n’abandonne jamais.” Un message que j’ai ensuite transmis dans le monde entier, en particulier auprès des jeunes des communautés défavorisées.

De nombreux enfants aiment les animaux, mais quand ils grandissent, beaucoup s’en éloignent. Vous, vous vous êtes accrochée à votre rêve toute votre vie. Comment avez-vous tenu si longtemps ?

L’amour de la nature ne nous quitte pas. Parfois, les jeunes pensent que ce n’est pas à la mode et veulent faire partie d’un groupe détaché de cette préoccupation, alors ils s’en éloignent. Mais si leur amour est véritable, il reviendra. Quelque chose le déclenchera et il réapparaîtra. Moi, je ne l’ai jamais perdu. Puis, j’ai eu l’opportunité incroyable d’aller au Kenya, invitée par une amie d’école pour les vacances. C’était mon premier voyage en Afrique et il fallait alors deux semaines pour s’y rendre depuis Londres. Nous devions aller jusqu’au canal de Suez et descendre en bateau jusqu’à Mombasa. Mais une guerre opposant l’Égypte et l’Angleterre, le canal était fermé et le bateau a dû faire le tour de toute l’Afrique par le cap de Bonne-Espérance. C’est ainsi que j’ai vu la mer froide se réchauffer, les poissons volants, les dauphins… C’était un voyage magique !

Une fois au Kenya, j’ai rencontré l’anthropologue Louis Leakey qui est devenu mon mentor. Il m’a fait faire le tour de son musée, le Coryndon Museum de Nairobi, et m’a posé des centaines de questions. Comme j’avais lu tout ce que je trouvais sur les animaux d’Afrique et que j’avais passé des heures au Museum d’histoire naturelle de Londres, je pouvais répondre à la plupart d’entre elles. Puis, par le plus heureux des hasards, sa secrétaire venait juste de démissionner et il m’a demandé de la remplacer. C’est ainsi que tout a commencé. J’étais enfin entourée de gens qui pouvaient répondre à toutes mes questions. Un jour, Leakey m’a emmenée avec sa femme, une autre jeune fille anglaise et quelques Kenyans dans les gorges d'Olduvaï au cœur du parc naturel du Serengeti. Tous les animaux étaient là, on ne pouvait pas bouger sans tomber sur des rhinocéros ! Un soir, un jeune lion mâle particulièrement curieux nous a suivis. C'était un peu effrayant, mais très excitant à la fois. Il semblerait que ce soit ce soir-là, autour d'un feu de camp, que Leakey ait décidé que j'étais la bonne personne pour étudier les chimpanzés.

Pourquoi pensez-vous qu'il vous ait choisie ?

Il a trouvé que j'avais parfaitement réagi face aux rhinocéros et aux lions. Même si je sortais à peine d'Angleterre, je savais déjà beaucoup de choses. Il a vu que mon amour des animaux et ma curiosité étaient réels. Mais au début, ça a été un cauchemar. Un mois est passé, puis deux, puis trois... et j'avais beau me lever tous les matins avant l'aube, à chaque fois que j'apercevais les chimpanzés, ils s'enfuyaient. Je n'arrivais pas à gagner leur confiance, jusqu'à ce qu'enfin, quatre mois après le début de l'étude, un chimpanzé ait moins peur. C'était David Barbe Grise. Il était là, assis sur une termitière à fabriquer un outil pour capturer les insectes. Aujourd'hui ça paraît anodin, car nous savons maintenant que les animaux créent et utilisent des outils, mais à l'époque, la science avait décidé que seuls les humains en étaient capables, nous définissions même l'Homme comme *celui qui fabrique des outils*. Leakey a tout de suite été très enthousiaste et la National Geographic Society m'a octroyé des fonds supplémentaires, et envoyé le photographe et cinéaste Hugo van Lawick.

Qu'a signifié pour vous cette découverte, l'utilisation d'un outil par un chimpanzé ?

Lorsque je l'ai observé pour la première fois, je n'ai pas osé y croire. Je savais que c'était vraiment important car cela montrait que nous ne sommes pas si différents du reste des animaux. Pendant deux ans, j'ai observé la manière dont leurs gestes de communication étaient identiques aux nôtres. Les chimpanzés s'embrassaient, se tenaient par la main, se passaient des choses de l'un à l'autre, se faisaient face quand les mâles défiaient les dominants… Je les ai également vus utilisant des outils dans d'autres contextes, comme avec ce petit tube qu'ils plongent dans le creux d'un arbre pour boire l'eau de pluie ; ces feuilles, boues ou bâtons qu'ils utilisent pour s'essuyer ; ou encore la manière dont ils s'attaquent à ces nids de fourmis qui mordent. Avec ingéniosité, ils grattent l'intérieur du nid avec un bâton sur lequel les fourmis grimpent pour se défendre. Puis, après avoir attendu quelques instants, ils tapotent le nid, sortent le bâton et mangent très rapidement leur butin.

Quel a été votre moment préféré avec les chimpanzés ?

J'aimais beaucoup la vieille Flo, une femelle dominante, la cinquantaine et les dents usées jusqu'aux gencives. Son plus jeune bébé était le petit Flint. Je me rappelle ce moment où il avait environ cinq mois et commençait tout juste à marcher. Flo était un peu nerveuse et a mis ses mains autour de lui quand il est venu vers moi avec ses grands yeux. Il a tendu la main et m'a touché le nez, c'était tellement magique ! Une autre fois, j'ai offert une noix de palme à David Barbe Grise. Habituellement il les adorait mais là, évidemment, il n'en voulait pas. Il a détourné le regard et quand j'ai rapproché ma main, il m'a regardée droit dans les yeux, puis, a tendu la sienne. Il a alors pris la noix et l'a coupée, avant de serrer très doucement mes doigts dans les siens. C'est ainsi que les chimpanzés se rassurent. C'était une véritable connexion, nous nous sommes compris.

Vous avez découvert que les chimpanzés étaient doués d'empathie et de compassion. Ont-ils d'autres qualités que l'on retrouve aussi chez les humains ?

J'ai découvert que les chimpanzés peuvent être aussi violents et brutaux que nous. Ils sont capables de mener des sortes de guerres civiles entre les membres d'un même groupe, tuant la moitié de la communauté et prenant le contrôle de l'ensemble. Certains chimpanzés se sont attaqués à des individus avec lesquels ils jouaient, couchaient, se soignaient... c'était horrible. Nous en étions choqués, complètement choqués. Mais si j'ai observé la guerre et la violence, j'ai aussi vu l'amour et l'altruisme. Des individus adoptant, par exemple, des bébés dont les mères étaient mortes.

Que s'est-il passé avec le reste de la communauté scientifique ? Vous ont-ils crue ?

Après deux années sur le terrain, Leakey a souhaité que j'obtienne un diplôme et m'a envoyée à Cambridge suivre un doctorat en éthologie. Quand je suis arrivée, les professeurs m'ont dit que j'avais tout fait de travers. Que je n'aurais pas dû donner de noms aux chimpanzés, mais des numéros selon l'usage scientifique. Que je ne pouvais pas parler de personnalité, d'esprit ou d'émotions comme s'ils étaient semblables à nous. À l'époque, la science enseignait que nous étions différents des autres animaux, que nous étions au sommet d'une sorte de montagne et que, jamais, nous ne serions liés. Sauf que moi, quand j'étais enfant, j'ai eu un excellent professeur : Rusty, mon chien. Et Rusty m'avait appris que nous faisons partie du règne animal, que nous n'en sommes pas séparés.

Il y a de nombreuses similitudes biologiques entre nous et les chimpanzés. Nous partageons 98,6 % de notre ADN et avons de multiples analogies au niveau du sang, du système immunitaire ou de l'anatomie du cerveau. Mais quand les scientifiques ont entendu parler pour la première fois de l'utilisation d'outils, ils ne m'ont pas crue. Après tout, je n'étais qu'une fille qui n'était même pas allée à l'université. Moi, je ne m'en souciais pas vraiment, parce que j'étais sûre de ce que j'avais vu. Et je ne cherchais pas à être une scientifique. Je voulais juste faire plaisir à Leakey, en apprendre plus sur les chimpanzés et poursuivre mon rêve. Heureusement, j'avais un superviseur formidable. Au début, il était très critique à mon égard mais ensuite, il est venu à Gombe et m'a dit qu'en deux semaines, il en avait appris plus sur le comportement des animaux que pendant toute sa vie. Il m'a alors appris à écrire et à penser de manière scientifique, mais n'était pas satisfait de mon empathie pour les chimpanzés. En tant que chercheur, on est censé être froid, objectif, ne pas avoir de relation avec les sujets observés… Mais c'est de la foutaise ! Parfois, on observe un comportement que l'on ne comprend pas et avec l'empathie, on peut avoir un éclair d'intuition. Il suffit simplement, ensuite, de le vérifier scientifiquement.

Avoir observé la relation entre les mères et les bébés chimpanzés vous a-t-il influencée quand vous avez eu votre propre fils ?

Une chose que j'ai décidée, en regardant les mamans chimpanzés, c'est que j'allais m'amuser avec mon bébé. Elles s'amusent tellement avec les leurs ! Elles les chatouillent, les poussent dans les branches, se couchent sur le dos pour les faire tourner avec leurs pieds et, lorsqu'ils sont plus grands, elles les poursuivent autour d'un arbre. C'est ce que j'ai fait avec mon fils et je me suis bien amusée. Mais si j'ai fait beaucoup de choses que les mamans chimpanzés faisaient, j'ai aussi été influencée par ma propre mère. C'était donc un mélange d'instinct et de souvenirs maternels.

Qu'est-ce qui nous différencie, selon vous, des autres animaux ?

La plus grande différence, c'est notre cerveau. Je ne sais pas si nous sommes très intelligents, mais nous avons un intellect. Ce qui ne veut pas dire que les autres animaux ne sont pas intelligents, au contraire, ils le sont bien plus qu'on ne le pense. Les rats, par exemple, parviennent aux mêmes résultats que les chiens dans les tests. Certains rats géants des forêts d'Afrique sont même entraînés à détecter les mines enfouies dans le sol durant les guerres civiles. Ils ont été utilisés au Mozambique, en Angola, au Cambodge et travaillent encore dans différents endroits du monde. Certains d'entre eux ont appris à détecter l'ivoire, les cornes de rhinocéros, les écailles de pangolin... Leur avantage sur les chiens, c'est qu'ils peuvent grimper jusqu'au sommet des caisses pour en flairer l'odeur. Les porcs aussi sont très intelligents. J'ai rencontré un cochon nommé Pigcasso qui peint avec une joie incroyable, ses peintures se vendent 5 000 dollars ! Nous savons désormais que de nombreux animaux aiment la peinture. Chiens, chevaux, perroquets, rhinocéros, corbeaux... Ces derniers peuvent même résoudre certains problèmes plus vite que des enfants de sept ans.

Avez-vous entendu parler d'Anthony Lawrence, qui a sauvé un troupeau d'éléphants en Afrique ?

Oh oui, et de la manière dont les éléphants ont su quand il était mort alors que, de toute évidence, personne ne leur avait communiqué la nouvelle.

C'est presque comme s'ils avaient un sens supplémentaire qui va au-delà de ce que nous possédons.

Je pense en effet qu'ils possèdent un sens supplémentaire, mais nous aussi nous l'avons. Du moins, certaines personnes. Ma propre mère a eu beaucoup d'expériences de ce genre, comme le jour où l'avion de mon oncle a été abattu au-dessus de l'Égypte pendant la Seconde Guerre mondiale. Ma mère prenait un bain, chez elle, en Angleterre, quand soudainement, elle s'est mise à crier, à sangloter, à appeler... Quand on lui a demandé ce qu'il se passait, elle s'est écriée : "C'est Rex !" Ce sens supplémentaire, que nous nommons *sixième sens*, je l'ai expérimenté à maintes reprises avec les animaux.

Le fait d'être uniquement centrés sur nous-mêmes et sur la croissance de nos économies serait-il la cause de la destruction de la planète ?

Cet intellect que je mentionnais, celui qui nous rend différents des autres animaux, c'est cette façon si particulière que nous avons de communiquer avec le langage. Avec les mots, nous pouvons enseigner à nos enfants des choses qui ne sont pas réelles, parler de phénomènes que nous n'avons jamais vus, créer des images, nous projeter dans un avenir lointain, rassembler des gens de milieux différents pour résoudre des problèmes... Nous sommes si incroyablement intellectuels. Mais alors, comment se peut-il que l'espèce probablement la plus cérébrale de la planète soit en train de détruire son seul habitat ? Nous avons, semble-t-il, perdu la sagesse. Celle des peuples indigènes qui prennent une décision en se demandant comment cela affectera la santé de la planète et des générations futures. Alors que nous, nous pensons : "Comment cela va-t-il m'aider maintenant ? Comment cela va-t-il servir ma prochaine campagne électorale ?" Je crois que ce n'est que lorsque la tête et le cœur travaillent en harmonie que nous pouvons réaliser notre véritable potentiel humain. Et notre véritable potentiel est énorme ! Nous sommes là, à nous sentir séparés du reste du monde naturel, à construire notre vie à l'intérieur d'une bulle, sans même comprendre que cette planète possède des ressources naturelles finies et que ces ressources, nous les utilisons plus vite qu'elle ne peut les reconstituer.

Que devrions-nous faire maintenant ?

Tout d'abord, nous devons comprendre que nous pouvons changer. Quand les gens ont commencé à manger de plus en plus de viande, ça a eu des conséquences terribles pour les animaux. Or, qu'il s'agisse des vaches, des moutons ou des porcs, ils ont des émotions. Ce sont des êtres sensibles, qui ressentent la douleur et la peur. Et ils se trouvent dans ces horribles fermes intensives, ces véritables camps de concentration pour animaux. Pour les nourrir par milliard, nous défrichons la terre, nous utilisons beaucoup d'eau et de combustibles fossiles. Et, alors que la nourriture entre d'un côté, le méthane sort de l'autre. Face aux changements climatiques, déjà, nous pouvons manger moins, voire pas du tout, de viande. Nous pouvons aussi partager les connaissances avec nos semblables. Pas en les accusant ou en leur disant qu'ils ne devraient pas manger de viande, mais en leur expliquant calmement le problème. D'autant que cela nuit aussi à leur propre santé, de manger ces pauvres créatures nourries aux antibiotiques.

Et au-delà, que devraient faire nos sociétés dans leur ensemble ?

Nous avons quatre problèmes majeurs à résoudre. Le premier, c'est la pauvreté, car lorsque vous êtes vraiment pauvre et que vos terres surexploitées sont devenues infertiles, dans votre effort désespéré de nourrir votre famille, vous allez détruire le dernier arbre, vous allez pêcher le dernier poisson. Et si vous êtes en ville, vous achèterez de la malbouffe parce qu'elle est moins chère. Vous ne pourrez pas vous permettre de penser qu'elle nuit à l'environnement, qu'elle est cruelle envers les animaux ou bon marché à cause du travail d'enfants esclaves… Vous serez simplement obligé d'acheter la nourriture la moins chère possible. C'est pourquoi nous devons faire quelque chose pour lutter contre la pauvreté. Quand j'ai fait le tour de l'Afrique pour essayer de comprendre pourquoi le nombre de chimpanzés diminuait, j'en ai beaucoup appris sur la déforestation, ainsi que la situation terrible dans laquelle se trouvent ceux qui vivent sur ces territoires. J'ai vu la pauvreté, le manque de santé, d'éducation, la dégradation des terres… En 1960, quand j'ai survolé les alentours de Gombe, en Tanzanie, il y avait une grande forêt qui s'étendait à travers toute l'Afrique. En 1990, il n'y avait plus qu'un minuscule îlot de collines forestières autour duquel tout était à nu. Tous les arbres avaient disparu. Tout ça, parce que les gens vivaient dans la pauvreté et qu'à mesure que la population augmentait, ils coupaient les arbres pour faire pousser plus de nourriture. Ils luttaient pour survivre.

En deuxième lieu, il y a la question de notre empreinte écologique et de certains de nos modes de vie qui ne sont pas durables. Trop de gens possèdent bien plus que ce dont ils ont besoin.

Ensuite, nous devons lutter contre la corruption, qui cause d'importants dégâts sur le plan social et environnemental. Il y a comme une histoire d'amour entre les gouvernements et les grandes entreprises, qui financent des campagnes électorales. Alors on renonce aux lois fiscales, on autorise la construction d'une mine dans une zone sensible...

Et enfin, nous devons faire face à la croissance exponentielle de notre population. Aujourd'hui, nous sommes 7,7 milliards d'humains sur la planète et nous épuisons déjà les ressources naturelles. Qu'en sera-t-il en 2050 quand nous serons 9,7 milliards ?

Qu'avez-vous ressenti en voyant tous ces changements de votre vivant ?

J'ai compris que si nous ne faisions rien pour aider les gens à vivre dignement sans détruire l'environnement, alors nous ne pourrions pas même essayer de sauver les chimpanzés. C'est pourquoi nous avons lancé le programme TACARE[I] qui propose d'aider les populations locales, avec un accès à l'éducation, à l'eau, à la santé et au développement économique et social durable. Prenons l'exemple du micro-crédit : des personnes très pauvres, principalement des femmes, peuvent obtenir de l'argent et lancer leur propre projet de développement. Lorsque ce dernier a réussi, elles remboursent l'emprunt et peuvent, si elles le souhaitent, contracter un prêt plus important. Nous avons commencé ce programme dans les trente-quatre villages tanzaniens qui sont dans l'aire de répartition des chimpanzés. Nous fournissons également des informations sur le planning familial, organisons des ateliers et offrons des bourses pour que les filles puissent rester à l'école. Car nous avons constaté que lorsque l'éducation des femmes s'améliore, la taille des familles a tendance à diminuer. Aujourd'hui, le programme est déployé dans plus de huit pays !

Comment vous y prenez-vous pour convaincre les gens ?

Je m'adresse à leur cœur. Quand j'arrive dans une entreprise, je regarde ce qu'il y a autour de mon interlocuteur. Y a-t-il une photo de ses petits-enfants sur son bureau ? Celle d'un chien ou d'un chat ? Quelque chose à laquelle je puisse me raccrocher pour avoir une petite idée de la personne à qui je parle ? Les efforts déployés pendant toutes ces années ont connu un succès incroyable, comme le fait d'avoir obtenu le soutien des démocrates et des républicains américains pour mettre fin à la recherche médicale sur les chimpanzés. Quand je me suis adressée pour la première fois aux laboratoires, la communauté des droits des animaux a cessé de me parler. Ils m'ont demandé comment je pouvais m'asseoir avec ces gens malfaisants, ce à quoi j'ai répondu : "Mais si vous ne leur parlez pas, comment pensez-vous qu'ils changeront un jour ?" Alors j'y suis allée. J'ai bien sûr été choquée de voir des chimpanzés dans des cages de 1,50 m sur 1,50 m, mais au lieu de les attaquer sur leur cruauté, je leur ai montré des photos des chimpanzés de Gombe. J'ai parlé des bébés, de leurs mères qui jouaient avec eux, des mâles assis sur le sol de la forêt à manger des fruits magnifiques... Un jour, alors que je venais de faire le tour d'un site et que je me sentais complètement brisée, je suis arrivée dans une salle où m'attendaient des directeurs de laboratoires. Je me suis assise en me demandant ce qui allait bien pouvoir se passer. Alors que j'essuyais encore des larmes, ils étaient là, à me regarder... Puis, je me suis lancée : "J'imagine que vous êtes tous des gens compatissants et attentionnés. Vous devez avoir les mêmes sentiments que moi à propos des conditions des chimpanzés." Ils pouvaient difficilement dire qu'ils n'étaient pas des gens attentionnés et compatissants, alors ça les a touchés. Et nous avons changé les choses. Nous avons d'abord fait venir quelqu'un pour améliorer les conditions de vie des chimpanzés de laboratoire, puis nous avons totalement mis fin à ces pratiques.

Bella, Vipulan et Jane Goodall dans les serres d'Auteuil à Paris.

C'est peut-être la plus grande question que l'on puisse poser à quelqu'un, mais quel est, selon vous, notre rôle en tant qu'espèce ?

Tout au long de notre évolution, nous n'avions pas vraiment de rôle. Nous faisions simplement partie du règne animal. Mais maintenant que nous avons développé cet intellect et que nous savons que nous détruisons la planète, notre rôle devrait être celui de réparer les dommages. Un de nos plus grands problèmes est que, dans la Genèse, il est dit que l'homme domine les animaux, les poissons, les oiseaux... Or, il ne faut pas l'entendre au sens de *domination*, mais à celui d'*intendance*. Quelle différence ! Car un bon intendant prend soin de sa terre. L'heure est maintenant venue d'utiliser ce fameux intellect pour faire changer les choses. On assiste actuellement à de nombreuses innovations, qui permettent aux gens de vivre dans une meilleure harmonie, mais ça ne suffit pas. Il faut rassembler les gens. C'est pourquoi je voyage trois cents jours par an dans le monde entier, à près de quatre-vingt-six ans, pour développer notre programme Roots & Shoots pour la jeunesse[2]. Parce que c'est elle notre avenir !

***

Ce rôle d'intendant, de gardien du reste du vivant, que les êtres humains pourraient endosser et qui serait comme une nouvelle finalité à notre existence sur cette planète, suppose que nous comprenions comment les écosystèmes fonctionnent, comment les espèces interagissent les unes avec les autres et nous avec elles. Y parvenir nous demande de recommencer à fréquenter le vivant, comme Philippe Descola nous enjoignait à le faire, non seulement pour en découvrir les merveilles et les subtilités, mais également pour construire une relation avec lui, qu'elle soit affective, coopérative, diplomatique...

Pour faire un pas dans cette direction, nous sommes allés passer quelques jours chez le Dr Dino Martins, grand ami de Jane, qui partage son amour inconditionnel des chiens (nous avons d'ailleurs été accompagnés de Doudou et Barbara pendant tout notre périple). Titulaire d'un doctorat en biologie organique et évolutive de l'université de Harvard, chargé de cours en écologie et biologie évolutive à l'université de Princeton aux États-Unis, Dino a créé le Mpala Research Center au beau milieu du Kenya, où il reçoit des étudiants de prestigieuses universités. Mais probablement est-il surtout et avant tout un entomologiste passionné par la biodiversité, et plus particulièrement par les plus petites créatures que sont les abeilles, les fourmis, les termites et les insectes, en général, dont il est un spécialiste mondial. Il a notamment conseillé les Nations unies et la FAO, et travaille depuis plus de quinze ans avec des agriculteurs d'Afrique de l'Est pour les sensibiliser à l'importance des pollinisateurs et les encourager à adopter des pratiques agricoles plus durables et efficaces. En 2009, 2011 et 2015 il a reçu le Whitley Gold Award pour la conservation* pour son travail sur les insectes, l'éducation des agriculteurs et du grand public. Grâce à son action, Dino a permis de réduire jusqu'à 75 % l'utilisation des pesticides dans plus de 500 exploitations, dont 10 % ont totalement abandonné ce type de produits. Les paysans ont également vu les rendements de leurs cultures augmenter, parfois jusqu'à être multipliés par 10**. Dino a aussi participé à faire pression sur le gouvernement kenyan pour obtenir l'interdiction de plusieurs pesticides hautement toxiques, et y est parvenu. Enfin, il a collaboré avec le gouvernement, des citoyens et des ONG pour élaborer la première législation du Kenya visant à protéger les abeilles contre les pesticides et reconnaître leurs effets nocifs.

* Prix international de conservation décerné chaque année, http://whitleyaward.org/winners/pollinators-and-people-in-kenya/

** Nous reviendrons sur ces techniques avec Nicolas Vereecken, un collègue belge de Dino, un peu plus loin.

Un éléphant en plein repas au centre de recherche de Mpala.

Lorsque nous avons décidé de l'interviewer, nous pensions qu'il nous parlerait essentiellement des abeilles. Mais ce n'est pas du tout ce qui s'est passé. Au-delà d'être un scientifique de premier plan, Dino est avant tout un amoureux du monde sauvage et un pédagogue extraordinaire. Partout où nous passions, il avait toujours quelque chose à nous montrer, une anecdote à nous raconter, une explication passionnante à nous donner pour nous aider à lire le paysage qui nous entourait. De surcroît, ni Bella, ni Vipulan, ni moi n'avions jamais vu d'éléphants, de girafes, de zèbres ou de koudous en liberté, dans leur environnement naturel. C'est un sentiment difficilement descriptible. Alors que nous nous rendions dans le centre, entassés dans deux Range Rover bringuebalant, Bella a aperçu son "premier" éléphant. Il était à une certaine distance, la route n'était pas régulière, nous l'avons donc perdu de vue assez rapidement. Pourtant les larmes lui sont montées aux yeux instantanément. Elle était tellement pleine de cette émotion qu'elle ne parvenait pas à décrocher du paysage, espérant le voir une seconde fois. Lorsqu'il était clair que cela ne se produirait pas, elle s'est retournée vers moi les yeux brillants en disant : "Je crois que c'est le plus beau jour de ma vie..." Et cela ne faisait que commencer.

LA BIBLIOTHÈQUE DU VIVANT

Rencontre avec Dino Martins

Centre de recherche de Mpala, lever du soleil.

Regardez ! Voilà les impalas… Ils vivent en famille. Ceux qu'on voit là, ce sont des femelles avec leurs petits. Et derrière, vous avez le mâle célibataire. C'est le bon moment pour les observer, ils se réveillent juste. Vous voyez le bébé qui arrive ? Ils l'avaient caché pour la nuit à l'écart du troupeau. Et maintenant, il vient vers sa mère.

N'est-ce pas une stratégie risquée ?

Au contraire, c'est la meilleure stratégie ! En cas d'attaque, les plus vulnérables sont les bébés et comme ils n'ont presque pas d'odeur, le mieux c'est de les laisser à l'intérieur d'une cachette. Regardez, une autre maman approche. Elle cherche probablement son petit pour le nourrir.

Si ces populations de brouteurs venaient à augmenter, faudrait-il les réguler ?

Ici nous n'éliminons pas la faune. Et au Kenya, de manière générale, la chasse n'est pas autorisée. Nous essayons autant que possible de laisser le champ libre aux systèmes naturels. Beaucoup de personnes vivent ici, mais les animaux ont encore l'espace nécessaire pour se déplacer librement.

Il y a peu d'endroits qui peuvent en dire autant !

De moins en moins, oui. Une étude vient de montrer que 96 % de la biomasse mondiale des animaux est constituée de bétail et d'êtres humains, et seulement 4 % d'espèces sauvages. C'est vraiment choquant. Ici, l'écosystème est sain car nous avons beaucoup de diversité. C'est une des grandes leçons que nous a apprises la nature : plus il y a de diversité, plus il y a de stabilité et plus l'écosystème est résistant. C'est un peu comme un mur. Plus il y a de briques plus il est stable, mais si on s'obstine à les enlever une à une il s'affaiblit progressivement, jusqu'au jour où il est sur le point de s'effondrer. C'est pour cette raison qu'il faut rétablir les systèmes naturels, pour consolider à nouveau le mur...

Est-il possible que le mur s'effondre ?

C'est une question que je me pose souvent. Comment allons-nous survivre dans un monde qui devient de plus en plus chaud ? Sommes-nous en train d'atteindre ce que les scientifiques appellent le point de basculement ? Il y a toujours eu des incendies mais aujourd'hui, ils sont plus grands et plus intenses qu'ils ne l'ont jamais été. Ici aussi l'année a été terrible, le mont Kenya a brûlé, les feux s'étendaient jusqu'à la forêt. Australie, Amazonie, Californie, Sibérie, Afrique... ces mégafeux sont dévastateurs. Ils tuent beaucoup d'animaux. En Australie en 2019 près d'un milliard sont morts. Si nous persistons dans cette voie, de nombreuses espèces vont réellement s'éteindre. Certaines d'entre elles vivront peut-être encore dans des sanctuaires ou des petites zones protégées, mais il n'y aura plus de populations sauvages. C'est un signal d'alarme. Ces incendies nous disent que quelque chose ne va pas et nous devons sérieusement en prendre conscience. Depuis des millions d'années, le climat change, depuis toujours des espèces sont apparues et se sont éteintes, mais la rapidité et l'ampleur des transformations actuelles sont inédites. Nous sommes aujourd'hui devenus la force motrice qui fait disparaître les espèces à un rythme jamais vu.

Avons-nous déjà franchi le point de basculement ?

Je ne pense pas, mais nous nous en rapprochons. Certains écosystèmes sont en train de l'outrepasser, mais nous ne devons pas perdre espoir, car la nature est résistante. Si nous lui donnons une chance, elle peut rebondir. J'ai vu des zones d'Afrique de l'Est qui semblaient totalement dévastées, qui avaient été déboisées et avaient perdu leurs animaux, qui commencent pourtant à se rétablir. Quand vous laissez faire la nature, quand vous plantez une graine et que vous la protégez, la vie sauvage revient.

Mais que se passerait-il si nous le franchissions ?

Si nous perdions trop d'espèces, la vie humaine deviendrait misérable, et nous serions nous-mêmes confrontés à un risque d'extinction. Chaque espèce fait partie de cette toile de la vie où tout est interconnecté. La bibliothèque du vivant est ce qui nous maintient en bonne santé, nous nourrit, nous rend heureux. De l'air que nous respirons à l'eau que nous buvons en passant par la nourriture que nous mangeons, tous les aspects de notre bien-être sont liés à la nature. Pensez ne serait-ce qu'aux pollinisateurs, à ces abeilles, mouches et autres insectes étonnants auxquels nous devons une bouchée de nourriture sur trois. S'ils disparaissaient, le vent serait toujours là pour la pollinisation des céréales, mais notons ceci : en moins de cent ans, nous sommes passés de dix mille espèces de plantes différentes à trois principales, le riz, le blé et le maïs représentant désormais 60 % de notre alimentation. Et ce n'est pas bon pour nous, nous avons besoin d'une alimentation saine et diversifiée...

Mais nous pouvons encore changer. Nous pouvons innover, utiliser nos capacités étonnantes et mettre à l'épreuve ce cerveau extraordinaire qui a évolué pendant des millions d'années, pour prendre soin de notre planète, prendre soin les uns des autres.

De quelle manière nos comportements devraient-ils évoluer ?

Nous devrions avoir de la curiosité pour le monde qui nous entoure, entrer en relation avec les autres êtres vivants. Car une fois qu'on est en lien, on peut avoir une conversation sur ce qui compte. On peut choisir plus soigneusement ce que l'on mange, ce que l'on porte, poser des questions sur la provenance des aliments, soutenir des systèmes de production plus durables, utiliser l'eau et l'énergie de manière plus efficace... Par de simples changements d'habitudes, nous pouvons laisser davantage de ressources aux espèces sauvages. À Mpala, tous les repas que nous servons sont végétariens, parce que cela a moins d'impact sur la planète.

Que pensez-vous du fait que l'humain réintroduise des espèces disparues *et réensauvage de grands espaces ?*

Si nous pouvons restaurer des zones, nous devons absolument le faire. Nous avons ici beaucoup d'expériences qui cherchent à ramener les espaces à ce qu'ils étaient il y a cinquante ou cent ans. La grande question est de savoir si nous pouvons recréer des écosystèmes réellement stables et résilients, capables de s'adapter et de prospérer. Et pour ça, nous avons besoin de vous, les jeunes. Nous avons besoin que vous deveniez des naturalistes, des scientifiques, quel que soit le métier que vous ferez. Car tout le monde peut participer à sa façon.

Combien de personnages Pokémon sauriez-vous identifier ?

Un seul.

Je suis ravi d'entendre ça car mes neveux et nièces, eux, sont capables de reconnaître beaucoup plus de Pokémon que d'arbres dans ce paysage ! Et c'est un problème. Nous avons besoin que les gens se reconnectent à la nature. À force de les observer, de les fréquenter, je peux nommer chacune des trois mille espèces de papillons qui vivent en Afrique de l'Est et chaque herbe de Mpala... Et ce n'est pas parce que je suis un spécialiste. Juste parce que je suis un humain dont le cerveau a évolué pour me permettre de distinguer des milliers d'espèces différentes. C'était notre quotidien pendant des milliers d'années, cela conditionnait notre survie. Aujourd'hui nous avons besoin de retrouver ces capacités. Et parfois la technologie peut nous y aider. Désormais nous avons la possibilité de séquencer l'ADN et d'identifier les espèces grâce à des échantillons de leurs poils ou de leurs excréments. Actuellement, un scientifique propose même de collecter des toiles d'araignées, qui piègent tous les bouts d'ADN flottant dans le paysage. Nous avons des possibilités immenses... Oh voici le koudou qui arrive !

Il est tout seul ?

Il doit y avoir un bébé quelque part, mais sa mère l'a probablement laissé caché. Le koudou est une espèce assez solitaire. Regardez comme elle marche prudemment, alerte, avec ses grandes oreilles, scrutant et écoutant tout très attentivement. C'est un des mystères de la vie sauvage, certains animaux vivent en groupe et d'autres préfèrent être seuls. Dans les deux cas, il y a des avantages et des inconvénients. Nous pourrions nous en inspirer pour apprendre à vivre en famille et en société. Ici à Mpala, c'est ce que nous aimons faire. Nous étudions les animaux, leur comportement, leur écologie, la manière dont ils interagissent les uns avec les autres, et nous faisons des expériences. Nous cherchons notamment à comprendre l'impact du bétail sur la faune et les écosystèmes.

Et qu'avez-vous appris ?

Que contrairement à ce que l'on pense, si vous réunissez le bétail et la faune dans une densité modérée, ils s'entraident. Le bétail mange l'herbe quand elle est courte, car elle est plus nutritive. Or, les animaux sauvages, eux, la consomment même lorsqu'elle est haute. En vivant sur un même territoire, la faune sauvage crée ainsi des endroits où le bétail domestique peut paître. Les éléphants, notamment, ont un impact énorme. Chaque jour, ils mangent des centaines de kilos de matières végétales et déclenchent des perturbations qui, à un certain niveau, sont bénéfiques pour la biodiversité. Mais, c'est comme tout. Si vous avez trop de bétail, trop d'éléphants ou trop d'humains, l'écosystème finit par s'épuiser. Pour autant, la nature est résiliente et la biodiversité s'accommode très bien d'une certaine dose de perturbations. Dans la savane, il est étonnant de voir le nombre d'animaux différents qui cohabitent, tout en ayant les mêmes besoins. On pourrait penser que les herbivores sont en compétition et, pourtant, ils coexistent. Il nous faut comprendre ces modèles, ainsi que la manière dont nous pourrions les respecter.

Pensez-vous qu'au cours de son histoire, l'espèce humaine a aussi été un ingénieur positif pour les écosystèmes ?

Absolument. Pendant la majeure partie de notre histoire, nous avons eu un impact minime sur le monde. Nous étions l'une des nombreuses espèces qui coexistaient, à la fois proie et prédateur, au même titre que les autres. C'est la technologie qui nous a, en quelque sorte, libérés de la sélection naturelle. Et maintenant, notre impact est très grand. Regardez ces roches là-bas, elles ont plus de trois milliards d'années. Elles ont vu arriver la vie, l'ont vue évoluer et se diversifier. Elles ont vu les plantes et les insectes coloniser les terres, les dinosaures apparaître, prospérer et disparaître. Puis, elles ont assisté à l'émergence de l'ère des mammifères et la chose la plus récente qu'elles ont vue c'est nous, ce petit singe chétif qui a maintenant conquis le monde. Aujourd'hui, ces rochers qui se dressent ici depuis trois milliards d'années, nous sommes en capacité de les détruire en quelques minutes seulement.

La technologie serait donc le problème ?

Non, la technologie peut être une solution. Le problème, c'est la façon dont nous l'utilisons. En tant qu'espèce, nous devons savoir comment subvenir à nos besoins sans en détruire les ressources.

Regardez cette girafe réticulée là-bas, le motif de son pelage en résille, ses marques rouges et blanches. C'est l'une des plus belles et il n'en reste plus que six mille. Aujourd'hui, certains ranchs ont plus de bétail qu'il n'y a de girafes réticulées dans le monde entier ! Le Kenya a une faune étonnante, mais si nous ne nous en occupons pas, nous ne pourrons empêcher les disparitions.

Girafe réticulée dans la réserve nationale de Samburu au Kenya.

Combien d'espèces en danger avez-vous repérées ?

Beaucoup, même si certaines sont plus menacées que d'autres. Les rhinocéros, par exemple, sont presque en voie d'extinction. Nous avons ici un sanctuaire d'une centaine d'individus qui se portent très bien, mais si vous étiez venus il y a cinquante ans, vous en auriez vu partout dans les buissons. Les rhinocéros ont été chassés dans les années 1970-1980 à cause de leur mauvaise réputation et bien souvent, ils le sont encore. Au Kenya, toutefois, nous avons réussi à faire remonter leur nombre grâce à une protection intensive. Il y a aussi le zèbre de Grévy que vous avez vu hier à votre arrivée. Quand il est apeuré, il émet une sorte de reniflement, mais la plupart du temps, il est silencieux. Mais qui sait, peut-être communique-t-il d'une manière que nous n'avons pas encore découverte, comme les éléphants ?

Comment les éléphants communiquent-ils ?

Les éléphants utilisent beaucoup le langage corporel. Ils battent des oreilles, les tiennent alternativement vers l'avant ou vers l'arrière, agitent leur trompe, secouent la tête… et donnent ainsi beaucoup d'informations. Mais nous avons récemment découvert qu'ils utilisent aussi des infrasons, à des fréquences que nous ne pouvons entendre. En observant deux groupes d'éléphants qui se tenaient à grande distance, nous avons constaté que le comportement de l'un affectait celui de l'autre. Ce qui veut dire qu'ils peuvent communiquer sur des centaines de mètres, voire plusieurs kilomètres ! C'est un des plus grands mystères que nous essayons actuellement de résoudre et ça nous montre à quel point nous en savons peu sur les animaux. Nous vivons une période très excitante pour la science, car nous avons enfin les outils pour comprendre le monde mieux que jamais auparavant.

Combien d'espèces contient cet écosystème ?

Nous avons recensé trois à quatre cents espèces d'oiseaux, plus d'une centaine d'herbes et soixante-dix mammifères différents, mais en ce qui concerne les insectes et de nombreuses autres petites formes de vie, nous sommes toujours dans l'ignorance. Aujourd'hui encore, il y a des millions d'espèces dont nous ne savons rien et nous en découvrons sans cesse de nouvelles. D'autant que maintenant, nous sommes outillés pour examiner les champignons, les bactéries et les virus, toutes ces formes de vie microscopiques qui sont peut-être invisibles pour nous, mais qui sont vraiment très importantes. Car sans les champignons, les végétaux ne pourraient pas survivre. C'est grâce à leurs réseaux tissés dans le sol que les arbres et les plantes coopèrent et se partagent les nutriments.

Ces espèces invisibles seraient-elles plus importantes que la mégafaune ?

Toutes les espèces sont importantes, chacune à sa manière. Mais alors que certaines ont un impact d'ordre physique, d'autres influencent davantage la physiologie des milieux. Souvent, quand nous regardons les animaux, nous pensons à eux comme à une seule unité, mais chaque individu est un écosystème en soi. Il est composé de toutes sortes de spécimens invisibles qui sont essentiels pour son métabolisme. Et il en va de même pour nous : notre microbiome* joue un rôle fondamental pour notre santé. Ainsi, lorsque nous détruisons des écosystèmes, nous ne perdons pas seulement des individus, mais également tous ces micro-organismes qui ont évolué pendant des dizaines de millions d'années et qui font partie

* Le *microbiome* (du grec *micro*, "petit", et *bios*, "vie") est l'"aire biotique" (aire de vie correspondant à une niche écologique) du microbiote. Le *microbiote* est l'ensemble des micro-organismes – bactéries, microchampignons, protistes – vivant chez un hôte. Chez l'être humain le microbiote intestinal joue un rôle important lors de la digestion ainsi que pour le système immunitaire.

de leur biologie. Désormais, nous avons les outils pour étudier tout cela mais la ressource, la bibliothèque du vivant, diminue très rapidement. Il est essentiel que nous la comprenions, car nombre de solutions d'avenir viendront de cette bibliothèque. Nous en aurons besoin pour la technologie, pour notre santé et celle de la planète, pour la restauration des écosystèmes, la production de nourriture…

Comment l'Afrique a-t-elle réussi à conserver tant de mégafaune, alors que d'autres continents ont perdu la leur au fil du temps ?

À l'exception de l'Antarctique, tous les continents ont développé un éventail extrêmement diversifié de grands mammifères, mais de l'Amérique du Nord à Madagascar, en passant par l'Asie et l'Australie, partout où ils sont allés, les humains les ont pratiquement anéantis. En Afrique, la situation est un peu différente car les gens ont coévolué avec cette mégafaune. Pendant longtemps, les populations étaient nomades ou semi-nomades, elles élevaient du bétail et se déplaçaient continuellement. Or, le continent est grand, il y a beaucoup d'espace et jusqu'à ce que notre technologie nous permette de conquérir tous les habitats, certains étaient trop rudes pour que nous puissions y vivre. C'est probablement ce qui a permis à la faune de continuer à prospérer ici. La nature est incroyablement forte, beaucoup plus forte que nous. Nous causons du tort à la planète mais la vie, elle, va persister. Elle est tenace et brillante, nous ne pouvons pas arrêter son évolution.

Pour autant, un autre aspect de la question, plus difficile à aborder, est celui du nombre d'êtres humains sur la planète. En tant qu'espèce, nous avons fort bien réussi. Nous avons surmonté tous les défis et notre nombre augmente continuellement, causant une trop forte pression sur les ressources. Or, il n'y a sur la planète qu'une quantité limitée d'eau, de nourriture, de biodiversité… Nous devons réfléchir à la façon dont ces systèmes peuvent être mieux partagés.

En Afrique, la croissance démographique est importante. Mais ne serait-il pas malvenu de demander aux populations de la réduire quand, en Occident, les modes de vie ont un impact beaucoup plus grand sur la planète ?

La population africaine est en croissance constante et elle est très jeune, ce qui est à la fois un défi et une opportunité. Nous devons aborder la question de la croissance démographique de manière durable, dans l'idée de responsabiliser les gens. Un grand changement doit se produire, mais cela ne veut pas dire que nous ne devons pas nous occuper aussi de nos modes de consommation. Pour résoudre la crise actuelle, nous devons travailler sur les deux, sur la population et la consommation.

Mais nous ne pouvons pas demander aux gens de réduire leur mode de vie s'ils sont déjà pauvres !

Évidemment. Mais la crise à laquelle nous sommes confrontés exige de résoudre les deux questions à la fois. Nous devons le faire d'une manière qui donne du pouvoir aux gens, qui soit digne et inclusive. Beaucoup trop de femmes n'ont pas accès à l'éducation, aux droits humains fondamentaux et n'ont aucun pouvoir sur leur fécondité. Leur donner la possibilité d'aller au bout de leurs études et que leurs droits humains fondamentaux soient respectés aura un impact sur la croissance démographique mais aussi sur la santé, le bien-être, la vie et les moyens de subsistance de leurs enfants*. Dans le même temps la question de la consommation doit être adressée et particulièrement dans les pays à forte croissance. Chacun peut faire des choix simples et comprendre que parfois, avoir moins c'est avoir plus. Plus d'espace et de tranquillité d'esprit, plus de temps

* Une étude publiée dans la revue *Sciences* en 2011 démontrait que si chaque jeune femme sur la planète avait la possibilité d'aller au bout de ses études secondaires, il y aurait près de 850 millions de personnes en moins sur la planète en 2050. Citée dans *Drawdown*, Actes Sud, 2018, p. 211.

pour profiter de la nature… De nombreux étudiants avec lesquels je travaille sont prêts à vivre d'une manière différente. Ils ne possèdent pas beaucoup d'objets et sont très heureux en passant simplement du temps à observer les animaux, à regarder les oiseaux, à apprendre sur le monde qui les entoure. La question ultime est donc celle des valeurs. Qu'appréciez-vous le plus ? Qu'est-ce qui vous rend heureux en tant que personne ?

Mais ne serait-ce pas aussi un problème sociétal plus global ? Une question de production plus que de consommation ?

C'est les deux ! Et les consommateurs peuvent avoir un très grand impact. Si les éléphants ne sont plus autant braconnés qu'avant, c'est parce que nous avons augmenté leur protection, certes, mais aussi parce que les gens n'achètent plus autant d'ivoire qu'auparavant. On peut décider de dépenser notre argent pour des biens produits de manière durable et créer les systèmes de production adéquats. Je crois en votre génération. Vous êtes des personnes étonnantes, passionnées et en colère. Et c'est ce que vous devez être. Vous pouvez même être plus en colère encore, car nous devons changer le système. Vous me posez des tas de questions et c'est super, parce que nous devons y répondre. Mais nous devons le faire ensemble. Seul, je n'ai pas toutes les réponses mais à nous tous, on peut y arriver. Les réponses sont complexes et pas les mêmes dans toutes les parties du monde. Par exemple, dans cette région du Kenya, les enfants n'ont pas assez de protéines animales dans leur alimentation. Ils ont besoin de plus de lait, de beurre, d'œufs, de fromage… de tout ! Pour subvenir aux besoins du milliard de personnes qui ne mangent pas assez de protéines, nous devons trouver de meilleurs moyens de les produire, tout en les réduisant drastiquement dans d'autres contrées du monde.

Il existe aussi des protéines végétales.

Oui, mais n'oubliez pas que nous sommes ici dans des écosystèmes très arides, où il est difficile de faire pousser des légumes et des céréales. En plus, ça enlèverait l'espace nécessaire à la faune et à la flore. Il est délicat de partager ce type d'espace avec la mégafaune, car les éléphants mangent les récoltes et on ne peut pas y faire grand-chose. Alors que quand vous avez du bétail, vous pouvez partager la terre. Répondre à nos besoins de manière durable, tout en s'adaptant à chaque contexte, est un grand défi...

Quels sont ces oiseaux que l'on voit sur notre gauche ?

Ce sont des pintades vulturine. Elles ont un système de communication incroyablement sophistiqué. Avec leurs belles plumes bleues, elles ressemblent à des dinosaures miniatures, n'est-ce pas ? Il y a aussi des impalas, là, juste devant. Ce sont des jeunes mâles, ils aiment traîner ensemble.

Est-ce que cela continue à vous rendre heureux quand vous voyez tous ces animaux évoluer dans la nature ?

Absolument ! C'est l'une des raisons pour lesquelles nous avons besoin de la faune sauvage. Simplement pour nous rappeler ce qu'est la beauté, la vérité, l'amour... Voir des animaux se déplacer dans le monde est l'une des choses les plus magiques qui soient et je ne me lasserai jamais de les observer. Vous voyez le drongo, l'oiseau perché dans cet arbre ? Il suit les animaux, mange les mouches et surveille le coin. S'il voit un prédateur dans la brousse, il prévient immédiatement les impalas. Regardez, l'un d'entre eux fait caca. Si vous étiez l'un de mes étudiants, vous courriez là-bas pour ramasser cet échantillon de première fraîcheur, car il nous renseigne sur ce que l'animal a mangé, sur sa santé, ses parasites... c'est une mine d'or d'informations !

Et là, qu'est-ce que c'est ?

Ce sont des dik-diks, la plus petite des antilopes. Nous avons à la fois les plus grandes, avec l'élan et le koudou, et la plus petite. Les dik-diks sont très liés. Ils vivent en famille et restent ensemble pour la vie. Nous avons donc là une mère, un père et leur bébé. Vous les verrez toujours au même endroit, car ce sont des animaux territoriaux. La pluie que nous avons eue récemment a vraiment été bénéfique, car il y a maintenant une grande quantité d'herbe, les animaux sont très heureux. Elle est d'autant plus précieuse que nous entrons dans la saison sèche.

Est-ce un oiseau de proie sur cet arbre ?

Oui, c'est un autour des palombes de l'Est, bien repéré ! Il utilise ses longues pattes pour capturer serpents et rongeurs. Les vautours et les oiseaux de proie font partie des groupes actuellement les plus en danger, car ils souffrent des pesticides utilisés dans les zones agricoles et que l'on retrouve dans la chaîne alimentaire. Les oiseaux en sont vraiment affectés. Ce qui veut dire que même si nous sommes dans une zone sauvage magnifiquement protégée, les activités qui ont lieu à des kilomètres de distance peuvent avoir un impact sur la faune. Regardez, voilà le zèbre de Grévy. Nous avons là un magnifique étalon, tout seul, qui prend la pose. C'est un des animaux les plus menacés du Kenya, alors qu'il fait partie des espèces parmi les plus anciennes. Il y a quelques décennies, ils étaient des dizaines de milliers et maintenant, il n'en reste plus que 2 800. Plus loin, vous pouvez apercevoir des zèbres ordinaires. Le Grévy a des rayures beaucoup plus fines, le ventre blanc et de grandes oreilles. Vous avez remarqué comme il est beaucoup plus grand ?

Pourquoi est-il seul ?

Les mâles délimitent des territoires et attendent les femelles. Ce jeune étalon défend cette belle zone ouverte avec beaucoup de bonnes herbes contre les autres mâles. Regardez ici, une sauterelle. On en trouve 10 à 20 tonnes par kilomètre carré et elles mangent cinq fois leur poids corporel, soit entre 50 et 100 tonnes de végétation par jour. Les éléphants mangent beaucoup, mais en proportion, pas autant que les sauterelles ! Et là vous avez l'outarde à ventre blanc. C'est l'un des oiseaux les plus lourds qui puissent voler.

Avez-vous des aigles harpies dans la réserve ?

Non, mais nous avons des aigles martiaux et des aigles de Verreaux, qui sont très semblables. Leur grande taille leur permet de chasser les impalas, les dik-diks et les phacochères. Regardez l'éléphant, juste là, derrière le buisson. Voilà pourquoi il doit passer la plupart de son temps à manger, la nourriture qu'il trouve est très pauvre en nutriments. Observez le sol, vous voyez tous ces excréments ? En les répandant de la sorte, ils participent à rendre l'écosystème plus diversifié.

Pouvons-nous nous approcher un peu plus ?

Il est très détendu en ce moment, mais je ne pense pas que nous aimerions nous frotter à un éléphant mâle de 5 tonnes.

Vous êtes-vous déjà approchée suffisamment près d'un éléphant pour pouvoir le toucher ?

Lorsque les vétérinaires les soignent, nous pouvons les examiner. Je m'intéresse particulièrement aux poux qu'ils ont sur leur queue et leurs oreilles. Ils sont étroitement liés à ceux que l'on trouve sur les phacochères et nous essayons de déterminer qui a donné des poux à qui.

Cette région serait-elle différente sans l'influence des éléphants ?

À bien des égards, ils font partie des espèces clés qu'on appelle *ingénieurs des écosystèmes*, car ils en modifient profondément la physionomie. Chaque jour, les éléphants façonnent la terre, dont ils transforment la forme et la structure. Ils mangent énormément de plantes différentes, laissent de la bouse, cassent des arbres, dispersent les graines, recyclent les nutriments... Ils creusent des trous comme celui que l'on voit là-bas et en barbotant dedans, ils participent à le garder viable, frais et actif, cela crée un microhabitat. Sans eux, ce paysage serait beaucoup plus pauvre, il y aurait moins d'espèces et le territoire ne pourrait supporter l'incroyable diversité de mammifères que nous avons vus ce matin. Cela dit, l'impact le plus considérable ne vient pas des éléphants, mais de certaines créatures minuscules comme les fourmis que vous apercevez ici. Regardez-les comme elles sont occupées ! Il fait chaud maintenant, alors elles ralentissent un peu leur activité, mais vous pouvez les voir revenir le long des sentiers. En voilà une qui transporte de la nourriture.

Comment s'appellent-elles ?

Ce sont des fourmis moissonneuses, des espèces très célèbres que nous connaissons depuis longtemps. Ce sont des ingénieurs des écosystèmes à une échelle très importante.

Chaque espèce ne serait-elle pas, en quelque sorte, un ingénieur des écosystèmes ?

De nombreuses espèces sont en interaction avec les autres, mais celles que nous appelons les ingénieurs des écosystèmes sont celles qui les modifient physiquement. Avec les termites, les fourmis moissonneuses figurent parmi les espèces les plus importantes que nous ayons. Si nous devions les perdre, la vie telle que nous la connaissons prendrait fin. Elles se situent à l'étape décisive pour la nutrition qui provient des plantes : elles jouent un rôle fondamental dans l'aération du sol et ce sont elles qui recyclent et dispersent les graines de très nombreuses plantes à travers la savane, leur permettant de se disséminer dans le paysage.

Combien de temps peut vivre une fourmilière comme celle-là ?

Ce nid est là depuis plus de cinquante ans. C'est une société féminine, ce qui veut dire que chaque fourmi que vous observez est une femelle. Elles sont toutes sœurs et vivent dans cette famille étonnamment unie. Au fond, à 5 m sous terre, se trouve la reine, la mère de toute cette colonie.

Où sont les mâles ?

Les mâles sont produits pour une courte période seulement. Ils s'accouplent et puis ils meurent...

Combien y a-t-il de fourmis dans une colonie comme celle-ci ?

Elle peut compter deux à dix millions de fourmis ouvrières.

Y a-t-il d'autres entrées ?

Oui, mais elles les cachent pour se protéger des prédateurs. Et s'il commence à pleuvoir ou qu'un prédateur arrive, elles ferment aussi l'entrée principale. Remarquez la manière dont elles déplacent les graines, elles s'entraident. Les plus petites transportent les graines pendant que les plus grandes les cassent. À l'intérieur des nids, il y en a avec de plus grosses têtes encore, que nous appelons les super-majors, et qui restent assises à briser les graines en petits morceaux. Vous pouvez voir ici des semences d'*herbe de l'amour*, que l'on nomme ainsi à cause de la façon dont elles se tiennent ensemble. Quand les fourmis les portent, certaines se cassent. C'est ainsi qu'elles participent à les disperser et donc à leur permettre de survivre.

Sans les fourmis, ce paysage serait donc inexistant ?

Sans elles, il n'y aurait pas de prairie. Et sans prairie, pas d'animaux. Les fourmis font partie de ces écosystèmes depuis des centaines de millions d'années, elles en sont l'une des espèces clés. Plus généralement, les insectes sont probablement l'un des groupes les plus importants que nous ayons en termes de faune et de flore. Or, nous bousculons les équilibres de la planète au point que même eux, qui sont pourtant l'une des forces les plus puissantes qui soient, commencent à être affectés. C'est une grande alerte. Si nous disparaissions demain, les fourmis ne le remarqueraient probablement pas. Mais si elles venaient à disparaître, en revanche, la vie telle que nous la connaissons prendrait fin. Ces minuscules créatures sont fondamentales pour la savane. Elles sont, comme l'a dit le célèbre biologiste E. O. Wilson, "les petites choses qui font tourner le monde".

Pensez-vous que nous puissions reproduire ailleurs cette forme de coexistence avec la nature que l'on observe ici ?

Absolument ! En le faisant à petite échelle, on peut y arriver. Un des grands défis de notre époque consiste à laisser suffisamment d'espace pour la nature et les animaux sauvages qui sont là depuis des centaines de millions d'années. Nos systèmes sont destructeurs et nous devons les changer. Nous pouvons commencer par examiner où et comment la nourriture est produite, être vigilants à la quantité d'eau qu'on utilise, investir davantage dans l'énergie solaire plutôt que d'utiliser des générateurs, du charbon ou du pétrole qui contribuent au changement climatique... Ce sont de petits gestes, mais si tout le monde les faisait, l'impact serait immense. Au Kenya, l'énergie du pays provient de plus en plus du vent, de la géothermie, de l'hydroélectricité et du solaire. À Mpala, 100 % de nos besoins sont couverts par le soleil, y compris l'électricité et l'Internet nécessaires à nos scientifiques. Mais il est vrai que cela a demandé beaucoup de ressources et que, pour l'heure, ça coûte cher. C'est pourquoi nous devons investir dans la technologie et trouver une façon encore plus efficace de capturer l'énergie du soleil.

Notre technologie a si souvent des répercussions négatives que nous pouvons nous demander si, plutôt que de toujours chercher à innover, il ne s'agirait pas d'abord de moins gaspiller ?

Oui, mais je vous pose une question. Si je vous laissais dehors sans vêtements, sans lunettes ni téléphone, combien de temps penseriez-vous survivre ? Il existe une loi dans l'univers qui veut que l'énergie ne soit ni créée ni détruite. Nous pourrions utiliser ce principe pour revoir nos systèmes énergétiques, en supprimer le gaspillage et chercher à obtenir un flux circulaire et efficace. C'est essentiellement ce que fait la vie. Les plantes font de la photosynthèse, les animaux s'en nourrissent et tout l'écosystème fonctionne grâce à ces flux d'énergie et de nutriments. Les humains ont, en quelque sorte, mis cela sens dessus dessous avec la technologie, mais nous pouvons utiliser cette même technologie pour résoudre le problème.

Pour autant, les panneaux solaires actuels nécessitent des matières premières qui sont extraites par des enfants dans des mines à l'autre bout du monde...

Nous devons nous assurer que ces nouvelles technologies sont produites de manière durable et responsable oui. Et en tant que consommateurs, nous avons un rôle à jouer. Nous pouvons choisir de soutenir un système qui n'endommage pas la terre. Les écosystèmes sont résilients, la vie est capable de s'adapter et c'est un élément clé que nous partageons avec elle. Pensez aux voyages autour du monde. Nous parvenons à vivre aussi bien dans des endroits glacials que torrides. Partout, nous nous épanouissons. Alors avec les adaptations que nous pouvons apporter à notre technologie, nous pourrions réellement faire une différence. Nous devons nous poser de nouvelles questions et y répondre grâce à la science. Faire des prévisions et construire des modèles. C'est ce que nous faisons ici. Nous récoltons des données sur les animaux, nous regardons leurs déplacements, puis nous allons parler à nos voisins et au gouvernement. Nous signalons que tel ou tel morceau de terre est important pour la migration des éléphants et qu'il ne faut ni l'exploiter ni le clôturer. Nous avons besoin de bonnes données pour adapter notre conduite et nous avons la capacité de le faire !

Mais nous ne savons pas encore vraiment comment tout fonctionne et chaque jour nous découvrons de nouvelles choses… c'est compliqué.

Oui, c'est compliqué. Mais c'est aussi une question de seuil. Si nous dépassons certains seuils, les générations à venir pourraient avoir à prendre des décisions très difficiles. Mais si nous nous occupons dès aujourd'hui de la faune, des forêts, des océans, des récifs coralliens, des montagnes, des prairies et des savanes, tout ira bien. N'oublions pas à quel point la vie est florissante. Depuis des milliards d'années, elle s'adapte. Dans chaque recoin, chaque partie du monde, dans toutes les conditions. Pour moi, c'est une leçon. En tant que biologiste, je dirais que maintenir le plus de diversité possible est la solution. L'univers nous a offert ces ressources extraordinaires, qui ont traversé des millions d'années d'évolution. Nous n'avons pas le droit de les détruire, de les brûler ou de les manger. Nous avons le droit et le devoir de les protéger. Et de trouver de la place dans nos cœurs pour toutes ces espèces, car nous ne protégeons que ce que nous aimons.

Bella et Vipulan au Kenya alors qu'un barrissement d'éléphant vient d'interrompre leur conversation.

***

Faire de la place dans nos cœurs signifie aussi faire de la place tout court. Car comme nous l'avons évoqué précédemment, la destruction des habitats à travers l'agriculture industrielle, l'artificialisation des espaces terrestres et marins, est la première cause de destruction de la biodiversité mondiale*. Près de 50 % des espèces et des populations disparaîtraient pour cette raison, loin devant la surexploitation (chasse ou pêche –24%), les maladies ou la présence d'espèces invasives (13 %), la pollution (7 %) ou le réchauffement climatique (6 %).

Nous avons beaucoup parlé des grandes cultures, qui grignotent forêts, bocages et haies, mais il faut aussi évoquer l'urbanisation, qui est plus destructrice encore. Dans le monde entier, l'artificialisation des sols a connu une accélération phénoménale depuis les années 1950 et, malgré les déclarations de bonnes intentions des

* Rapport *Planète Vivante* du WWF 2020, www.wwf.fr/rapport-planete-vivante

Mégapole de Los Angeles. Son agglomération élargie s'étend sur 250 km sur 100 km.

gouvernements, elle ne faiblit pas. Notre planète se couvre inexorablement de routes qui conduisent à d'autres routes pour desservir lotissements, zones industrielles et commerciales, villes tentaculaires…

Rien qu'en France et pour la seule année 2017, 23 907 hectares ont été grignotés par l'urbanisation aux dépens des espaces naturels et agricoles. Autrement dit, la surface de la ville de Marseille… Selon l'Office français de la biodiversité, la France perdrait l'équivalent d'un département de terres agricoles et d'espaces naturels tous les dix ans. On artificialise majoritairement pour construire des logements (68 %), mais aussi pour développer des activités économiques (25 %)*. Le fait que nous soyons de plus en plus nombreux sur la planète et que, dans un certain nombre de pays comme la France ou les États-Unis, la maison individuelle soit perçue comme *"le logement idéal"* (c'est le cas de 80 % des Français) instaure une féroce compétition entre espaces agricoles, urbains et sauvages. Or, ce modèle n'est pas soutenable à long terme. Étalement urbain, dépendance accrue à la voiture, zones toujours plus grandes soustraites au monde sauvage… Le summum est sans doute atteint à Los Angeles, ville pavillonnaire géante qui s'étend sur 10 000 km^2 (100 km sur 100 km). La ville à perte de vue. Nous l'avons filmée avec un drone de retour des Channel Islands (voir plus loin), et cette vision a quelque chose à la fois de terrifiant, et de fascinant. Vu du sol, nous ne mesurons pas à quel point nous avons annexé les espaces de cette planète. Vu du ciel, notre emprise apparaît comme monstrueuse. Des millions de petits cubes entourés de petits rectangles d'une maigre végétation, collés les uns aux autres en une mosaïque interminable. Plus assez d'arbres, d'eau, de terre… pour que de grands mammifères s'épanouissent. Comme l'évoquaient trois journalistes du *Monde* dans un dossier dédié en 2020, "L'urbanisme

* Rapport du Cerema en 2020, www.cerema.fr/fr/actualites/artificialisation-sols-quelle-dynamique

est mis au défi d'inventer des maisons mitoyennes, des hameaux compacts, des petits immeubles avec jardin privatif, de densifier en douceur le pavillonnaire existant, d'insuffler de l'urbanité dans les lotissements[1]". Les êtres humains ont tellement pris de place qu'il est désormais impossible pour certains animaux sauvages de disposer de territoires à leur mesure. Sauf si... Sauf si nous inventons d'autres moyens de partager l'espace. C'est l'expérience exceptionnelle que conduisent Elizabeth Hadly et son équipe dans la réserve naturelle de Jasper Ridge, à quelques minutes de l'université de Stanford et en plein milieu de la Silicon Valley. Dans une zone où se massent près de 7 millions d'habitants, une oasis de verdure et de biodiversité a permis aux pumas de faire leur grand retour, et à l'équipe de Liz d'étudier leurs comportements. Liz Hadly et Tony Barnosky (qui a ouvert ces entretiens) sont deux scientifiques d'exception que nous avions déjà interviewés pour le film *Demain* et que nous sommes retournés voir pour *Animal*. Liz a un doctorat en biologie intégrative de l'université de Berkeley, et enseigne au département de biologie de l'université de Stanford où elle est titulaire de la chaire en sciences de l'environnement. Elle dirige un laboratoire de recherche où elle étudie les liens qui unissent les animaux de Jasper Ridge. Elle est également à l'origine de la célèbre expérience de réintroduction des loups dans le parc de Yellowstone. C'est l'une des femmes les plus passionnées que j'aie jamais rencontrée. D'ailleurs, lorsque nous étions dans l'ascenseur montant à son laboratoire, un de ses collègues, intrigué par tout notre matériel, nous a interrogés sur la raison de notre présence. Lorsque nous lui avons dit où nous allions il s'est écrié : "Le labo d'Elizabeth Hadly ? Qu'est-ce qu'elle a encore inventé pour changer le monde ?"

LA CASCADE TROPHIQUE ET LES SUPERPRÉDATEURS

Rencontre avec Liz Hadly

À notre arrivée dans la réserve de Jasper Ridge, Liz a commencé par nous montrer un énorme dessin encadré sur l'un des murs du bâtiment où travaille la petite équipe qu'elle dirige avec Tony. Tout autour, par les grandes baies vitrées, nous pouvions apercevoir la forêt dense dans laquelle nous n'allions pas tarder à nous enfoncer.

Sur ce dessin, nous avons représenté chaque espèce vivant ou ayant vécu à Jasper Ridge depuis 3,8 milliards d'années. Nous l'avons appelé "l'arbre de vie". On voit bien que, même dans un endroit petit comme celui-ci, la diversité est prodigieuse. Dans l'histoire évolutive du vivant, les premiers organismes que l'on trouve sont les archées et les bactéries, que vous voyez ici. Puis, nous avons les prêles et les fougères, les séquoias et les pins, qui sont des conifères, et les plantes à fleurs, dites angiospermes, qui constituent la plupart de celles que nous avons actuellement à Jasper Ridge. Les mammifères, les oiseaux et les reptiles se sont séparés il y a environ quatre cents millions d'années, pour poursuivre leur propre trajectoire d'évolution. On voit les rongeurs, les primates, les lapins et les lièvres, les taupes, les musaraignes et les chauves-souris, là, les carnivores avec les lynx, les renards et les coyotes, et bien sûr les

3,800 Ma
common ancestors used DNA molecules to store information

The Jasper Ridge Tree of Life

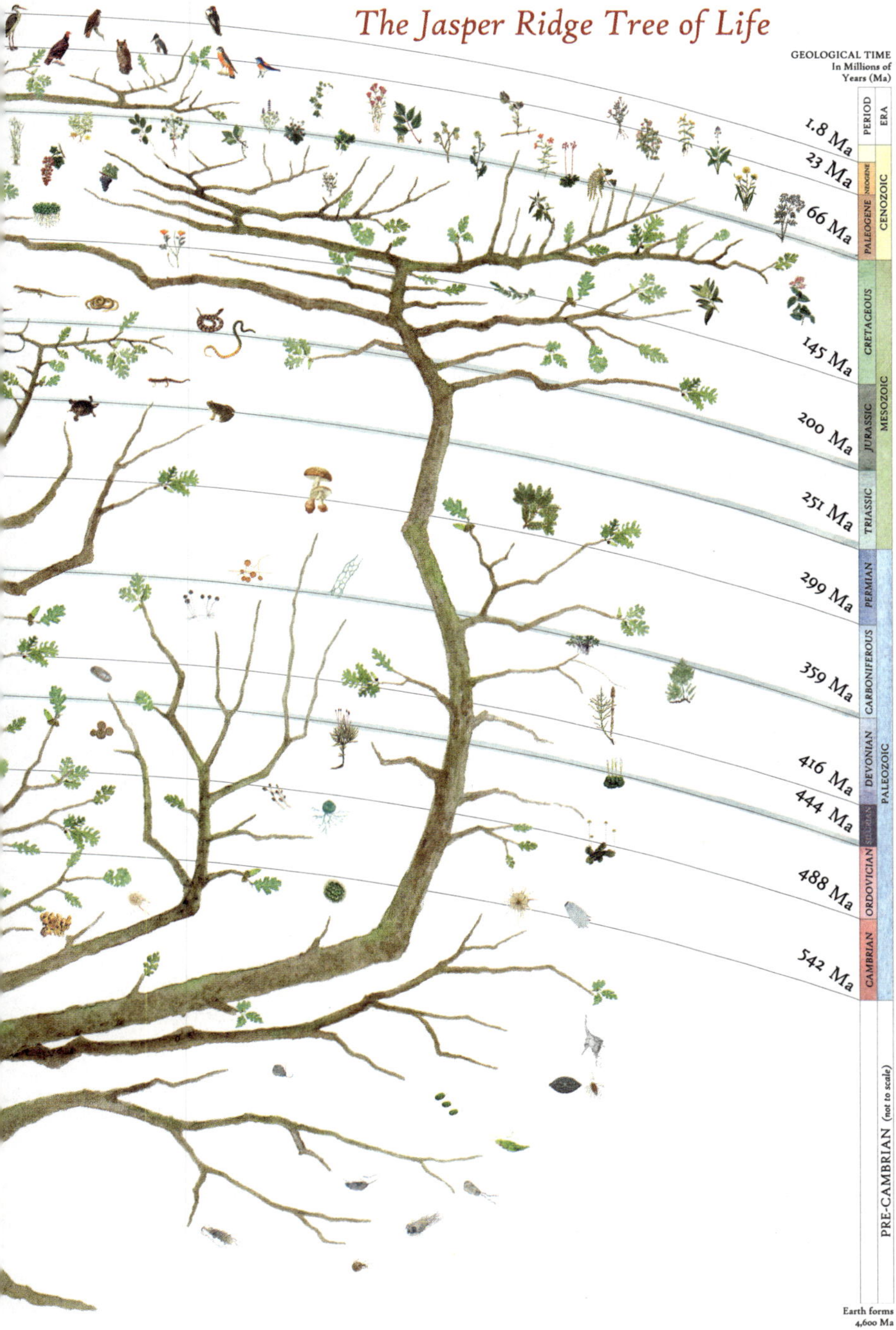

humains, avec les Amérindiens, qui étaient présents avant que les Espagnols n'arrivent dans les années 1700. En haut à gauche, vous avez les mouffettes, les ratons laveurs, les belettes et les blaireaux, qui font partie de la famille des mustélidés. Puis, les brouteurs, représentés par les cervidés. Et enfin les prédateurs de pointe, avec les pumas et les oiseaux de proie comme les aigles, les faucons, les hiboux et les hérons. Quand on trouve tous ces superprédateurs et, qu'au sommet, on a les pumas, cela signifie que l'écosystème est en bonne forme, qu'il est en capacité de les soutenir.

En protégeant le prédateur supérieur, vous préservez donc l'ensemble de l'écosystème ?

En protégeant le puma, nous restons fidèles à la diversité représentée sur l'arbre de vie. Les informations qu'il contient sont très importantes, car elles nous aident à comprendre la manière dont les écosystèmes se sont construits et continuent d'évoluer. L'équilibre de Jasper Ridge passe par chacun de ces organismes. Il y a des décomposeurs, avec les bactéries et certaines catégories de champignons, les consommateurs primaires, secondaires et tertiaires, tous ces organismes qui mangent des plantes et sont ensuite mangés à leur tour et enfin, les prédateurs supérieurs qui se nourrissent essentiellement de viande.

Pouvons-nous utiliser l'arbre de vie pour comprendre la sixième extinction de masse des espèces ?

Absolument ! Regardez la diversification du vivant et le temps long que ça implique. On peut remarquer que les chats, les chiens, les mouffettes, les ratons laveurs et les belettes sont étroitement liés, parce qu'ils sont sur cette même branche. C'est ce que fait l'évolution. Elle prend des relations étroites et les fait légèrement diverger au fil du temps, en utilisant toujours l'énergie le plus efficacement possible. Les plantes, par exemple, utilisent l'énergie solaire pour la transformer en biomasse. Ces dernières années, nous avons appris que 75 % des insectes avaient disparu de certaines régions en l'espace de très peu de temps. Or, grâce à cet arbre de vie, on peut comprendre leur rôle. On voit notamment qu'une grande partie des plantes s'en servent pour se polliniser, de même que les oiseaux et les mammifères pour répandre leurs graines. Et donc, se reproduire. Si on commence soudainement à supprimer des espèces, tout ce qui en dépend sera par conséquent aussi menacé. En portant atteinte à la diversité, en élaguant l'arbre de vie, on cause des impacts inattendus à tous les échelons.

Tout est donc interconnecté.

Tellement ! Prenons l'exemple des tiques, ces acariens porteurs de la maladie de Lyme, qui cause de très fortes douleurs articulaires. Au stade de nymphes, elles aiment utiliser les lézards. Puis, quand elles se métamorphosent et deviennent adultes, elles s'attachent aux cerfs. En régulant les populations de cervidés, le puma permet ainsi de contenir la maladie de Lyme. De manière indirecte, il assure un service écosystémique qui profite aux humains. Grâce à son retour, nous démêlons peu à peu la cascade trophique de la réserve de Jasper Ridge. Quand on apporte de la perturbation, on voit à quel point certaines relations sont fortes et d'autres faibles. Or, le changement climatique déstabilise tout en même temps et cause des résultats inattendus. C'est extrêmement complexe et nous avons encore très peu d'idées sur la façon dont ça fonctionne. Mais ce qui est sûr, c'est qu'on ne peut ignorer les services rendus par la présence d'un prédateur, ni la façon dont les choses sont interconnectées. Il ne s'agit pas simplement d'un nom sur une liste, mais d'un animal qui a sa place dans l'arbre de vie.

Tant de gens mettent notre espèce à part, un peu comme sur un piédestal, alors qu'on voit bien sur l'arbre de vie que nous ne sommes qu'une branche parmi les autres.

Nous ne sommes définitivement qu'une espèce parmi les autres. Ici, sur le continent américain, les hommes sont arrivés tardivement. Ils n'habitent cet écosystème que depuis quinze mille ans environ et nous avons beaucoup appris en réfléchissant à la façon dont ils vivaient sur cette terre. Les Amérindiens utilisaient beaucoup le ruisseau, car ils mangeaient du poisson. Ils allaient jusqu'à la baie pour pêcher et chasser, c'était une part importante de leur vie. À l'automne, ils récoltaient des glands. Nous cherchons les traces archéologiques et regardons, par exemple, s'il y a une différence dans les espèces d'animaux et de plantes présentes à l'époque par rapport à maintenant.

Quelles traces de leur culture retrouvez-vous dans la réserve ?

Il y a beaucoup d'artefacts lithiques, des roches sculptées dans les endroits où ils passaient beaucoup de temps. On retrouve aussi des fosses à feu, qui permettent de savoir où étaient les villages. Les premières nations, les Ohlones, ont vécu ici pendant un long moment. Ils étaient là en même temps que les Espagnols, vers les années 1700. Nous avons pas mal de récits sur eux dont un très bon livre historique, *The Ohlone Way**. Il décrit par exemple la manière dont ils utilisaient le feu pour façonner le paysage, régénérer une partie du sous-étage et encourager la croissance fraîche, qui profite aux animaux. Nous développons l'idée que par le passé, de grands incendies ont été évités grâce aux feux périodiques que les Muwekma Ohlone allumaient. Alors qu'actuellement, nous sommes un peu comme sur une poudrière, il y a beaucoup à brûler.

Les Amérindiens avaient une meilleure relation avec la terre que nous ?

Ici, les autochtones étaient très proches de leur environnement car ils n'avaient pas le choix. Nous, nous avons des maisons, du chauffage,

* Malcolm Margolin, *The Ohlone Way. Indian Life in the San Francisco-Monterey Bay Area*, Heyday Book, 1997.

de la climatisation, ainsi que des aliments que nous pouvons conserver dans un réfrigérateur quand il fait un peu trop chaud ou qu'une récolte vient à manquer... alors que la majorité des gens sur la planète ne peut pas agir ainsi. Quand les récoltes sont mauvaises, ils n'ont rien à manger et quand un feu brûle leur forêt, ils n'ont nulle part où aller. Ils doivent comprendre finement le territoire qu'ils habitent. Mais il ne faut pas les idéaliser pour autant. Ce ne sont pas des êtres parfaits et ils ont certainement laissé leur impact à certains endroits, ne serait-ce que par les brûlis dont nous parlions à l'instant. Une fois le contexte posé, chaussures de marche aux pieds, nous nous sommes enfoncés dans la réserve par les petits sentiers bordés de végétation méditerranéenne, jusqu'à parvenir au pied de séquoias géants à couper le souffle. Nous arrivons maintenant dans un de mes endroits préférés, où l'on peut observer une grande diversité de végétation. Il y a un ruisseau, juste ici, et là, cette zone ombragée agréablement fraîche, avec ces séquoias très anciens.

C'est tellement beau ici, qu'on a envie de chuchoter. C'est presque comme si nous ne devions pas être là...

C'est un endroit particulièrement paisible et silencieux, en effet. Vous voyez ces séquoias juste derrière ? Pendant des milliers d'années, les peuples premiers vivaient dans la forêt. Puis, quand les Espagnols sont arrivés, ils ont coupé beaucoup de bois pour construire des missions et des maisons, et ils ont tout défriché. Ces séquoias sont donc des secondes pousses. Ils n'ont probablement pas plus de cent cinquante ou deux cents ans, ce qui fait que nous sommes dans une forêt très ancienne qui, paradoxalement, est très jeune. Et ce qu'elle démontre est très puissant. Elle est la preuve que lorsqu'on laisse faire la nature, quand on la laisse réparer ses blessures, la vie l'emporte !

Le séquoia est-il particulier à ce type de climat ?

Les séquoias dépendent du brouillard de l'océan Pacifique, qui arrive par le sommet des collines que vous voyez là, avant de descendre et de s'installer ici, dans la vallée. L'humidité est très importante pour eux, c'est pourquoi on ne les trouve pas dans d'autres endroits de la Californie qui ne sont pas exposés au brouillard. Les séquoias sont les plus grands arbres de la planète. Ils se régénèrent à partir d'une plante mère, qui est probablement apparue ici même. Ceux que vous voyez sont donc les restes de la grand-mère de ces bébés. Leurs racines poussent comme des plantes, un peu comme celles que vous apercevez, là, sur le sol. Certaines s'accrochent et continuent à vivre, d'autres non, mais toutes proviennent de la même origine, probablement d'un seul individu.

C'est incroyable !

Ce lieu est effectivement très spécial. C'est sans doute l'un des plus étonnants de Jasper Ridge. Il est comme ressuscité.

Avez-vous déjà vu un puma dans les environs ?

Les pumas sont très discrets. On ne les voit pas, mais nous avons des preuves de leur présence, grâce aux excréments et aux carcasses de cerfs que nous retrouvons. Voilà justement une crotte. On peut voir qu'elle est vieille, car elle est blanche et un peu dégradée.

Vous voyez donc plus de preuves de leur présence que de vrais pumas ?

Oui, et l'une des choses qui nous renseigne le plus sur leur présence sont les pièges vidéo. Dès que quelque chose bouge devant l'appareil, il se met à filmer. Parfois, l'enregistrement dure plusieurs jours et nous pouvons minutieusement reconstituer tout ce qu'il s'est passé. Au cours des dernières décennies, nos caméras ont ainsi enregistré tout un tas d'histoires sur les animaux et la manière dont ils interagissent. On a pu

Tony Barnosky, Cyril et Alexandre (le chef opérateur) sous les séquoias géants.

voir que certains ont connu un boom, tandis que d'autres ont diminué. Mais la partie la plus importante de l'histoire, c'est celle du superprédateur, celui qui est au sommet de la chaîne alimentaire. À Jasper Ridge, c'est le puma. Depuis plusieurs années, il est revenu en force, ce qui signifie que l'écosystème fonctionne bien, qu'il est en capacité de l'accueillir. Inversement, le superprédateur exerce un contrôle. La plupart des gens en ont peur ou l'aiment bien parce qu'il est charismatique, mais ce qu'ils ne savent pas, c'est qu'il joue un vrai rôle dans l'écosystème.

L'être humain est-il un superprédateur ?

Nous sommes plus influents encore qu'un superprédateur, parce que nous nous attaquons aussi à eux. Plus que toute autre espèce, nous exerçons une force considérable sur les écosystèmes du monde entier. Les humains sont intéressants, parce qu'ils ont évolué à partir d'herbivores issus de la guilde des primates, mais ils sont aussi omnivores. Alors que certains d'entre nous ne mangent pratiquement que de la viande, d'autres n'en consomment jamais... C'est comme si nous pouvions subsister avec presque n'importe quoi. Une des choses qui rend l'évolution si belle, c'est qu'au fil du temps, elle a permis aux êtres vivants de subsister en s'associant. C'est ce qu'on appelle la coévolution. Une espèce favorise l'existence d'une autre espèce, qui permet à son tour à une autre de vivre... Et c'est exactement ce qui est menacé en ce moment, car en retirant des morceaux de cette chaîne de relations, c'est l'ensemble du système que l'on fragilise.

L'être humain a-t-il également coévolué avec d'autres espèces ? Y en a-t-il qui dépendent de nous pour leur survie ?

Je pense que oui. Pensons ne serait-ce qu'à l'agriculture. Pendant des milliers d'années, nous avons sélectionné des plantes sauvages, nous avons choisi les plus grosses graines, les plus adaptées, durables, faciles à récolter... Par cette sélection, nous avons créé un groupe d'organismes avec lequel nous avons coévolué. Autre exemple, les espèces commensales comme le pigeon, le moineau, le rat ou la souris domestique, qui ont compris que nous récoltions et empilions nos ressources. Quelle bonne nourriture pour eux ! Tout naturellement, elles se sont donc rapprochées de nous et coexistent sur notre territoire. Il y a aussi ces animaux que nous avons domestiqués, comme les chats, les chiens, les chevaux, les moutons ou les vaches, et que nous avons choisis pour des qualités qui nous arrangent : le chat s'attaque aux souris, le chien protège et avertit, le mouton fournit de la viande et entretient les prairies... Même les animaux sauvages ont, quelque part, été sélectionnés pour leur tolérance envers nous. Prenons l'exemple de l'Inde, où vivent deux espèces de très gros félins, les tigres et les léopards. Tandis que les premiers ne se portent pas bien, les seconds prospèrent. Savez-vous pourquoi ? Parce que les tigres, qui mangent de grands herbivores, ne peuvent vivre que dans quelques zones protégées où ces derniers s'épanouissent. À l'inverse, les léopards vivent en marge des communautés humaines, où ils se nourrissent de chiens sauvages et de déchets. Cette coexistence est intéressante pour eux, elle favorise leur espèce.

Mais n'est-ce pas gênant que la planète entière soit modelée par une seule de ses espèces, juste pour qu'elle lui profite ?

Si, bien entendu. D'autant plus que non seulement nous modelons la planète mais, depuis le début du XXe siècle, nous le faisons même de mieux en mieux. Certains scientifiques pensent que l'Anthropocène, cette nouvelle ère géologique impulsée par les activités humaines, commence vers les années 1950, au moment où notre croissance démographique s'est mise à augmenter de manière considérable. Notre façon de vivre, de nous nourrir, d'habiter, de produire de l'énergie... a un impact immense sur la planète. Oh ! Vous avez entendu ça ?

C'est un aigle ?

Non, mais c'est effectivement un son de communication entre deux oiseaux... Regardons maintenant ce qu'a enregistré ce piège caméra que vous voyez là, camouflé dans ce bosquet de séquoias. Le détecteur de mouvement est ici. La lumière qui en sort ne dérange pas les animaux, car c'est de l'infrarouge. L'autre jour, nous avons vu un puma poursuivant un écureuil. C'était une mère avec trois petits. Voici d'ailleurs les restes de son repas. *(Elle montre un cadavre d'écureuil au sol entre les feuilles.)* C'est vieux de quelques jours. Et là, sur la caméra, on aperçoit une femelle puma qui court après. C'est étonnant, car l'écureuil est très petit pour elle. Ce n'est pas une source de nourriture assez importante et pourtant, elle l'a tué quand même et ne l'a même pas entièrement consommé, alors qu'elle peut l'engloutir en quelques bouchées. On pense qu'elle a voulu montrer à ses petits comment chasser.

En tant que superprédateurs, les pumas contrôlent-ils les populations d'écureuils ?

À quelques exceptions près, ils interagissent très peu avec eux. Ils exercent en revanche un grand contrôle sur le reste du système, et en particulier sur les populations de cerfs qui constituent leur première source de nourriture, mais aussi sur d'autres prédateurs comme les renards, les coyotes ou les lynx, et toutes sortes de petits carnivores comme les belettes ou les mouffettes. Le puma est très répandu sur le continent américain. On le trouve de la pointe de la Terre de Feu, en Amérique du Sud, jusqu'au Canada. C'est un animal calme et furtif, qui ne vit pas en grands groupes comme le loup, mais qui exerce un impact vraiment puissant sur les autres communautés.

Et lui, comment est-il contrôlé dans la chaîne alimentaire ?

En écologie, les populations peuvent être limitées de deux façons : du haut vers le bas, c'est-à-dire du superprédateur vers sa proie ou, à l'inverse, du bas vers le haut. Dans ce cas, ça repose surtout sur les sources de nourriture. C'est exactement ce qu'il se passe avec les pumas. Ils sont régulés par la quantité de proies qu'ils trouvent, car lorsqu'ils n'ont pas assez à manger, ils ne peuvent pas se reproduire. C'est ce qu'on appelle la cascade trophique : ces forces qui, de haut en bas comme de bas en haut, s'exercent sur les espèces. D'autres éléments comme les maladies et les agents pathogènes peuvent également intervenir à différents niveaux de l'écosystème. C'est un équilibre dynamique, qui montre la bonne santé et la résilience du système.

Combien y a-t-il de pumas dans la réserve ?

Entre deux et cinq à la fois, plus quelques bébés. C'est un nombre assez faible, car pour vivre, les pumas ont besoin d'un espace bien plus grand que ce que leur offre Jasper Ridge. Quand ils grandissent, les bébés ne peuvent donc pas tous vivre ici. Ils s'éloignent et se dispersent. Les pumas ont toujours été là, mais en très petit nombre. En 2013, nous avons néanmoins constaté une augmentation importante sur les pièges caméra et, dans le même temps, nous avons observé un déclin des cerfs et des coyotes. Nous sommes vraiment chanceux d'avoir cette parcelle de séquoias ici. Ces arbres, qui vivent des milliers d'années, procurent un endroit tranquille pour les animaux, et en particulier pour les pumas. C'est une autre facette de l'histoire, que nous découvrons grâce aux excréments des animaux.

Vous avez toujours l'air si enthousiaste quand vous parlez d'excréments !

Effectivement… (rires) C'est grâce à eux que nous parvenons à démêler l'histoire. Car ce n'est pas parce que nous voyons les pumas sur les caméras et les populations de cerfs décliner, que nous avons démontré quoi que ce soit. Il se peut que les cerfs soient simplement un peu plus timides, qu'ils n'aiment pas marcher devant les caméras ou n'empruntent plus les sentiers. Si ça se trouve, ils ont changé de comportement et passent plus de temps sous les arbres, ni plus ni moins. Et c'est probablement ce qu'ils font d'ailleurs ! Alors pour savoir s'il s'agit réellement d'une cascade trophique, nous devons connaître leur régime alimentaire. Ce que nous parvenons à faire en analysant le contenu des excréments de chaque animal, pour savoir avec certitude qui mange qui ! Regardez cette carcasse de cerf. Nous n'avons pas vu la mise à mort sur la caméra, mais nous avons aperçu le cerf en train de se déplacer, juste là, après quoi nous avons trouvé cette carcasse. Et la mère puma, elle, était ici avec ses bébés. Regardez la quantité de viande qui a été retirée. Les pumas sont les seuls à pouvoir tuer les cerfs, mais ils ne mangent pas tout, ce qui permet aux autres carnivores d'avoir un peu de viande. Renards, opossums, mouffettes... beaucoup d'animaux en profitent.

Pourquoi n'y a-t-il pas de mouches ou d'insectes sur la carcasse ?

Parce qu'elle est relativement vieille et qu'en ce moment, il fait assez froid. On voit d'ailleurs qu'elle commence à sécher. Mais les mouches vont venir et je suis sûre qu'il y a déjà des asticots. La dégradation de cette carcasse va se faire lentement, au fil du temps, à l'aide d'une succession d'espèces telles que des insectes ou des petits rongeurs. En outre, ces derniers en dépendent pour obtenir du calcium et autres nutriments. Puis, ce sera le tour des vautours.

Et que se passerait-il si on enlevait le puma de l'écosystème ?

À Jasper Ridge, nous avons réussi à montrer ce qu'il se passe quand on ajoute le puma dans le système. Grâce aux pièges caméra, nous avons observé une première chose qui a changé. C'est tellement intéressant quand on y pense... Les pumas aiment la nuit. Ils chassent au crépuscule et tôt le matin. Et, alors qu'on avait l'habitude de voir les cerfs durant la nuit, désormais, nos pièges caméra les filment dans la journée ! Pour éviter les pumas, les cerfs ont changé leur comportement. Et les coyotes font la même chose.

Pourquoi ?

Bonne question ! Nous l'avons compris en analysant le régime alimentaire des pumas. Nous avons pu démontrer qu'ils s'attaquaient aux coyotes, car tout comme les lions d'Afrique avec les lycaons et les hyènes, les pumas n'aiment pas les coyotes. Par conséquent, leur nombre diminue. Ce qui a permis à celui des renards d'augmenter. Or renards et coyotes n'ont pas les mêmes besoins. Ce sont deux espèces de canidés, mais les renards sont plus petits et davantage omnivores. Ils mangent aussi des insectes, des oiseaux, des petits mammifères, ainsi que des plantes fruitières qu'ils affectionnent particulièrement et dont ils transportent les graines *via* leurs déjections. Par conséquent, le fait que nous ayons plus de renards, se déplaçant plus largement dans la réserve, aura probablement un impact très important sur la végétation ! En résumé, nous avons obtenu une image plus précise du flux d'énergie de Jasper Ridge, des plantes vers les herbivores (principalement les lapins et les cerfs), puis vers les consommateurs secondaires (les petits prédateurs comme les renards et les coyotes) et enfin, vers les superprédateurs (comme les pumas). En regardant comment l'énergie circule, on raconte ainsi l'histoire des espèces, la manière dont elles existent et coexistent dans un système comme celui-ci, c'est vraiment génial !

À quoi ressemblerait le monde si nous éradiquions les superprédateurs ?

C'est là que nous avons besoin de l'arbre de vie. Car il nous montre que les superprédateurs sont au sommet du système écologique, que cela fait partie de l'histoire de l'évolution. Faucons, hiboux, aigles, loups, lions ou pumas, la plupart de ces grands prédateurs ont évolué relativement récemment, comparé au reste de la vie sur Terre. Ici comme ailleurs, il existe des organismes très anciens dont la lignée remonte à des centaines de millions d'années. Et ils coexistent avec des organismes relativement récents. Quand nous perdons des superprédateurs, c'est le signe que les choses se défont du haut vers le bas et que nous allons, par voie de conséquence, perdre de nombreuses autres espèces qui ont de très longues lignées derrière elles.

Sommes-nous aussi une jeune espèce ?

Nous sommes une espèce très jeune, oui. Deux cent mille ans seulement, et regardez ce que nous avons fait...

Pouvez-vous nous donner un exemple d'une très vieille espèce ?

À Jasper Ridge, nous avons une plante qui se nomme *equisetum*, aussi appelée prêle. Elle est très simple, et n'a pas le même type de système circulatoire que les plantes habituelles. Sa lignée est très ancienne, avec des ancêtres qui ont évolué pendant des centaines de millions d'années. Il est très important de comprendre que l'arbre de vie ne repose pas seulement sur le nombre d'espèces qu'il contient, car la biodiversité, c'est aussi une question d'âge, celui du génome des espèces, du temps qui s'est écoulé depuis qu'elles se sont séparées des autres. La végétation que vous apercevez là est en interaction constante avec les animaux. Vous voyez ces petits arbres là-bas ? Ce sont des bébés chênes et conifères. Ils sont très exposés et si vous vous approchez d'eux, vous verrez qu'ils ont été grignotés par les cerfs. Maintenant retournez-vous, et réalisez un balayage visuel en suivant le liseré de l'herbe jusqu'au niveau de ces chênes lointains. Vous voyez la ligne ? C'est ce qu'on appelle une ligne de broutage*. Vous la trouvez partout où il y a une grande population de brouteurs, que ce soit des vaches, des moutons ou des cerfs. Vous voyez là, de vos propres yeux, des décennies d'interaction dans la croissance de ces arbres, des décennies de mastication par les cerfs.

* Ligne formée par le bas des feuillages des arbres broutés par les cervidés.

Et ici, est-ce une ligne de broutage ?

En partie, oui. Mais vous pouvez voir qu'elle est assez vieille, car il n'y a pas de nouvelles pousses en dessous. On se situe exactement à la hauteur à laquelle un cerf peut lever la tête. La ligne de broutage, c'est donc la limite haute au-delà de laquelle ils ne peuvent plus grignoter et où, alors, les arbres poussent. S'il y avait des girafes, elle serait beaucoup plus haute. Maintenant, regardez par ici. Il y a de nouveaux petits chênes qui n'ont presque pas été grignotés. C'est un signe. Ils témoignent que grâce aux pumas, ils n'ont pas été mangés par des cerfs. Nous pouvons donc remercier les pumas pour la régénération de ces bébés-arbres. Encore un exemple de leur impact sur l'écosystème.

Et là, cet excrément, que pensez-vous que c'est ? Il y a aussi comme une marque dans l'herbe entre deux sentiers.

Un puma ?

Les pumas sont grands, plus grands que cette trace... donc ?

Un renard ?

Pourquoi pensez-vous que c'est un renard ? Que voyez-vous dans cette crotte ?

Il y a un mélange de graines !

Des semences, oui ! Ça ressemble à des graines de figue, c'est donc un renard. Tout comme lorsqu'on parlait des chênes, ce qu'on retrouve dans les excréments sont des signes super importants de l'interaction des animaux avec les plantes de Jasper Ridge. Et dans ce cas, ils répandent les graines de plantes à fruits sur l'ensemble du site. C'est ça, la cascade trophique. Nous commençons à peine

Sous les séquoias géants de Jasper Ridge.

à la comprendre, et c'est passionnant ! Si nous poursuivions sur ce chemin, nous trouverions aussi des déjections de cerfs ou de lapins, et nous les prélèverions pour les ramener au laboratoire afin de les analyser.

Si vous deviez le résumer, quelle serait l'application concrète de tout votre travail, ici mais aussi dans votre laboratoire où vous séquencez l'ADN de ces crottes, des pelotes de rapaces et de tous les résidus d'animaux ?

C'est de mettre en évidence cette cascade trophique et voir à quoi ressemblerait un écosystème sans superprédateur. Car c'est ce qui se passe de plus en plus dans le monde... Les gros félins disparaissent partout. Les loups, les ours... Or nous avons ici une des rares preuves à long terme de l'impact d'un puma sur un écosystème. Nous avons montré que lorsqu'ils reviennent naturellement dans cette petite réserve, nous voyons se produire tout ce que nous pourrions attendre dans une cascade trophique. Les autres mammifères, les insectes, les plantes, les parasites... Tout cela est influencé par le superprédateur. C'est une espèce fondamentale dans un écosystème. En documentant cette cascade trophique ici à Jasper Ridge, nous le démontrons.

À quoi ces résultats pourraient aider dans le futur ?

Nous pourrions par exemple les utiliser en Afrique. Les humains y déplacent de nombreux animaux. Dans beaucoup de grandes régions, les mégaherbivores – éléphants, rhinocéros – ont disparu et par conséquent d'importantes populations de lions aussi. Mais maintenant que nous commençons à protéger ces espèces et à les rétablir, elles reviennent dans des écosystèmes d'où elles étaient absentes depuis plusieurs décennies ! Pour savoir comment ces écosystèmes seraient capables d'accueillir à nouveau des lions, nous pouvons lire le réseau alimentaire et avoir une bonne idée de la santé actuelle du système. Nous pouvons y voir tous les effets d'entraînement, en quoi cela peut être bon pour certaines espèces et peut-être moins pour d'autres.

Vous pensez que le système est stabilisé maintenant que le puma est à Jasper Ridge ?

"Stable" est un de ces mots que nous n'aimons pas trop utiliser en écologie. Parce qu'il s'agit d'un monde dynamique ! Le temps pourrait changer demain, il pourrait y avoir une maladie qui anéantirait tous les chênes : on ne sait pas ce qui peut arriver ! Souvenez-vous que j'ai parlé d'interactions qui vont de haut en bas et de bas en haut. C'est cet équilibre dynamique qui assure la résilience du système. Et c'est ce que nous cherchons. Depuis son retour il y a plusieurs années, nous observons un nombre relativement constant de pumas dans la réserve. Cela suggère qu'il a en quelque sorte trouvé un équilibre qui n'est pas exactement stable mais qui est résilient.

Pensez-vous que c'est réplicable ?

Jasper Ridge est une petite réserve au milieu de la baie de San Francisco qui compte 7,7 millions d'habitants. Et pourtant, nous avons un prédateur supérieur ! Vous avez vu à quel point les relations sont incroyablement complexes et combien elles changent juste à cause du retour de cet animal. Cela signifie que nous avons assez de moyens – peut-être pas autant que nous le voudrions – pour soutenir l'existence de cet animal dans cet environnement. Cela me donne beaucoup d'espoir parce que Jasper Ridge est un exemple pour d'autres zones protégées dans le monde, ou pour les autres pays ou continents qui réfléchissent à la valeur d'une zone protégée. Cela montre qu'on n'a pas nécessairement besoin de continents entiers pour ces observations – même si nous aimerions beaucoup cela ! – car même les petites zones protégées peuvent apporter énormément à la fonction écologique. Les grandes réserves sont indispensables mais même de petites réserves, avec suffisamment de corridors, de tampons et de connectivité dans un paysage, peuvent en fait soutenir un écosystème diversifié qui fonctionne de manière normale et résiliente.

Pour vous cela signifie-t-il que nous pourrions avoir une réelle coexistence entre les humains et les animaux sauvages partout dans le monde et même dans les zones urbaines ?

Nous avons pu le faire au cœur de la Silicon Valley, en Californie, où nous avons une si forte densité humaine mais où la plupart des gens n'ont jamais vu de pumas, alors qu'ils vivent ici depuis la nuit des temps. Le fait que nous puissions avoir des pumas dans nos jardins signifie que, peut-être, en d'autres endroits, avec d'autres écosystèmes, d'autres continents peuvent expérimenter la même chose. Et que sur une planète qui comptera bientôt huit milliards d'humains, de plus en plus urbains, juste un peu de terre réservée aux activités normales des espèces peut favoriser leur persistance. Je pense que l'un des défis et l'un des espoirs que démontre l'exemple de Jasper Ridge, c'est que nous pouvons y arriver ! Il suffit d'un peu de protection, d'un peu d'espace et d'un peu de tolérance, pour les changements que cela va occasionner dans nos vies, mais aussi pour ces animaux qui vivront à nos portes.

La beauté de cette région est presque inégalée. La considérez-vous jamais pour acquise ?

Jamais, non. Quand vous vous trouvez devant des êtres aussi vieux que ces séquoias géants, ça rend vraiment humble. En deux cents ans, imaginez tout ce qu'ils ont vu ! Ce paysage n'a pas besoin de nous. J'aime la façon dont je me sens toute petite, insignifiante même, face à cette nature si puissante. Ça me donne un sentiment de paix très profond. Et comme je le disais, c'est aussi un signe d'espoir, car même si nous avons fait des dégâts, il y a la possibilité de laisser les choses revenir. Et vous, cela vous fait-il la même chose ?

Oui.

Ce que vous ressentez en ce moment, beaucoup de gens ne le sentent plus. Regardez ces arbres, prenez des clichés dans votre tête, souvenez-vous de la sensation de l'air sur votre visage, des odeurs, du chant des oiseaux... Gardez-les précieusement avec vous, car c'est un trésor. Et quand vous vous sentirez stressés ou fatigués, faites-les revenir. Vous verrez, c'est incroyablement puissant.

***

Cohabiter avec des superprédateurs, et avec le monde sauvage de façon générale, est sans doute l'un des défis les plus complexes que notre civilisation moderne doit relever. Si, comme le souligne Philippe Descola, nous avons inventé un concept – la nature – pour nous différencier du reste des vivants c'est que, depuis la révolution industrielle, nous avons fait des efforts titanesques pour nous affranchir le plus possible des contraintes liées aux réalités biologiques qui nous entourent. Nous avons inventé une agriculture très productive, quels que soient les sols ou le climat, avons investi des zones hostiles pour y construire des villes dont le confort aurait laissé bouche bée n'importe quel être humain il y a moins de trois cents ans (on pense notamment à certaines zones enneigées du Canada ou aux déserts climatisés de Dubaï...). Nous avons aussi, méthodiquement, éradiqué les prédateurs qui représentaient un danger pour les humains. Or, aujourd'hui, confrontés à cette extinction massive des espèces, nous commençons à sérieusement

Liz, Vipulan et Bella dans la forêt de Jasper Ridge.

parler de “réensauvagement”. Ce qui nous confronte à un puissant paradoxe que l’on pourrait résumer dans cet échange que j’ai eu avec Liz.

Alors que nous préparions le tournage, elle m’a malicieusement demandé comment je définirais un endroit “sauvage”. Comme je crois avoir balbutié une réponse qui se contentait d’enfoncer des portes ouvertes, je me suis empressé de lui retourner la question. “*A place where I can be eaten**”, m’a-t-elle répondu les yeux brillants, comme si cette perspective avait quelque chose de réjouissant. J’ai mis quelques jours à percevoir la puissance de cette image. Pour le dire autrement, il s’agirait d’un espace où l’être humain est ramené à sa condition d’animal parmi les animaux, à l’état potentiel de viande. Idée que nous n’avons cessé de vouloir écarter de nos esprits, jusqu’à empêcher les vers de dégrader nos corps et recycler leur matière, en les enfermant à l’intérieur de cercueils hermétiques. La viande, ce sont les bêtes, pas nous. Évidemment je n’ai aucune envie d’être dévoré et je ne souhaite ce sort à aucun être humain. Pour autant, envisager cette possibilité nous ouvre une perspective essentielle : nous sommes une part intégrante du cycle du vivant et cela n’a rien d’une métaphore.

Actuellement, la question d’être prédaté se pose de façon brûlante pour nos animaux d’élevage. Nous pouvons bien les élever pour les tuer et les manger, mais il nous est insupportable que des loups ou des ours, en quête d’une subsistance pourtant légitime, puissent en faire autant. Car ils touchent non seulement à notre “propriété” mais également aux moyens de subsistance des éleveurs**. Ainsi, il n’est plus rare de voir des éleveurs se regrouper, masqués et armés, pour menacer de tuer eux-mêmes les prédateurs inopportuns. Et, de temps à autre, ils passent à l’acte.

* Un endroit où je pourrais être mangée.
** Qui sont malgré tout indemnisés la plupart du temps...

Ce conflit n'est pas propre à la France. Aux États-Unis, des manifestations armées ont été organisées à l'occasion de la réintroduction des loups dans le parc de Yellowstone, par des éleveurs vivant parfois à des milliers de kilomètres de là, dans d'autres États. Car la peur du loup n'est pas rationnelle. Elle est ancestrale, et a été alimentée par de nombreux récits où la bête cruelle est mise en scène comme un terrible danger : le "grand méchant loup" et le Petit Chaperon rouge, les Trois Petits Cochons, les Sept Chevreaux, etc.

Le loup est ainsi un symbole puissant de notre relation au sauvage et un moyen de réinterroger notre possible cohabitation avec lui. C'est ce que le philosophe Baptiste Morizot a largement exploré dans ses ouvrages *Les Diplomates*, *Sur la piste animale* ou *Manières d'être vivant*[1]. Non seulement a-t-il réfléchi à la question, mais il l'a fréquemment mise à l'épreuve du réel, à la fois en pistant des loups et autres prédateurs, mais aussi en allant rencontrer des éleveurs. Pour cela, il a entamé un travail avec le biologiste et éthologue Jean-Marc Landry et son projet CanOvis. En 1997, ce dernier avait créé l'Ipra (Institut pour la promotion et la recherche sur les animaux de protection) à la suite du retour du loup en Suisse et l'introduction des premiers chiens et ânes de protection. Nous sommes allés les rencontrer tous deux dans le Jura, à la frontière helvétique, avec la promesse de passer une nuit près d'un troupeau de brebis, à attendre les loups. Ce qui excitait grandement Bella et inquiétait vaguement Vipulan...

COHABITER AVEC LES LOUPS

Rencontre avec Baptiste Morizot et Jean-Marc Landry

Jean-Marc Landry.

Jura. Nous progressons en lacets sur une route de montagne. Jean-Marc est au volant, Baptiste à ses côtés. C'est le mois de septembre, le soleil est radieux.

Jean-Marc : Nous allons voir un éleveur qui vient de subir des attaques de loups. Il a perdu neuf brebis et une quarantaine a disparu, mais il semblerait qu'on les ait retrouvées. Il m'a envoyé des photos où l'on voit des brebis tuées, d'autres salement amochées et une probablement mangée vivante… Le but, c'est d'aller le rencontrer pour comprendre ce qu'il s'est passé. Puis, s'il accepte, on fera un diagnostic de vulnérabilité. On reviendra filmer le troupeau, ce qui permettra, ensuite, de faire évoluer la manière de le protéger.

Comment se passe la collaboration avec l'éleveur ?

Jean-Marc : Il est fondamental que l'éleveur participe à ce que nous faisons, car c'est ensemble que nous trouverons la solution. L'éleveur est pragmatique, il connaît son terrain. Et nous, les scientifiques, nous connaissons le loup et le comportement des bêtes la nuit. C'est la rencontre entre ces deux mondes qui est importante. Pour des éleveurs, c'est toujours un traumatisme de subir une attaque. Il est essentiel qu'ils se sentent soutenus, qu'ils ressentent qu'il y a du monde derrière eux. Trop souvent, on se contente de constater l'attaque, mais on ne s'intéresse pas à la manière dont elle a eu lieu, ni à la raison pour laquelle la protection n'a pas fonctionné. Là, nous allons l'interviewer pour tenter de comprendre ce qu'il s'est passé. Xavier Broquet a un chien et une clôture. Donc, sur le papier, il a tout ce qu'il faut pour protéger correctement son troupeau.

Depuis combien de temps travaillez-vous avec les bergers ?

Jean-Marc : J'ai commencé en 1995, alors que deux attaques venaient d'avoir lieu en Suisse. À l'époque, on ne savait pas trop ce dont il s'agissait. C'était un peu étrange, le loup avait disparu de ces contrées depuis longtemps. J'ai alors pris ma voiture et suis allé voir les bergers. Le soir même, nous avons dormi à côté du troupeau et un loup est venu. Lors de mes études universitaires, on m'avait dit que le loup ne s'approchait jamais des humains, qu'il avait peur de nous. Or, là, malgré notre présence, il est venu. Cette nuit-là m'a complètement décontenancé. Alors que je pensais connaître un peu le loup, tout à coup, je me suis rendu compte que je n'y comprenais rien du tout ! Depuis ce jour, je travaille sur le terrain avec les éleveurs, à la protection des troupeaux. Ça fait maintenant vingt-cinq ans.

Et Xavier Boquet, vous le connaissez depuis longtemps ?

Jean-Marc : Xavier a connu ses premières attaques en 2013. C'est là que j'ai entendu parler de lui. Dans la région, il est le premier à avoir mis des chiens de protection dans les troupeaux. Nous sommes venus faire une formation chez lui et c'est comme ça qu'on s'est rencontrés. On se connaît bien maintenant, alors quand il a eu ces nouvelles attaques, je lui ai téléphoné pour voir comment ça allait.

Et vous, Baptiste, comment vous êtes-vous intéressé aux loups ?

Baptiste : Quand j'ai commencé à m'intéresser à toutes ces questions, j'ai engagé un dialogue avec des bergers. Une nuit, je suis allé dormir près d'un troupeau pour faire acte de présence et empêcher les attaques. À 3 heures du matin, un loup est venu. Il était là, à une quarantaine de mètres devant moi ! Ça a été une rencontre puissante. J'ai eu le sentiment d'être face à un autre être autonome et intelligent avec lequel je partageais un même territoire. J'ai ressenti la nécessité de penser autrement nos relations au monde sauvage, d'essayer de négocier, de trouver un *modus vivendi*. Le loup est un animal qui nous rappelle que dans nos relations avec le monde vivant, on ne peut pas tout maîtriser, mais qu'on peut s'influencer si l'on parvient à saisir la perspective des autres.

Pourquoi les gens ont-ils si peur des loups ?

Baptiste : La peur du loup n'est pas innée. C'est quelque chose de profondément culturel, car chez d'autres peuples il existe des histoires intrigantes, comme ce récit amérindien qui recommande aux enfants perdus dans la forêt d'appeler le loup afin qu'il les aide à retrouver leur chemin. C'est l'exact opposé de notre Petit Chaperon rouge. Les populations qui cohabitent avec le loup savent qu'elles n'ont pas vraiment de raison de le craindre. Alors que chez nous, en France et dans les cultures chrétiennes de manière générale, il est omniprésent dans les histoires qui font peur. Le loup est un symbole fort, qui figure le Diable toujours à l'affût pour détourner les brebis du bon pasteur. Il incarne cette puissance qu'on ne peut contrôler. Pour autant, cela ne veut pas dire qu'on ne peut rien faire. Au contraire même, tout l'enjeu, c'est d'inventer et d'expérimenter des manières de vivre avec lui, malgré les difficultés. Le loup est un ambassadeur d'autres relations avec le monde vivant.

Est-il important pour l'équilibre des écosystèmes ?

Jean-Marc : On se demande souvent si le loup est utile, car s'il ne l'était pas, on pourrait l'éliminer sans trop culpabiliser. Mon avis c'est que nous devons laisser une place aux autres espèces, qu'elles ont le droit de vivre quel que soit ce que l'on découvre de leur soi-disant *utilité*. Ceci étant dit, en tant que superprédateur à la pointe de la cascade trophique, le loup joue un grand rôle dans les écosystèmes. En régulant les ongulés sauvages, il fait baisser la pression sur la végétation. Nous sommes ici dans une région de production de bois. Or, les cerfs grignotent les petits sapins et les forestiers sont heureux de voir le loup revenir. C'est exactement ce qu'il s'est passé dans le Yellowstone aux États-Unis. Cerfs et wapitis avaient détruit la végétation et le retour du loup a totalement transformé les paysages. De plus, les cerfs et les chevreuils sont des réservoirs à borréliose, une maladie donnée par la tique, qui cause une paralysie. En régulant ces populations de cervidés, le loup participe ainsi à la faire diminuer. Toute espèce a son importance. Et ce n'est pas parce qu'on ne comprend pas pourquoi qu'il faut l'éliminer !

Toutes les espèces ont-elles la même importance ?

Jean-Marc : J'ai, pour ma part, une relation presque animiste avec la nature. À mes yeux un arbre, un insecte ou un papillon ont la même importance que moi ou que tout autre animal. J'ai un très grand respect pour la vie d'une manière générale et donc pour la vie des brebis. C'est pour ça que je fais ce métier. J'aime ces animaux, j'ai envie de les protéger. Mais j'ai aussi le même respect pour le loup. Mon travail consiste alors à essayer de trouver une voie pour qu'ils parviennent à vivre ensemble sur le même territoire. C'est très complexe, car comme vous le verrez quand vous rencontrerez Xavier, on est traversé par de nombreuses émotions. Il y a des gens qui sont en colère contre le loup, parce qu'il peut causer de gros dommages. Mais il est simplement un prédateur qui essaie de vivre dans un environnement occupé par l'humain. Il n'est pas vraiment responsable. Nous, en revanche, nous sommes responsables de la protection des troupeaux. Nous devons trouver une forme d'harmonie avec la faune sauvage.

Les attaques de loups sont-elles fréquentes ?

Jean-Marc : Dans cette région, le loup attaque peu. Parce qu'on a des brebis, mais aussi des bovins. Et pour l'instant, il s'intéresse peu à ces bêtes. Bien sûr pour un éleveur, une attaque, c'est déjà une de trop car ça le touche profondément. Mais on en a relativement peu comparé au sud de la France. Dans le Mercantour, les Hautes-Alpes ou la région de Gap, par exemple, il y en a beaucoup plus.

Pour quelles raisons ?

Jean-Marc : On a du mal à protéger les troupeaux, parce qu'on ne comprend pas encore la manière dont ça fonctionne avec le loup. Puis, il faut avouer qu'en France, certains éleveurs ne veulent pas cohabiter et ne protègent pas leurs bêtes. C'est dommage parce qu'aujourd'hui, en y mettant un peu de bonne volonté, on est capable de protéger à peu près n'importe quel troupeau. Il y a une dimension politique derrière ces questions et ce que l'on voit, surtout, c'est l'émotion ressentie par les éleveurs. Elle est réelle, bien sûr, pour beaucoup d'entre eux, mais elle engendre une instrumentalisation du loup. Et ça, c'est un gros problème. Parce que les politiques s'engouffrent là-dedans pour collecter des voix et le loup devient un sujet très complexe qui dépasse de loin la question de la protection des troupeaux. Avec Xavier, ce qui est chouette, c'est qu'on peut discuter. On trouve toujours des solutions.

Nous nous engageons sur un petit chemin de terre qui nous mène chez Xavier Broquet, éleveur de brebis en bio. Xavier a une vraie gueule d'acteur et deux chiens que Bella s'empresse de gratouiller. Il nous installe autour d'une grande table sous un auvent, sert du café, pendant que Jean-Marc débute son interrogatoire d'usage.

Jean-Marc : Peux-tu nous expliquer ce qu'il s'est passé ?

Xavier : On était à Chaux Sèche, tu sais, dans le Risoux là ? Et ça a cartonné la nuit, on a eu neuf brebis tuées.

Jean-Marc : As-tu retrouvé des restes ?

Xavier : Presque tout a été consommé. On a trouvé quelques morceaux de côtelettes, d'omoplates, et quelques bouts de laine. Mais sur deux grosses brebis, on n'a presque rien retrouvé. Et rien à proximité.

Jean-Marc : C'est impressionnant... Tu m'as envoyé la photo d'une carcasse où l'on voit les côtes, tu confirmes qu'elles étaient toutes rongées ?

Xavier : Toutes rongées, oui, et les gros os broyés.

Jean-Marc : Et tu as aussi une quarantaine de brebis qui ont disparu ?

Xavier : Quarante-cinq. Mais on les a retrouvées trois jours après, à 8 km du lieu de l'attaque.

Jean-Marc : Il y en avait qui étaient blessées ?

Xavier : Non, mais elles étaient très nerveuses.

Jean-Marc : Y avait-il un chien avec elles ?

Xavier : Oui, mon chien habituel.

Jean-Marc : Comment s'est-il comporté ?

Xavier : Je n'étais pas là pour le voir, mais il est resté avec le gros du troupeau. Deux bêtes étaient vraiment amochées et une consommée vivante... L'une d'elles avait une prise au cou tellement importante qu'on a dû l'euthanasier. Et une autre n'a pas eu le temps d'être soignée, elle était déjà morte.

Jean-Marc : Peux-tu m'expliquer en détail ce qu'il s'est passé ?

Xavier : On avait fait un parc un peu plus grand que ce qu'il faut pour une journée de nourriture, car tu sais, il ne me reste qu'un seul chien là, on a perdu des chiens quand on est montés dans le Risoux.

Jean-Marc : Perdus ?

Xavier : Complètement disparus, oui, on ne les a jamais retrouvés. Ni la SPA, ni personne d'autre. Aucun cadavre, rien. Je ne sais pas ce qui est arrivé à mes chiens... Du coup, je n'en ai plus qu'un. Le matin, en arrivant, j'ai vu que les bêtes étaient sorties du parc. Et tout de suite, j'ai aperçu celle qui avait été consommée à l'arrière. Après, en regardant de plus près, j'en ai vu une qui était égorgée. J'ai alors remis le gros du troupeau dans le parc et j'ai commencé à tourner. C'est là que j'ai retrouvé les cadavres.

Jean-Marc : Quand tu es arrivé, le parc était-il couché ?

Xavier : Les bêtes avaient couché les filets, mais je ne sais pas si elles étaient sorties avant l'attaque ou par effarouchement. Sachant qu'ici, c'est difficile de monter de bons parcs. On est sur le caillou, il n'y a pas de terre.

Jean-Marc : Tu n'as pas de mise à la terre ?

Xavier : Quand c'est sec là-haut, les batteries fonctionnent très mal*. Et quand on n'a pas de terre, le retour en électricité est mauvais.

Jean-Marc : Et ton chien, est-il toujours dans le troupeau ?

Xavier : Tout le temps, il ne quitte jamais les bêtes. Même si elles sortent du parc, il reste avec elles.

Jean-Marc : Quand une partie du troupeau est partie, il est resté avec quel lot ?

Xavier : Le plus important.

Jean-Marc : Et tes bêtes ? As-tu observé un changement de comportement ?

Xavier : Le gros du troupeau était calme, mais les brebis qu'on a retrouvées trois jours après étaient nerveuses comme je te disais. Quand je les ai ramenées, elles n'ont fait que courir. Elles me dépassaient sans arrêt, il fallait envoyer le chien devant pour les freiner. Tu veux voir les photos ?

* Les parcs de protection sont électrifiés.

Jean-Marc : Oui.

(Silence)

Jean-Marc : ... Ouh, c'est un peu gore. Tu vois là, quand l'arrière-train est rongé comme ça, c'est typique du loup. La brebis se couche et il commence à la consommer vivante. On a eu une attaque sur le Noirmont chez un autre éleveur et il y a eu une mamelle dévorée.

Xavier : Pourtant, ce n'est pas le protocole.

Jean-Marc : Justement, si ! On va publier à ce sujet, on va sortir ces informations. Parce qu'il faut faire évoluer les esprits, il faut que les gens comprennent.

Xavier : Je suis sûr que si je n'avais eu que cette bête de prédatée, on m'aurait dit que ce n'était pas le loup, que c'était un chat. Mais comme il y en a d'autres, avec de la prédation au cou... Heureusement que nous, les éleveurs, on est blindés. On n'est pas trop sensibles à ce genre d'épreuves, mais c'est quand même choquant, hein.

Jean-Marc : C'est rude...

Savez-vous si c'est une meute ou un loup solitaire qui a fait ça ?

Baptiste : Deux brebis ont été entièrement consommées, on n'a presque rien retrouvé... Il y a probablement plusieurs individus, voire une meute.

Pourquoi les laissent-ils en vie ? Est-ce par plaisir ?

Jean-Marc : La notion de plaisir chez le loup n'est pas la même que chez l'humain. Une des hypothèses, c'est que quand il arrive dans un troupeau de brebis, il en tue une première. Puis, tant qu'il y a encore du mouvement, il reste enclenché sur le mode *tuer*. À l'état sauvage, les cerfs ont coévolué avec le loup et quand il y a une attaque, ils se séparent en petits groupes, ils s'éparpillent. Du coup, quand le loup tue un animal, il passe tout de suite au comportement suivant, la consommation. Or, dans un troupeau de brebis, il ne peut pas parce que ça bouge toujours ! Alors il reste enclenché sur le mode *tuer*...

Ils tueraient donc plus que nécessaire ?

Jean-Marc : Souvent, oui. C'est ce qu'on appelle le *surplus killing*.

Baptiste : Et comme l'expliquait Jean-Marc, on l'observe dans les attaques de troupeaux, mais pas nécessairement à l'état sauvage.

Xavier : Il faut dire aussi que ce sont les bergers qui ont occasionné ce comportement chez les brebis. Parce que nous, on a besoin qu'elles restent groupées pour les garder. Quand on les stresse elles se collent les unes aux autres.

On les aurait donc comme... sélectionnées pour l'échec ?

Baptiste : Pour échouer devant les loups en tout cas.

Jean-Marc : Le loup a été conçu pour tuer des proies qui, elles, ont évolué de manière à lui échapper. Entre les deux se crée un équilibre. Dans la nature, il lui faut parfois jusqu'à dix tentatives pour tuer sa proie, alors que là, on est dans un système artificiel. L'homme a regroupé des animaux domestiques et tout à coup, cette coévolution entre le loup et l'animal sauvage est brisée. Notre bétail a été sélectionné pour être plus gros, plus docile et pour qu'il s'échappe moins, alors quand le loup arrive dans ce type de système, il peut tuer bien davantage qu'il ne peut consommer. Les chiens de protection sont un des meilleurs outils que l'on ait, car ils vont interrompre l'attaque.

Xavier : Dans la relation entre les bergers et leurs troupeaux, c'est nous qui avons la charge de les protéger. Sauf qu'aujourd'hui, on se retrouve assez démunis...

Jean-Marc : Moi je dis qu'on peut le protéger ton troupeau. Après t'avoir entendu, je pense qu'il faudrait mettre entre trois et cinq chiens, et élargir la protection. Elle ne peut plus seulement se faire aux abords du troupeau. On doit intervenir plus largement, dans une ceinture de 300 à 500 m. La nuit, c'est jouable. Mais en pleine journée, si les chiens se baladent à 500 m du troupeau, ils vont devoir cohabiter avec les randonneurs, les VTTistes... Et ça, ça peut poser problème.

Xavier : Tu sais que ça m'a amené deux fois au tribunal !

Jean-Marc : Ce n'est pas normal. Si on veut conserver le loup, la société entière doit faire un effort. Si on fait un diagnostic de vulnérabilité, on va venir voir ton terrain. On va travailler avec toi, main dans la main. Tu vas m'expliquer comment ça fonctionne chez toi. Et moi, je te raconterai l'éthologie du loup. Ensemble, on va établir de la protection. Mais après, il faudra qu'on aille voir l'office du tourisme pour leur expliquer ce qu'on a mis en place et leur dire que maintenant, c'est à eux de prendre le relais ! Ce n'est qu'en se sentant tous responsables qu'on arrivera à une cohabitation apaisée entre ceux qui travaillent dans la montagne et la présence de prédateurs comme le loup. Moi, je ne veux pas qu'après mon départ, un touriste passe, qu'il y ait un problème avec tes chiens...

Xavier : On a déjà organisé des journées d'information il y a quelques années, mais le problème, c'est qu'on ne peut pas toucher tout le monde. Et après, on se retrouve pénalisés. Il faut que nous soyons couverts, qu'on ne se retrouve pas au tribunal où on m'a tout de même dit que je devais être maître de mes bêtes en toutes circonstances. Tu imagines ! Toi qui connais les chiens, tu sais qu'en face d'eux, il suffit de 1 ou 2 % de personnes qui ne savent pas réagir pour que ça dérape.

Jean-Marc : Je pense qu'on peut changer ça, car il y a des pays comme l'Italie où ça se passe bien. Sauf que dans les Abruzzes, si tu te fais mordre, ce n'est pas la faute du berger. Le chien a toujours fait partie du pastoralisme, contrairement à chez nous, où on l'a retiré depuis plus de cent ans. Il faut laisser le temps aux éleveurs et aux éthologues de trouver le chien qui sera le plus approprié pour ce type de milieu. Puis, il faut faire évoluer les mentalités.

Xavier : L'hiver, quand on transhume en plaine céréalière, je n'ai jamais aucun problème avec les chiens de protection. Mais ici, dans les zones touristiques, ça va être compliqué. Il y a tellement d'usages partagés, entre les gars qui font du trail, du VTT, les ramasseurs de champignons... Le chien est mal accepté. Les gens n'ont plus de relation avec les bêtes, ils ne savent pas comment réagir.

Jean-Marc : Oui, mais si on veut aller plus loin, on n'a pas le choix. Il faut que la société s'engage. Ton travail est noble et on a besoin de gens comme toi pour l'entretien des milieux. Au départ, quand j'ai commencé, je me suis dit que j'allais essayer d'aider le loup. Mais le loup, il se débrouille très bien tout seul ! En revanche, quand je vois ce qu'il se passe, je suis touché par la situation des brebis. Je m'engage donc aussi pour qu'il y ait une bonne protection des troupeaux, c'est un tout.

Est-ce que, pour vous, ce serait une solution qu'il n'y ait plus de loup dans la région ?

Xavier : C'est sûr que ça faciliterait mon travail... Mais j'ai conscience que de toute façon, il a recolonisé la zone. Alors, si je veux continuer à exercer mon métier, je dois m'adapter. Sauf que pour l'instant, malgré tout ce qu'on a mis en place pour protéger le troupeau, j'en suis incapable. C'est assez violent d'arriver là et de le voir ainsi. Presque tous les matins, on a la boule au ventre. On se demande ce qu'on va découvrir. Ce qui est mal fait, c'est l'image que nous donnons. On est dans un mode de production le plus éthique possible, basé sur une herbe entièrement bio, on entretient les zones... et quand une histoire de loups et de chiens nous tombe dessus, on passe pour des destructeurs de la nature.

Jean-Marc : Tu crois que les gens pensent ça ? J'ai au contraire l'impression qu'il y a un soutien à l'élevage, parce que vous produisez une nourriture excellente ! Toi, tu fais du pastoralisme extensif. Quand tu sors un agneau en fin de saison, il n'a mangé que de l'herbe.

Xavier : Que de l'herbe, oui !

Jean-Marc : Il faut faire passer le message, car c'est le grand défi de ces prochaines années : avoir un élevage extensif, qui participe à l'entretien des milieux et nous nourrisse de manière saine, tout en cohabitant avec les grands prédateurs. Et pour y arriver, on ne peut pas compter que sur l'éleveur. D'autant que le loup est un ambassadeur de tout ce qui disparaît dans le monde sauvage. Je rencontre beaucoup d'éleveurs qui en ont marre de ce conflit, qui ont envie d'en sortir. Tout ce qu'ils veulent, c'est protéger leurs bêtes.

Xavier : Je suis aussi dans cette démarche-là, mais je ne suis pas non plus choqué qu'on tire un loup qui attaque trop les brebis.

Et que pensez-vous de ces brigades des loups qui les tirent un peu par hasard ?

Xavier : Je pense qu'il serait beaucoup plus judicieux de le faire sur des loups qui vont au contact des brebis. Sachant qu'il y a un danger, ils hésiteraient davantage à y aller. Et nous, on est quand même là pour protéger nos brebis ! Les premières attaques que j'ai eues en 2013 m'ont vraiment affecté, je les ai prises comme une agression contre moi-même.

Baptiste : C'est intéressant ce que tu dis. La sélection ayant privé ces animaux domestiques de leurs moyens de défense naturels, c'est devenu de votre responsabilité. Sauf que vous ne pouvez pas le faire tout seul. Si on veut du loup et du pastoralisme, on doit avancer dans cette direction de manière concertée.

***

Avec Xavier, nous grimpons jusqu'à l'alpage où, avec Bella et Vipulan, il rassemble les brebis pour la nuit. Le ballet des ovins réagissant aux signaux du berger, à l'action frénétique de Fifi, le chien de conduite qui court d'un bout à l'autre du troupeau en jappant comme pour donner ses instructions, a quelque chose de fascinant. Une fois les animaux regroupés, Xavier dispose la clôture électrique autour d'eux et du second chien, un grand patou blanc de protection. Nous attendons la nuit. À mesure que le jour s'éteint, l'air se rafraîchit et l'ambiance se métamorphose. Le parc est au milieu d'une clairière, au pied d'une grande pente herbeuse éclairée par la lune. Tout autour se dressent les sapins obscurs d'où s'échappent hululements, craquements et autres bruits difficiles à identifier. Dans les yeux de Bella et Vipulan, on lit un mélange de crainte et d'excitation.

Jean-Marc : Nous allons nous mettre là-haut pour filmer à la caméra thermique et voir si des loups vont venir. Bella, Vipulan, si vous voulez comprendre ce que ressentent les brebis, vous pouvez vous mettre en immersion au milieu du troupeau, ça vous dit ?

Vipulan : Génial, oui !

Bella : Vous pensez qu'il y a une chance pour que nous voyions des loups ?

Jean-Marc : Si vous êtes calmes, vous aurez peut-être la chance d'en voir. Je vais baisser le filet. Voilà, vous pouvez passer. Maintenant je remets l'électricité, donc vous faites attention, hein. Vous restez bien là, d'accord ?

Vipulan : OK !

Jean-Marc : Bonne nuit, à demain matin !

Bella : Maintenant on est seuls...

22:30

Jean-Marc : Les caméras thermiques sont très spécifiques, elles captent les ondes de chaleur émises par les corps, qui varient en fonction de leur température. Elles sont généralement réservées à l'armée, mais on a eu l'autorisation d'en emprunter deux. Regardez, c'est fou ce que la forêt est chaude !

Baptiste : C'est le sous-bois qui piège les thermiques remontantes.

Jean-Marc : C'est impressionnant. Ça fait des années que je fais des prises de vue dans la nature et je suis toujours aussi impressionné par la chaleur que dégagent les arbres et les pierres.

Baptiste : C'est magnifique.

Jean-Marc : Regarde le chien. Il dégage beaucoup de chaleur au niveau de la tête, mais le corps, lui, est particulièrement isolé. C'est pour ça que je n'aime pas trop les chiens de montagne, ils ont trop de poils. Quand

Xavier Broquet, Bella et Vipulan ramènent les brebis dans l'alpage où elles passeront la nuit.

il court, le loup dégage plus de chaleur qu'un berger des Pyrénées, car ce dernier doit absorber de l'air pour refroidir son corps et oxygéner ses muscles. Ce qui veut dire qu'un chien aux longs poils, face à un loup en été, il n'a aucune chance ! C'est important de travailler avec des races à poils courts. Là, quand on regarde l'image, on le voit bien.

23:04

Baptiste : C'est comme ça que vous avez vu des loups sauter par-dessus une clôture ?

Jean-Marc : Oui, on les a filmés avec la caméra.

Baptiste : Mais ne dit-on pas que les loups ne sautent pas les clôtures ?

Jean-Marc : C'est ce qu'on dit, oui, mais beaucoup de bergers soutiennent qu'ils les ont vus sauter et, en allant sur le terrain, on a prouvé que c'était vrai. Ce qui m'intéresse, c'est d'observer quand les loups attaquent, la manière dont le troupeau va réagir, la façon dont le chien va se comporter et dont le loup va, à son tour, riposter. Quand j'ai commencé c'était la première fois que quelqu'un décidait d'aller voir ce qu'il se passe la nuit, ce qui signifie que toute la protection mise en place jusqu'ici était principalement basée sur des croyances et des traditions. Or, moi, ce que je veux, c'est apporter de la connaissance. Observer les comportements des différents acteurs et proposer à l'éleveur des solutions concrètes pour la protection de ses troupeaux.

Et comment vous y prenez-vous ?

Jean-Marc : Exactement comme ce soir. À la tombée de la nuit, on se met au bord du troupeau. Si on est deux, on y passe toute la nuit, en se relayant. Et si on est seul, on assure le début jusqu'à minuit/une heure du matin et après, on recommence vers 5/6 heures. Là, on a un troupeau défendu par une clôture électrifiée et un chien de protection. Si on veut le protéger, il faut connaître le prédateur. D'autant qu'en matière de loup, notre imagination joue un grand rôle. On croit que c'est une bête féroce qui va sauter sur un troupeau dès qu'il le croise. Mais nous avons prouvé par l'observation que ce n'est pas le cas. On a par exemple vu des loups évoluer en plein système pastoral sans s'y intéresser. Et ça, c'est complètement nouveau. On en a même vu passer à 300 m d'un troupeau sans l'attaquer, somnoler à côté, ou encore s'approcher, regarder, puis repartir... En réalité, 50 % des loups ne s'intéressent pas du tout aux brebis. Pastoralisme et loups qui se partagent un même territoire, ce n'est pas un doux rêve... c'est déjà une réalité !

00:26

S'il y a des loups autour, pensez-vous qu'ils nous aient repérés ?

Baptiste : C'est probable... On est nombreux, bruyants, et rien qu'à l'odeur, ils sont parfaitement capables de déterminer où nous sommes, et même ce que nous avons mangé. Les loups ont une capacité olfactive étonnante pour discriminer les individus, ce qui est totalement inimaginable pour nous. Alors que nous sommes au milieu des alpages, ils sont en capacité de nous observer depuis la lisière là-bas.

Et vous, Baptiste, pourquoi venez-vous ici, veiller pendant toute une nuit ?

Baptiste : Parce que c'est fascinant cette affaire-là, quand même ! Travailler à l'interface entre le monde humain, le pastoralisme, et l'animal sauvage est quelque chose de passionnant. Humains, brebis, chiens de conduite, chiens de protection et prédateur, à cet endroit se joue la rencontre entre différentes formes de vie destinées à peupler la terre pour les siècles à venir. Il va bien falloir qu'elles réussissent à cohabiter ! L'enjeu, c'est de comprendre la manière dont elles se comportent et interagissent. Il nous faut utiliser un peu d'intelligence diplomatique pour aboutir, non pas à la paix, parce qu'on reste dans une situation conflictuelle, mais à un *modus vivendi*, une manière de vivre qui soit respirable pour les éleveurs, tout en permettant au loup de continuer à exister dans nos montagnes.

Qu'est-ce qu'une situation diplomatique pour vous ?

Baptiste : C'est une situation dans laquelle différents camps sont voués à cohabiter dans les mêmes territoires, tout en ayant des intérêts contradictoires. Ils doivent apprendre des langages communs et trouver des moyens de se faire passer des messages, de traduire leurs comportements mutuels, pour entretenir des relations moins toxiques. On vit actuellement un malentendu diplomatique prodigieux, car on ne comprend pas ce qu'il se passe. Nous appréhendons mal ce que fait le loup, la nature de ses interactions, le sens de ses comportements. Or, si on veut lui envoyer des messages, lui signifier de manière musclée la nécessité qu'il se tienne à distance des troupeaux, il faut traduire ce qu'il fait, comprendre ce qu'il communique. Quand on l'observe, on s'aperçoit que les meutes de loups, entre elles, sont capables par les marquages territoriaux de mettre en place des dispositifs de pacification de leurs relations, de partager des espaces et de créer des frontières. Alors si les loups en sont capables, il semble improbable que nous ne le puissions pas ! Mais pour cela, il faut accepter cette situation d'interface, de zone de contact. Il faut apprendre à circuler entre les points de vue des différentes formes de vie.

Ce qui signifie que les loups sont intelligents ?

Baptiste : Bien sûr qu'ils le sont, à leur manière lupine. Même s'il est difficile d'accéder à la manière dont ils voient le territoire ou prennent des décisions, il y a clairement quelque chose de construit dans leur façon de se comporter. Nous devons abandonner le fantasme de la bête féroce, pulsionnellement vouée à se jeter sur une brebis dès qu'elle la croise. Comme le disait Jean-Marc, à la caméra thermique, on voit que les loups peuvent passer tranquillement à côté des troupeaux. Ils sont capables de partir en meute pour chasser des ongulés sauvages, des chevreuils ou des chamois, alors qu'il y a des brebis à quelques mètres d'eux. Nous ne comprenons pas les raisons qui les amènent à prendre telle ou telle décision, mais il s'agit de parvenir à se mettre à leur place. L'analyse de ces situations fait émerger des variantes et des régularités qui permettent de comprendre, petit à petit, des comportements qui nous échappaient. Or, ils ont essentiellement lieu ici durant la nuit.

00:43

Jean-Marc : Ce qui arrive souvent, c'est que les louvetiers montent et viennent tirer les loups. Puis, quand il commence à faire trop nuit, ils redescendent. Et alors, les loups sortent. On a aussi des attaques de jour, quand le berger est présent avec le troupeau. Il est en train de garder, puis tout à coup un loup arrive. Il voit le berger, il sait qu'il est là et il attaque quand même à ce moment-là !

Et là, pourquoi ne viennent-ils pas ? Parce qu'on est trop nombreux ?

Baptiste : C'est le *on* qui fait la différence. Le berger, il le connaît. Il appréhende ses habitudes, il sait comment il circule. Alors que là, nous sommes des éléments nouveaux, nombreux et dispersés. Cela fait beaucoup d'informations d'un coup et le loup ne veut probablement pas se mettre en danger. Pour lui, c'est un problème de nouveauté.

Jean-Marc : Ce qu'il ne maîtrise pas lui fait peur. Aussi, quand on met en place de la protection, on essaie toujours d'apporter de la nouveauté. Et cette nouveauté, il faut constamment la renouveler, sinon il y a un phénomène d'*habituation*. À un moment donné, le loup va se dire que cet élément n'est plus un danger pour lui et alors, il attaquera de nouveau. C'est la raison pour laquelle je suis éthologue. J'aime essayer de comprendre la manière dont le loup réagit et dont certaines lois d'apprentissage fonctionnent. Car quand on a bien saisi ça, on peut améliorer la protection. C'est navrant de voir le nombre de gens qui tentent de protéger les troupeaux sans comprendre ce qu'ils font, ni la manière dont le loup le perçoit. Ça ne peut pas marcher. Seule l'interaction entre science et savoir-faire des bergers peut fonctionner. Le scientifique a besoin de connaître les spécificités du troupeau et chez les éleveurs, il peut y avoir beaucoup de croyances à déconstruire. On avance comme ça, ensemble, petit à petit.

01:12

Si le loup est revenu tout seul et que la cohabitation n'est pas toujours simple, que penser du réensauvagement ?

Baptiste : Le réensauvagement est une notion compliquée, car il y a plusieurs sens et définitions différents. Mais c'est l'une des grandes questions que nous devons nous poser pour le XXIe siècle, car elle touche à un enjeu majeur : la confiance dans les dynamiques du vivant non domestiqué. Nous venons d'une tradition culturelle selon laquelle la nature sauvage serait défaillante, et l'activité humaine serait nécessaire pour l'améliorer, l'organiser, la mettre en valeur. Or, aujourd'hui, nous assistons à une véritable révolution de pensée avec cette idée que l'on peut avoir confiance dans les dynamiques d'un écosystème : ce sont elles qui, depuis des milliards d'années, assurent l'habitabilité de la planète pour la vie. C'est exactement ce que proposent l'agroécologie et la permaculture : se reposer sur la sagesse aveugle des coévolutions qui façonnent un écosystème. Ces pratiques vont même jusqu'à s'en inspirer, car le monde vivant a des milliards d'années d'expérience derrière lui, il a créé des systèmes d'une grande richesse et d'une résilience extraordinaire. Pour moi, le sens profond du réensauvagement c'est cela, c'est retrouver la confiance dans les dynamiques du vivant tel qu'il existait déjà avant nous et sans besoin de nous.

Et que penser de la réintroduction d'espèces ?

Baptiste : On peut effectivement se demander s'il faut réintroduire des espèces. Et en particulier les plus conflictuelles comme les grands prédateurs. Dans certains cas c'est parfaitement pertinent, pour reconstituer des dynamiques écologiques qui réactivent le fonctionnement des milieux. Mais il faut être suffisamment délicat pour ne pas déclencher ce que j'appellerais un imaginaire de misanthropie. Car on n'agit pas pour la faune sauvage contre les humains, mais pour la communauté entière du vivant, dont les humains font partie. Ce qui me fascine, ce sont les moments où les espèces reviennent toutes seules. Il suffit de supprimer certains barrages sur les rivières pour que des populations entières de poissons remontent les cours d'eau et reviennent peupler des zones d'où elles avaient disparu. C'est ce qu'il se passe aussi avec le loup ou le chacal doré en France, qui sont revenus tout seuls, parce que les forêts et les proies se sont épanouies du fait de la déprise rurale.

Mais dans certains cas, cela ne vaut-il pas la peine de donner quelques légers coups de pouce, en réintroduisant de petites populations par exemple ?

Baptiste : En France, nous avons plusieurs expériences de ce type et il se passe des choses magnifiques. Les vautours fauves, que l'on a réintroduits dans le massif des Baronnies, sont entrés dans des relations intéressantes avec les bergers. Quand ces derniers déposent des carcasses dans des lieux dédiés, non seulement ils n'ont plus à payer d'équarrissage, mais en plus ils nourrissent les vautours. D'intrigantes alliances peuvent se créer entre les formes de vie les plus sauvages et certaines activités humaines qui vivent du milieu.

Le réensauvagement peut aussi être entendu comme une nécessité intérieure, une manière pour l'être humain de se reconnecter au vivant qui l'a fait naître. Que pensez-vous de cette dimension-là ?

Baptiste : C'est avant tout un problème d'attention. Nous avons perdu notre vigilance à l'égard des autres formes de vie. Notre culture nous a fait croire que nous étions la seule qui soit intéressante et que le reste autour, cette prairie, cette forêt, la sapinière, les oiseaux, les fourmis..., n'étaient pas dignes d'intérêt. L'enjeu, c'est d'arriver à leur restituer leur caractère prodigieux et reconnaître qu'elles participent à créer les systèmes dont nous sommes issus. Nous sommes peut-être des animaux uniques, mais nous sommes des animaux parmi les autres, interdépendants. Et finalement, être unique mais interdépendant, c'est d'une grande banalité dans le vivant, c'est le cas des abeilles qui savent danser des cartes*, des arbres qui fabriquent des sucres avec du soleil, de l'eau et de l'air, et à différents degrés, de toutes les espèces. Et c'est là toute la puissance qu'on pourrait donner à l'idée de nous réensauvager nous-mêmes : retrouver le sentiment que le monde vivant nous a faits et qu'on lui appartient, comme autant de manières particulières d'être vivants. Et pour ça, il faut sortir des villes. Non pas parce qu'on n'y aime pas la nature, mais parce que les villes, faites tout entières de main humaine, nous font oublier que ce sont avant tout les autres vivants, végétaux, faune des sols, pollinisateurs, qui rendent ce monde habitable pour nous et pour les autres, en fabriquant l'air qu'on respire, en permettant les récoltes. Aller dehors, venir dans ces forêts, avec des gens qui nous guident et nous montrent à quel point ces endroits sont fascinants, qui nous aident à reconnaître les plantes et les oiseaux, aussi spontanément qu'on est capable de distinguer des

* À notre connaissance, les abeilles seraient la seule espèce, avec les humains, capable d'expliquer à leurs congénères comment se rendre dans un endroit où elles n'ont jamais été en leur donnant des indications précises, comme une carte. Elles le font à travers des danses qui varient selon l'éloignement de l'endroit décrit. Ces danses sont donc un véritable langage qui semble même posséder des dialectes.

marques de voitures ou de chaussures de sport. Nous pouvons aussi utiliser toute cette culture d'Internet, des blogs libres, des savoirs amateurs, comme font les permaculteurs, pour intensifier et approfondir cette fascination pour le monde sauvage – tout en restant vigilants contre les effets toxiques de ces technologies.

Vous appréciez donc l'activité des YouTubeurs qui filment les animaux, montrent leurs comportements, leurs relations, etc. ?

Baptiste : Les *éco-influenceurs* font ce métier bizarre de YouTubeurs sur et pour la nature sauvage, pour recréer du lien avec elle. Et je trouve que c'est une bonne chose, car Internet et les réseaux sociaux sont des outils puissants de disruption. Mobilisations, pétitions, grèves pour le climat… Ils permettent de toucher beaucoup de monde et d'aller beaucoup plus vite. Malgré leurs défauts évidents, leurs dangers politiques, on peut les détourner pour contribuer à recréer ce type de sensibilité, ces formes de liens. Les éco-influenceurs répondent à l'enjeu actuel, en poussant les jeunes dehors et en leur expliquant ce qu'ils voient, avec des mots qui en montrent la magie. C'est d'autant plus puissant que ce sont des jeunes qui parlent aux jeunes. Ils sont habillés comme moi, en vert, ils passent des heures dehors et quand ils voient un hibou, c'est comme s'ils avaient vu Beyoncé… En tant qu'animal, nous devons renouer avec le tissu du vivant. Et en tant qu'animal étrange, nous avons une sorte de responsabilité quant au maintien de la richesse de la biosphère, qui nous a façonnés. Nous devons accepter la difficulté, avoir un débat collectif sur les égards ajustés à inventer envers chaque milieu, chaque relation, chaque forme de vie, en fonction du contexte. Jusque-là, nous avons été profondément injustes avec le reste du vivant. Nous devons inventer de nouvelles formes de sentiment intérieur d'équité, qui n'est pas une égalité abstraite – puisque ça n'a aucun sens, quelle égalité entre vous et chacune des millions de bactéries qui peuplent votre tube digestif ?

***

Les loups ne sont pas venus cette nuit-là. Vers 3 heures, nous avons levé le camp pour nous glisser dans nos lits. Après quelques heures de sommeil nous avons repris la route pour la Suisse où Claude Leterrier, berger six mois de l'année pour des troupeaux de bovins, nous attendait. Cette nuit-là, une de ses voisines avait distingué des hurlements de loups autour de sa bergerie. Claude, qui écoutait de la musique, n'avait rien entendu. Mais l'information le préoccupait...

Jean-Marc : Tu as eu l'info d'Aline ? Il y a eu des hurlements cette nuit.

Claude : Oui, elle m'a envoyé un message vers 2 heures du matin, en me demandant si je les avais entendus. Ils étaient en famille, là-bas, derrière le chalet.

Jean-Marc : Il y avait plusieurs individus ?

Claude : Apparemment, oui. Les hurlements avaient des voix différentes et elle pense même qu'il y avait des petits. Ça a duré cinq à dix minutes. Son mari est ensuite resté jusqu'à minuit, mais ils n'ont plus rien entendu après.

Jean-Marc : De notre côté, on a trouvé le site de rendez-vous*, plus à l'est, on a pris un louveteau en photo à 2 km d'ici et il y a trois

* Le site de rendez-vous est le lieu de vie des louveteaux après leur naissance et jusqu'à la fin de leur premier automne. C'est là que se retrouve le groupe familial. On le trouve plutôt en zones boisées, tachetées de clairières avec parfois des prairies à proximité. Pour en savoir plus, ce PDF sur le site de Jean-Marc Landry : www.ipra-landry.com/images/publications/Carnet-dobservations-illustr---site-de-RDV-et-vie-de-la-meute---IPRA-FJML-2020.pdf

nuits, on a vu un loup qui faisait du transport de nourriture sur ton pâturage. Mais il n'allait pas dans le même sens que d'habitude. On se demande s'ils ne sont pas en train de changer de site. Si Aline a entendu des voix de jeunes, ça montre qu'ils sont effectivement en train de naviguer. On va aller pister. On va relever le piège vidéo et on verra s'il y a eu du passage sur ton alpage. Celui qu'on a vu passer il y a quelques jours avait une patte de cerf dans la gueule.

Claude : Il transportait une patte de cerf ?

Jean-Marc : Oui, on a déjà vu ça plusieurs fois. On a aussi trouvé plusieurs crottes, mais de l'autre côté toujours. Ici, on n'a pas grand-chose.

Claude : Ça crée un peu de tension quand même, parce que j'ai une vache qui est en train de vêler là. Et cette année, j'en ai deux ou trois qui ne s'occupent pas bien de leurs veaux. Pendant trois à cinq jours, je suis obligé de les remettre ensemble. Donc c'est clair qu'un petit veau, tout seul, c'est quand même un risque. Pour l'instant il n'y a rien eu, mais...

Jean-Marc : Pourquoi penses-tu que les mères ne s'occupent pas de leur veau ? Y a-t-il eu un dérangement ?

Claude : Je ne sais pas.

Jean-Marc : Cela arrivait-il avant la présence du loup ?

Claude : C'est déjà arrivé, oui, mais là je trouve qu'il y a une accélération. J'en ai trois ou quatre cette année. Elles s'en occupent deux jours, puis après, fini ! Du coup le veau est faible, maigre... c'est une proie facile.

Au milieu de l'alpage et au milieu de la nuit.

Qu'est-ce que ça change pour vous le fait qu'il y ait des loups dans le secteur ?

Claude : Je ne suis pas vraiment inquiet, mais je reste en alerte. J'observe encore plus qu'avant, je bosse beaucoup. Les autres années, quand je ne voyais pas un veau sous la mère, je ne m'inquiétais pas, je savais que je le verrais le lendemain. Alors que là, je surveille toute la journée.

Jean-Marc : Le problème, c'est qu'on ne sait pas comment le loup se comporte avec les bovins. Pour l'instant, ça se passe plutôt bien, mais on a encore tout à découvrir. Et visiblement, on a des disparitions chez les voisins.

Claude : Les autres années aussi, il y a eu des disparitions. Je n'ai pas l'impression que c'est pire.

On entend souvent dire qu'une vache, ce n'est pas intelligent. Or, aujourd'hui, les recherches montrent que les animaux sont bien plus intelligents qu'on ne le croyait. Vous qui les côtoyez tous les jours, Claude, qu'en pensez-vous ?

Claude : Pour moi, il est clair qu'elles sont intelligentes. Quand je cherche un veau qui vient de naître et que je ne le trouve pas, je vais voir la mère et la perturbe un peu pour la faire bouger. Suivant l'endroit où elle regarde, je vais dans cette direction pour trouver le veau. Et le plus extraordinaire, c'est qu'elle me suit, comme pour me signifier que je suis sur la bonne voie. Donc je marche, je marche… mais je ne trouve jamais le veau ! Alors je ne suis pas dans l'esprit de la vache, c'est sûr, je ne sais pas ce qu'elle pense, mais j'ai parfois l'impression qu'elle m'a sciemment entraîné dans une fausse direction pour que je ne le trouve pas !

Jean-Marc : Raconte-leur l'histoire du tintement de la cloche.

Claude : Chaque vache a une cloche autour du cou. Et en général, quand elles sont prêtes à vêler, elles se mettent dans un coin, bien cachées, en dehors du troupeau. Elles essaient de ne surtout pas bouger pour ne pas qu'on les retrouve. C'est tout juste si elles ruminent pour que la cloche ne fasse pas de bruit. Eh bien la bête dont je parle, je l'ai cherchée pendant un jour et demi, car je n'entendais pas sa cloche. Et ce qui est extraordinaire, c'est que dès le lendemain, la cloche marchait de nouveau ! Alors c'est sûr que ça arrive, parfois, que le battant de la cloche se coince... Mais juste la veille du vêlage, je trouve la coïncidence tout de même un peu bizarre, pour ne pas dire plus.

Elle serait donc capable de se mouvoir sans faire tinter la cloche, pour ne pas qu'on sache où est son veau ?

Claude : Non, parce qu'avec ma femme, on l'a vue chasser des mouches en faisant un geste brusque avec sa tête, et la cloche ne marchait pas. C'est bien le battant qui était coincé. Et bizarrement, il s'est décoincé juste après le vêlage.

Vous avez là une liste de noms. Que représentent ces vaches pour vous ? Est-ce que vous les considérez comme des individus plus que comme de simples bêtes ?

Claude : Je ne sais pas trop comment répondre à cette question. Elles sont ce qu'elles sont, et je les prends comme telles. Certaines se ressemblent, mais d'autres, je sais exactement la manière dont elles se comportent. Elles ont chacune leur personnalité, leur façon de s'occuper de leur veau, et je les reconnais, je sais comment elles réagissent dans telle ou telle circonstance. Il y en a même que je reconnais à leur façon de me regarder ou alors de très loin, à la manière dont elles placent leurs oreilles. Je ne compte jamais les bêtes. J'ai une liste avec leur nom et je vais les voir une par une, le soir ou le matin. Chaque jour, il faut que j'aie vu tout le monde.

Et quand elles partent à l'abattoir, comment le vivez-vous ?

Claude a les larmes qui lui montent aux yeux et la gorge qui s'étrangle. On sent qu'il lutte pour contenir son émotion. Il lui faut plusieurs secondes pour se ressaisir.

Claude Leterrier.

Claude : Pour résumer, je le vis mal...
Déjà, je ne suis pas un *viandard*, comme on dit, je mange très peu de viande. Donc c'est paradoxal le métier que je fais. Ça me plaît beaucoup, ça m'intéresse, mais au final, c'est pour envoyer les bêtes à l'abattoir. C'est une contradiction qu'il faut que j'assume. Quand ce sont les veaux qui partent, ça me fait moins d'effet, mais quand ce sont les vaches, là, ce n'est pas pareil... Pendant vingt ans, j'ai travaillé avec un cheval de trait et, heureusement, j'étais ici quand il est mort, sinon je ne sais pas comment j'aurais fait. Il y a aussi la façon de les emmener à l'abattoir. Quand mon cheval est mort,

je n'aurais pas voulu voir le gros camion arriver, avec la grue et le départ à l'équarrissage... Je n'aurais pas supporté.

Et comment ressentez-vous le conflit entre les vaches et les loups ? Pensez-vous qu'une cohabitation apaisée soit possible ?

Claude : Apparemment, c'est possible, puisqu'ils cohabitent déjà ! On en est sûr maintenant, mais je pense personnellement que ça fait plusieurs années qu'ils sont là. Mais attention, on parle de vaches là, sur les moutons ce n'est pas pareil. Je sais qu'il y a eu des attaques pas loin.

Les attaques de loups sont-elles liées à l'activité humaine ?

Claude : C'est une question compliquée et je ne voudrais pas exagérer, mais je pense qu'on a détruit et artificialisé notre environnement au point qu'aujourd'hui, il y a des régions où les loups n'ont plus de faune sauvage à manger. Je le disais hier en plaisantant à un gars des services de la faune qui chasse les cerfs. Je lui disais : "Eh, faut quand même en laisser quelques-uns hein, car quand les loups n'auront plus rien à manger, que vont-ils faire ? Ils vont s'attaquer aux troupeaux !" Alors on cherche à réguler les cerfs, mais les loups pourraient très bien le faire. Depuis quelques décennies, on a tout chamboulé. Jamais les choses n'ont changé à une telle vitesse. Et maintenant, comment on va rééquilibrer tout ça ? Je n'ai pas la réponse, mais je suis très inquiet.

Quelle relation entretenez-vous avec les loups ? Les respectez-vous, même s'ils entrent parfois en conflit avec les troupeaux ?

Claude : C'est peut-être un peu facile pour moi de dire que je respecte les loups, qu'ils sont là et qu'on doit faire avec, car le troupeau ne m'appartient pas, je suis juste berger. Il faudrait demander aux éleveurs. Ils en pensent quoi, eux ? En tout cas moi, pour l'instant, je vis très bien avec les loups. J'ai même beaucoup regretté de ne pas les entendre hier, j'aurais aimé ça, les écouter.

Et pour la protection des troupeaux ici, que comptez-vous mettre en place ?

Jean-Marc : On n'en sait pas encore assez sur la relation entre loups et bovins pour faire des propositions. En attendant, ce qui est important, c'est la transparence. Il faut que les éleveurs soient informés de ce qu'il se passe. C'est ce qu'on fait en ce moment. On leur explique comment vit le loup, par où il passe, la manière dont il se comporte... Puis, on échange sur les différentes possibilités. Si un jour on a des attaques sur les veaux, qu'est-ce qu'on fait ? Comment on les protège ? Pour l'instant, on n'a pas vraiment de réponse. On va faire un essai avec le propriétaire du troupeau. On va tenter de savoir exactement le jour où les vaches vont vêler pour les protéger pile à ce moment-là. Mais ça signifie changer de méthode d'élevage.

Claude : Des éleveurs voisins le font déjà.

Jean-Marc : Oui, mais ils me disaient que le vêlage en montagne leur donne des veaux en meilleure santé que lorsqu'il se passe en bas, à l'étable. Et puis, il y a aussi une question d'ordre économique... Mais s'il fallait vraiment changer quelque chose, ce serait ça, faire vêler les vaches à l'abri. Quand une bête est prête, on appelle l'éleveur, qui la descend pour toute la période de vulnérabilité. Et après, on la remonte.

Claude : Oui, mais tout dépend de l'échelle à laquelle tu raisonnes. Car si c'est pour avoir un trafic de bétaillères tous les jours, ou même tous les deux ou trois jours, ça paraît quand même aberrant...

Jean-Marc : En Espagne, les éleveurs bovins protègent leurs troupeaux avec des chiens. Mais certains ont fini par abandonner, car ils n'ont pas assez de pertes pour justifier leur présence. Le loup capture un veau tous les trois ou quatre ans, alors monter nourrir le chien tous les jours sur l'alpage... Certains éleveurs préfèrent prendre le risque de la *part du loup*, comme ils disent. En attendant, pour l'instant, il semblerait qu'ici, ils n'aient pas la culture de manger des bovins. Tant qu'il reste des cerfs, on devrait être tranquille. Mais si ces loups ne s'attaquent pas aux bovins, j'aimerais faire passer le message de ne pas les tuer. Car actuellement, en France, on tire du loup à tout-va. On va probablement arriver à cent loups d'ici la fin de l'année... Cent ! Une espèce protégée que tu peux tirer toute l'année ! Tu peux tirer une maman, une femelle gestante ou allaitante, des louveteaux... tu peux tout tirer ! Et que voit-on en face ? L'augmentation des dommages et la colère des éleveurs. Ce n'est pas la solution. Il faut sortir de ce conflit *pour* ou *contre*.

Les loups étaient donc tout proches. Avec Jean-Marc et Baptiste nous avons décidé de pister leurs traces autour de la bergerie. Avec l'espoir d'en apprendre un peu plus sur eux et, pourquoi pas, de vivre quelques aventures...

Combien de loups y a-t-il dans le Jura ?

Jean-Marc : Pas beaucoup. On a une famille, avec un papa, une maman et au minimum trois louveteaux.

À quoi ressemble leur vie de famille ?

Jean-Marc : Chez les loups, la saison des amours a lieu début mars, puis la gestation dure environ soixante-trois jours et les petits naissent vers la mi-mai, dans une tanière placée sous une souche ou un rocher. Ils y restent près de six semaines, pendant lesquelles le père apporte la nourriture. Arrive ensuite un moment important, où toute la famille se déplace vers le site de rendez-vous. Là, chaque nuit jusqu'à ce qu'ils soient suffisamment grands pour les suivre, les plus jeunes attendent le retour des adultes partis à la chasse. Puis, vers la mi/fin octobre, la famille quitte le site de rendez-vous pour investir l'ensemble de son territoire, soit près de 200 km^2. Le loup est une espèce sociale. Il vit en groupe, ce qui lui permet de chasser de très grandes proies et de partager la nourriture. Cette sociabilité est basée sur la communication, ils se disent qui est le chef, qui obéit, comment chasser et se répartir le travail...

Et quand un jeune loup lèche les babines d'un adulte, qu'est-ce que cela signifie ?

Jean-Marc : Pour transporter de la nourriture, un loup peut utiliser sa gueule ou son estomac, auquel cas il lui faut une action réflexe pour la restituer. C'est ce que fait le jeune loup quand il lui lèche les babines, il l'amène à régurgiter. Le léchage est aussi un signe de soumission car, chez les loups, les notions de respect et de domination sont importantes. Le père a l'autorité et les autres lui montrent du respect par des léchages et des attitudes un peu basses.

Baptiste : Pour autant, les sociétés lupines ne sont pas patriarcales comme on l'a longtemps pensé. Les vidéos montrent que, souvent, ce sont les femelles qui mènent l'expédition à la chasse et choisissent les sites pour les tanières. Cela ressemble plus à du matriarcat dans certains contextes, même si rien n'est figé.

Jean-Marc : En captivité, les loups peuvent être assez agressifs entre eux, mais avec Baptiste, on a observé que dans la meute sauvage, il y a beaucoup plus de relations de fraternité.

Baptiste : On a vu de très belles scènes, oui ! Des scènes de retrouvailles notamment. Les loups ont une vie intrigante parce qu'ils vivent en famille nombreuse, mais pendant la journée, souvent ils s'isolent et font chacun leur vie. Puis, quand la nuit tombe, ils s'appellent. Ils émettent des hurlements en différents points du paysage et se retrouvent alors sur une crête ou dans une forêt. À la caméra thermique, on a vu la joie intense qui s'exprime lors de ces retrouvailles. Parfois, ils se mettent à hurler tous ensemble, dans ce qu'on appelle un *hurlement chorus*. L'ambiance change alors et la meute se discipline, devient plus soudée. Ensuite ils partent ensemble, en ligne, et disparaissent dans la forêt à la rencontre de leurs proies de la nuit.

Comment, à un moment donné de son histoire, l'être humain s'est-il rapproché du loup ?

Jean-Marc : Le loup est le premier animal que nous avons domestiqué, notre histoire commune est très forte. On ne sait pas encore vraiment pourquoi mais, à un moment donné, il y a plus de 20 000 ans, des loups se sont approchés des chasseurs-cueilleurs. Ils ont mis bas à proximité et vivaient là avec leurs louveteaux. Or, quand il y a un danger, les loups émettent un son, une sorte d'aboiement. Pour les humains, c'était un avertissement précieux, le signe qu'une menace approchait. Tigre à dents de sabre, lion d'Asie, grizzli, ours ou hyène des cavernes... Face à ces grands prédateurs, le loup n'était ni un problème ni un danger pour nous, au contraire. On a alors commencé à sélectionner les animaux les plus gentils, ceux qui avertissaient le mieux... et petit à petit, le son émis par le loup est devenu l'aboiement du chien. C'est pour cette raison qu'il est si difficile de faire taire les chiens. Depuis plus de 20 000 ans, ils sont sélectionnés pour ça !

Et nous, Homo sapiens, *qu'est-ce qui nous a permis de tant réussir, au point de mettre en danger les autres espèces ?*

Baptiste : Notre capacité à apprendre est relativement inédite dans le règne animal. Ça rejoint cette idée selon laquelle, dans l'évolution, certains animaux restent jeunes longtemps. Les petits sont dépendants plus longtemps et il faut une famille solide pour les aider à grandir. Mais en contrepartie, ils peuvent apprendre longtemps, donc apprendre beaucoup. Si c'est quelque chose qu'on remarque chez de nombreuses espèces, les humains sont en tête. Un des cas les plus spectaculaires est celui des chiens, car la différence entre eux et le loup tient au fait que les chiens sont des loups maintenus toute leur vie à l'état de curiosité et de plasticité juvéniles par l'effet de la domestication. Les chiens sont des loups restés en enfance, des loups Peter Pan.

Ils conserveraient des caractéristiques de bébé ?

Baptiste : Oui, même lorsqu'ils sont adultes. C'est ce qu'on appelle en biologie la néoténie. On le voit sur les visages et dans les comportements. C'est la raison pour laquelle ils sont si dépendants des humains. Mais en contrepartie, nous avons de nombreuses interactions avec eux et ils peuvent apprendre une vaste gamme de nouveautés. Alors qu'un loup adulte est mature, il n'a pas besoin de nous. Il est indépendant, autonome et fait sa vie. Quand on piste des traces de loups dans la neige, c'est incroyable de voir à quel point les adultes mettent leurs pieds postérieurs en ligne droite, exactement dans les mêmes trous que ceux des pieds antérieurs. Alors que les louveteaux, eux, marchent de manière plus désordonnée, moins économe. Et quand vous regardez les chiens, ils marchent exactement pareil ! On peut pister dans l'argile des traces de l'évolution du vivant, et y distinguer l'ancêtre du descendant retenu à l'état juvénile : le chien adulte laisse souvent des traces analogues à celles du louveteau.

Les moutons et les vaches conservent-ils aussi des traits de bébé ?

Baptiste : La plupart des animaux domestiqués ont conservé certaines caractéristiques du bébé, car la sélection artificielle maintient volontiers la docilité qui y est corrélée : c'est la seule façon que nous avons d'interagir facilement avec eux. Les farouches, les fortes têtes sont souvent écartés de la reproduction. C'est là un des paradoxes de la domestication. Nous avons créé une forme de dépendance, des animaux qui exigent plus de travail, plus de soin que leurs ancêtres plus sauvages. Et qui ne sont plus capables de se défendre seuls. De là la question complexe de la responsabilité.

Et comment fait-on pour susciter cette dépendance ?

Baptiste : Les vaches, par exemple. Vous prenez leur ancêtre, l'aurochs, qui est un grand bovidé sauvage, et vous isolez les petits quand ils sont très jeunes. Vous les gardez dans un enclos, vous sélectionnez les plus dociles à chaque génération, et vous les faites se reproduire. Si vous faites ça pendant des décennies, des centaines d'années, à un moment donné, l'espèce entière évoluera dans le sens que vous avez insufflé. C'est la sélection artificielle par contrôle de la reproduction, l'essence de la domestication animale. Avec les loups c'est un peu différent, parce que d'une certaine manière, ils ont choisi de venir avec nous. Peut-être que lorsque nous étions chasseurs, nous leur avons jeté une viande ou deux non loin du camp, ou ils sont venus charogner nos déchets. Certains d'entre eux étaient plus intéressés, plus curieux à notre égard, plus dociles aussi. Ils voulaient interagir et nous les avons gardés. À chaque génération, nous avons conservé les moins agressifs, et ils sont devenus des chiens.

C'est aussi simple que ça ?

Baptiste : C'est aussi simple que ça, oui ! Mais ce que nous devons comprendre, c'est que nous ne les avons pas créés. Nous avons infléchi leur évolution. Le maintien des caractéristiques de bébé chez les adultes, par exemple, existe déjà dans le monde vivant bien avant nous. Ce n'est pas de la création à proprement parler, nous avons favorisé certaines directions proposées par l'inventivité de la vie elle-même. Nous ne sommes pas des producteurs de races, nous recueillons et nous infléchissons les propositions de l'évolution.

Le mot "symbiose" pourrait-il convenir pour décrire ce phénomène ?

Baptiste : La symbiose implique que les avantages soient mutuels. Or, là, ce n'est pas toujours évident. Pour les chiens on peut l'argumenter solidement. Pour les animaux de rente, nos anciennes proies devenues bétail, ce n'est pas du tout évident. Nous les avons transformés à notre avantage bien plus qu'au leur. Ce n'est donc pas une symbiose. Le mot exact, dans toute son ambiguïté, est *domestication.*

Jean-Marc : Eh les pisteurs, regardez ! Qu'est-ce que c'est selon vous ?

Une crotte de loup ?

Baptiste : C'est très blanc et il y a beaucoup de poils dedans.

Jean-Marc : Je ne pensais pas qu'on en trouverait, c'est génial !

Baptiste : Les loups utilisent leurs excréments comme des marquages. Ils sont enduits d'une substance qui provient de leurs glandes et donne de nombreuses informations aux autres loups. Rien qu'à l'odeur, ils peuvent déterminer l'identité de celui qui les a laissés, ainsi que la meute à laquelle il appartient. Leur nez est tellement riche qu'ils sont capables de déterminer l'état émotionnel dans lequel était l'animal qui a laissé le marquage. Quand il y a beaucoup de meutes dans le paysage, les loups utilisent également leurs excréments pour tracer des frontières. Ce n'est donc plus seulement un passeport biométrique qui donne l'identité de l'animal, mais également un drapeau. La meute qui arrive va alors adapter son comportement. Elle peut décider de passer quand même, mais la plupart du temps, elle va renoncer. Et si elle revendique le territoire situé juste à côté, elle va faire un marquage parallèle. Cette fonction de signalisation est une forme d'action politique qui permet de réduire l'agressivité mutuelle entre les meutes, c'est bien montré dans les sciences. C'est un très bel exemple de l'inventivité de la vie : l'évolution a été capable, dans la lignée des loups, de détourner la fonction de l'excrément, qui est un déchet métabolique, pour en faire un drapeau et un blason, un outil de communication, qui permet de pacifier des relations. Les humains ne sont pas les seuls animaux capables de faire la paix, les autres lignées ont inventé cette puissance, sous d'autres formes, moins symboliques, moins élaborées souvent, bien avant nous. On pourrait s'en inspirer, non ?

Vous en trouvez souvent des excréments de loups ?

Baptiste : Très souvent, oui. Comme il n'y a pas beaucoup de meutes, la fonction de drapeau n'est pas vraiment présente ici, mais lorsqu'elles sont nombreuses, on en retrouve alignés sur la piste de façon très rapprochée. À partir de ces signes très discrets, les biologistes essaient de comprendre comment les animaux façonnent le territoire, comment ils l'habitent, le partagent, de quoi ils ont besoin, quels sont les points de friction avec les usages humains, comment créer des alliances...

Vous parliez de la façon dont les loups utilisent leurs excréments pour éviter les conflits, mais les hommes ne font rien de tel, n'est-ce pas ? Nous n'avons rien fait pour éviter les guerres.

Baptiste : Le marquage incarne l'idée selon laquelle nous pouvons entrer dans une confrontation, sans nous entretuer. Nous, les humains, nous sommes parfois doués à ça et souvent très mauvais. Mais nous avons en tant que mammifères quelque chose qui nous permet de limiter la violence. Cela s'appelle l'empathie. Chez les espèces sociales, il a été démontré que quand un individu regarde le visage d'un autre en train de souffrir, il tend à arrêter de lui faire du mal. Alors certes, ça ne fonctionne pas tout le temps, mais l'empathie est une force puissante qui permet la désescalade de la violence. Elle existe chez les loups, car souvent, quand ils se battent et que l'un d'eux signifie qu'il se soumet par une série de positions, l'autre arrête l'agression. C'est une trouvaille de l'évolution qu'on retrouve régulièrement chez les prédateurs sociaux, elle est brillante pour tenir ensemble deux contraintes : la nécessité de la vie collective, collaborative, et le fait que ce sont des animaux capables de tuer. Ou : comment faire cohabiter ensemble une famille de machines de guerre... Paradoxalement, cette puissance d'apaisement inscrite dans le corps semble mieux marcher chez les loups que chez les humains, qui peuvent parfois s'adonner à une violence aveugle et faire taire cette empathie éthologique, en diabolisant un adversaire, en s'inventant des raisons qui font taire leurs puissances animales d'apaisement. La vie est si complexe...

Quand on y pense, on n'est pas si fondamentalement différents des loups. On éprouve les mêmes sentiments, les mêmes émotions...

Baptiste : Nous sommes effectivement assez proches. Nous avons des familles, éduquons nos petits, travaillons en collaboration et partageons des territoires. Nous essayons d'éviter les conflits mais, parfois, nous les provoquons et faisons tout pour gagner... C'est probablement la raison pour laquelle les loups nous fascinent autant, ils sont comme un miroir pour nous, un miroir déformant. Il y a des milliers d'années, les premiers peuples percevaient déjà cette parenté, certains les appelaient "frères".

Si les loups essaient d'éviter les conflits, ne seraient-ils pas, quelque part, meilleurs que nous ?

Baptiste : Les loups ne sont ni meilleurs ni pires que nous, ils sont différents, ils incarnent simplement une autre façon d'être au monde, une autre manière d'être vivants. Certaines personnes se servent de leur amour des animaux pour détester les humains. Mais aimer les animaux, c'est aimer les êtres vivants... et nous sommes des êtres vivants !

Bella et Baptiste Morizot.

Il est parfois difficile d'aimer les humains quand on voit ce qu'ils font au monde.

Baptiste : Je comprends tellement... Je ressens ce sentiment parfois. C'est l'expression d'une colère accumulée à cause de notre destruction de ce monde vivant, splendide, qui nous a vus naître et nous a façonnés. Et sa continuation cynique aujourd'hui, comme si la machine continuait à avancer alors même qu'on sait tous ce qu'elle fait. Certains matins, je crois que nous partageons tous ce sentiment : oui, nous sommes, nous, héritiers de la modernité, difficiles à aimer. C'est compliqué, mais nous n'avons pas le choix.

Surtout si on veut défendre les vivants. Car l'aveuglement ici consiste à se penser comme des humains séparés, et à oublier que nous sommes aussi des vivants. Et un vivant qui ne s'aime pas ne peut pas aimer le reste du vivant. On sait tous, dans une relation amoureuse ou amicale, que quelqu'un qui est travaillé par la haine ou le dégoût de soi ne peut pas vraiment aimer quelqu'un d'autre. Le raisonnement est le même : une espèce qui ne s'aime pas ne peut pas aimer les autres espèces. L'humain qui déteste son engeance ne peut pas chérir vraiment les autres vivants : il est lui aussi un vivant parmi les vivants. Si on veut défendre le monde vivant, il faut apprendre à distinguer les humains en général des mentalités qu'on critique, du système économique extractiviste qu'on refuse, des héritages modernes qu'on dénonce et qu'on veut changer. Et chercher le chemin d'un amour exigeant pour les humains, en tant qu'ils sont, eux aussi, souvent, des animaux fascinants. On est condamnés à aimer les humains, quelle poisse !

Et en tout cas, nous ne sauverons pas les autres espèces – et nous ne nous sauverons pas – par la haine.

C'est un bon point... Et vous, qu'est-ce qui vous fascine tant chez le loup ?

Baptiste : Le loup a un pouvoir d'ambassadeur très puissant. On le voit à la façon dont il a émergé dans les conversations quotidiennes, il s'est imposé comme un sujet de débat démocratique à part entière. L'autre aspect qui me fascine, c'est sa capacité à résister, à s'imposer face à nos systèmes techniques. C'est un puissant rappel, qui nous montre qu'on ne peut pas contrôler le monde vivant par le strict rapport de force, qu'il ne s'est même jamais agi de le contrôler. L'enjeu a toujours été celui d'influencer, de négocier, de cohabiter... Une réalité que nous avons oubliée lorsque nous avons rendu les espèces dociles à notre égard. Alors, quand un animal arrive et qu'il te rappelle que tu ne choisis pas les espèces appelées à vivre ici, que tu ne peux pas parfaitement maîtriser le système, il te donne une belle leçon d'horizontalité !

Vous avez écrit un livre qui s'appelle Les Diplomates*, *qu'entendez-vous par "être un diplomate" ?*

Baptiste : Nous avons hérité d'une tradition qui considère que nous sommes les seuls acteurs pertinents du territoire et qui, de fait, a entraîné une réduction massive des autres formes de vie. Nous avons vécu une parenthèse "enchantée", qu'on a appelée *modernité* ou *Trente Glorieuses*, mais qui est en train de prendre fin. Aujourd'hui, le monde vivant nous rappelle qu'il est bel et bien vivant, qu'il n'a jamais été un décor et qu'il faut interagir avec lui avec le même degré d'attention et de sérieux que nous le faisons avec les altérités humaines. D'autres peuples de vivants cohabitent sur les territoires. Ils ont des comportements, des mœurs, des usages, des formes de communication... Le grand enjeu, aujourd'hui, c'est de leur rendre justice. Et donc de commencer à apprendre leurs langages, à comprendre comment ils vivent pour inventer des *modus vivendi*. En ce sens, il s'agit de diplomatie.

Et que répondez-vous aux gens qui disent que, dans le fond, on s'en fiche s'il n'y a plus d'ours ou de loup, que cela ne nous sert à rien ?

Baptiste : C'est la question elle-même qu'il faut questionner. La biodiversité n'est pas un catalogue Ikea dans lequel choisir, suivant notre goût, quelle espèce on veut et laquelle on exclut pour meubler la Terre, comme si c'était notre propriété. C'est une habitude de pensée déplacée qui provient de notre culture du supermarché : elle s'applique à un monde fantasmé fait tout entier de

* Baptiste Morizot, *Les Diplomates. Cohabiter avec les loups sur une autre carte du vivant*, Wildproject, 2016.

main humaine, et gouverné par le choix utilitariste. Mais ce n'est pas ça, le monde vivant : ce n'est pas nous qui l'avons fait, c'est lui qui nous a faits. C'est lui qui nous maintient en vie à chaque instant. Il n'est pas l'objet d'un choix de décorateur d'intérieur, pas plus que l'air qu'on respire. C'est un environnement donateur qui a créé dans le temps long de l'évolution nos corps et nos esprits. Il est fait de relations d'interdépendance : le tissu du vivant, qui assure notre existence. Nous n'en sommes qu'un fil. Chaque fil d'un tissu n'a pas à choisir quel autre fil a le droit d'être là, quel fil couper, brûler ou détruire, surtout s'il ne comprend pas grand-chose à la trame… Ce qu'on fait au tissu, on le fait à nous-mêmes.

Alors la question "pourquoi faut-il des loups ?" n'a pas de sens dans ce contexte. Le loup est là depuis plus longtemps que nous, il est revenu spontanément, il repeuple de son propre fait. C'est une forme de vie magnifique, qui défend un peu son droit à exister et à habiter ce monde, malgré nos tentatives passées pour l'éradiquer. Il faut inverser la charge de la preuve, comme dans un procès, et donc la question n'est plus "pourquoi faut-il des loups ?" mais "pourquoi faudrait-il qu'ils disparaissent ? Au nom de quoi pourrait-on justifier de les détruire ?". C'est à ceux qui veulent leur mort de démontrer leur droit à les éradiquer, et pas à ceux qui veulent cohabiter avec eux de prouver la nécessité de les protéger. La grande erreur de la parenthèse moderne a été de considérer le monde vivant sous la seule forme de ressources. C'est un malentendu très profond. Il ne peut y avoir de prospérité humaine sans prospérité du monde vivant et l'approche qui oppose ces deux sphères est prodigieusement toxique. C'est ce qu'on est en train de voir aujourd'hui. Cette petite parenthèse, pendant laquelle on a fait comme si le monde était à notre service, est en train de se refermer. Bienvenue dans le tissu du vivant.

Le changement climatique et l'extinction massive des espèces seraient donc le signe que la fin de cette parenthèse est arrivée ?

Baptiste : Exactement. Et ça nous raconte qu'on s'est trompés de conception du monde, car une cosmologie qui mène le monde à sa perte est nécessairement fausse. Elle s'est méprise dans les assises les plus fondamentales de son raisonnement, dans cette vision selon laquelle il y a, d'un côté, les humains qui sont des personnes morales, dotées d'une valeur absolue, et, de l'autre, le reste du monde, pris comme des moyens, des ressources au service de la prospérité des personnes. Ça a été un idéal moral et philosophique, mais ça n'a pas marché. *A contrario*, les logiques qui encouragent le bénéfice conjoint des humains et du reste du vivant relèvent d'un lien beaucoup plus profond avec celui-ci. Je suis assez fasciné, par exemple, par le mot d'ordre de la permaculture "guérir la terre, nourrir les hommes". Toute la modernité agricole a défendu que ce couplage était impossible. Pour nourrir les hommes, il fallait pressuriser la terre. Ou alors, on voulait guérir la terre, mais par une sanctuarisation faite au détriment de l'humain. Le grand pari contemporain, c'est d'arriver à ce que beaucoup de nos activités bénéficient au monde vivant qui nous fonde, qui nous a produits en tant qu'espèce. Cette prise de conscience, cette nouvelle image du cosmos à inventer, je crois que c'est celle du XXIe siècle, et ça s'appelle, de manière encore balbutiante, la pensée écologique.

Selon vous, à quoi les humains servent-ils sur cette planète ? Si, pour l'instant, ils ont majoritairement tout détruit, quelle pourrait être leur rôle à l'avenir ?

Baptiste : Je ne crois pas que les humains aient tout détruit. Ce qui est destructeur, c'est un métabolisme économique tardif, un capitalisme financiarisé, productiviste et extractiviste, une cosmologie prodigieusement toxique, qui a transformé le reste du vivant en décor et en ressources cheap. Les humains, en tant qu'espèce, sont parfaitement capables de mettre en place des relations extrêmement riches avec le monde vivant. L'enjeu est de penser en termes de relations. Il y a quelque chose de problématique dans tout un pan de la modernité tardive, que j'appelle le *primato-narcissisme* ou le narcissisme des primates humains. Tous ces discours selon lesquels nous sommes les seuls acteurs intéressants sur Terre. Les primates sociaux sont obnubilés par leur propre espèce, par les histoires de famille, de pouvoir et de sexe, des thèmes autour desquels tournent la quasi-totalité de nos fictions. Nos relations avec les autres vivants en sont absentes, c'est un point aveugle colossal. Parallèlement, je suis tout aussi dubitatif quant à l'intérêt pour la nature toute seule, séparée, soi-disant pure... Moi, ce qui m'intéresse, ce sont les *relations* entre les humains et le reste du vivant, car ce sont elles que l'on a abîmées. Avant d'être économique ou politique, la crise écologique actuelle est surtout une crise de nos relations au vivant, une crise de la sensibilité au vivant.

Qu'entendez-vous par "crise de la sensibilité" ?

C'est un appauvrissement de l'attention et de la gamme de relations que l'on entretient avec lui. Ce dont il faut prendre soin, ce n'est pas d'une sorte de nature intacte dont nous serions exclus parce qu'on serait fondamentalement, par notre nature d'humains, des pollueurs ou des destructeurs. Ce dont il faut prendre soin, c'est de nos relations avec le monde vivant. Il est bien évidemment nécessaire de militer contre la destruction des hauts lieux de biodiversité. Mais simultanément, il faut aussi réensauvager les espaces dans lesquels on vit. Tous ces lieux d'activité et de production qui méritent de retrouver des dynamiques écologiques plus riches. Nous devons réapprendre à faire de la place aux autres formes de vie. Or, ces trois tactiques – militer, réensauvager, cohabiter – se présentent souvent comme des rivales, en conflit les unes avec les autres. C'est une erreur prodigieuse. Car ce sont trois visages d'un même combat, trois visages du vivant qui se défend.

***

Cohabiter avec le vivant, c'est non seulement le comprendre et le protéger, mais c'est aussi trouver le moyen de coopérer avec lui. En commençant ce livre et ce film, la question de savoir s'il était seulement possible de répondre à nos besoins, tout en cessant de détruire et de déstructurer les écosystèmes, était lancinante. Toute activité humaine a un coût pour les forêts, les rivières ou les zones humides. Et plus notre maîtrise de l'énergie s'est accrue, plus ce coût est devenu exorbitant. Existe-t-il une façon d'habiter cette planète dans une logique gagnant-gagnant avec le vivant ? Sur le papier, rien n'est moins sûr. La plupart de nos technologies, même celles que nous appelons abusivement "propres", demandent l'utilisation de métaux, de matériaux que nous continuons à extraire de la croûte terrestre, à une vitesse folle, laissant des terres dévastées et des êtres humains exploités. Elles demandent de produire des objets et des installations qui détruisent des espaces naturels, tout comme nos habitations, nos routes ou nos "zones d'activité". Pourtant, comme le décrit Baptiste, une autre logique émerge, notamment autour des dynamiques permaculturelles. C'est ce que nous sommes allés explorer à la Ferme du Bec Hellouin, dans laquelle nous nous étions déjà rendus pour le film *Demain*. Pourquoi y être retournés ? Pour plusieurs raisons. D'abord, parce que c'est l'une des applications de la permaculture à l'agriculture* la plus aboutie au monde. Ensuite, parce que c'est l'un des rares endroits que je connaisse où la visite même du lieu est transformatrice. L'harmonie

* La permaculture peut être appliquée à bien d'autre chose : économie, urbanisme, etc.

des formes, des couleurs, la densité impressionnante de cultures dans un espace si réduit, le soin apporté à la construction de chaque butte, de chaque mare, de chaque bâtiment a quelque chose de bouleversant. Tout est pensé dans ce lieu, rien n'est véritablement laissé au hasard. Et de cette organisation profondément intelligente peut jaillir la beauté conjuguée à l'efficacité, créée par une forme de symbiose entre les différents systèmes qui coexistent. C'est pour moi l'un des meilleurs exemples de ce que Dino et Jane évoquaient : le rôle spécifique que l'être humain peut jouer dans l'organisation de systèmes complexes. En comprenant les ressorts physiques, chimiques, biologiques, les humains peuvent, grâce à leur talent spécifique, agrémenter les écosystèmes de façon positive. C'est typiquement ce qui se produit au Bec Hellouin, où les sols sont plus fertiles qu'ils ne l'étaient avant que la ferme n'existe, où la biodiversité est plus variée et plus importante et où, dans le même temps, la production à destination des humains est particulièrement élevée. C'est la dernière raison pour laquelle j'ai voulu y retourner. Depuis quelques années, plusieurs études y ont été conduites, non seulement sur la production agricole mais également sur la présence d'oiseaux, d'insectes pollinisateurs ou de vers de terre. Leurs résultats ouvrent des perspectives exceptionnelles. C'est ce que nous expliquent Charles et Perrine Hervé-Gruyer, qui ont créé le Bec Hellouin, et tiennent à bout de bras ce projet depuis maintenant seize ans.

COOPÉRER AVEC LE VIVANT,
L'EXEMPLE DU BEC HELLOUIN

1.
Rencontre avec Perrine et Charles Hervé-Gruyer

Nous sommes ici au cœur de votre ferme, pouvez-vous nous la présenter ?

Perrine : Ici, au Bec Hellouin, nous avons fait le choix de cultiver sans engrais, sans pesticide, sans produit chimique ou de synthèse. Dès le début, nous avons fait le pari d'une grande diversité et essayons autant que possible de ne pas utiliser de combustible fossile. Très peu de pétrole, de moteurs... et voilà le résultat ! Au total, notre ferme fait 20 hectares, mais nous nous contentons d'en cultiver 5 car nous faisons tout à la main ou avec un cheval de trait. Aujourd'hui, nous avons plus de 600 variétés d'arbres fruitiers et de plantes installées, quand une ferme maraîchère classique travaille avec quelques dizaines de variétés principales.

Charles : C'est une ferme assez spéciale pour de nombreuses raisons. Au fil des ans nous avons découvert qu'en faisant tout à la main, nous pouvions faire pousser plus de légumes sur moins d'espace. Et ce faisant, on libère les 9/10e du territoire pour installer des milliers d'arbres, des haies, des mares, des plantes aromatiques et médicinales... Autant de milieux différents, de niches écologiques qui permettent d'accueillir la faune et la flore sauvages.

Nous avons progressivement observé la réapparition des insectes et des papillons, des vers de terre, des abeilles, mais aussi d'oiseaux en voie de disparition et de plantes indigènes. Dès qu'on laisse la nature s'exprimer, tout le monde revient. Peu à peu, l'écosystème devient plus mature, les interactions se multiplient et tout grandit ensemble. Nous assistons quotidiennement à une forme de symbiose.

Cet écosystème a-t-il été difficile à mettre en place ? Comment vous y êtes-vous pris ?

Charles : La création de la ferme a été une véritable aventure. Au départ, notre rêve était avant tout de vivre en harmonie avec la nature, pas d'avoir une ferme productive ou innovante. Dans cette quête de beauté, nous avons composé l'ensemble un peu comme un tableau, avec beaucoup de petits espaces. Nous nous sommes inspiré des peintures de la France rurale d'avant le remembrement. Des mares, des vergers, des animaux, des potagers... le tout, très imbriqué. Sans le savoir, nous avons reconstitué un paysage complexe qui favorise les connexions. Puis, quelque chose de magnifique s'est produit. On cherchait la beauté et la nature nous a offert un cadeau formidable, la productivité.

Perrine : Cela fait seize ans que nous sommes agriculteurs et je suis toujours époustouflée par ce que nous apprenons au contact de la nature. Cela rend humble. Le chemin a été assez long et difficile car d'une certaine manière, nous avons été des pionniers et nous avons cherché, beaucoup cherché... Nous avions l'intuition que nous pouvions concilier agriculture et écologie en prenant le vivant pour modèle. Mais au commencement, en Occident, peu d'agriculteurs exploraient cette voie. Nous nous sommes alors engagés dans une sorte de recherche continuelle, c'est un voyage passionnant ! Un jour, nous étudions des techniques millénaires développées en Amazonie ou au Japon et le lendemain, nous lisons les dernières avancées scientifiques. Nous vivons une époque merveilleuse où nos connaissances sur le vivant explosent. L'un des aspects les plus enthousiasmants, c'est d'essayer d'en faire la synthèse. De prendre le meilleur du passé, le meilleur des différentes traditions du monde, le meilleur de notre époque, et de chercher des solutions pour le monde de demain.

Nous serions donc capables de produire sans détruire ? De coopérer avec la nature ?

Charles : Tout à fait. Au début, on voulait produire notre nourriture en faisant le moins de mal possible à la planète. Mais un jour, on s'est dit que cette histoire ne tenait pas debout, que ce que nous voulions, en réalité, c'était produire en faisant du bien à la planète. Depuis, nous faisons tous les jours le constat qu'on peut résoudre cette équation difficile qui consiste à cultiver une nourriture de qualité tout en réparant les blessures qu'on a infligées aux écosystèmes. Désormais, nous stockons du carbone, nous améliorons la fertilité des sols, nous protégeons la biodiversité, les ressources en eau... Bien sûr, ça a été un énorme travail, mais tellement enthousiasmant ! Découvrir comment fonctionne le vivant et le voir s'emparer du territoire, c'est l'aventure d'une vie. Et on se sent vraiment récompensés parce qu'aujourd'hui, nous pouvons témoigner que nous, êtres humains, ne sommes pas condamnés à détruire. Nous pouvons au contraire contribuer à embellir, à *réensauvager* la planète, à laisser de la place à toutes les autres formes de vie.

Ce modèle peut-il s'appliquer à toute la planète ?

Charles : Nous en sommes persuadés, oui. Des études scientifiques conduites dans notre ferme avec AgroParisTech et l'Inrae ont montré qu'en travaillant à la main d'une manière très dense, nous produisons beaucoup plus et que, dans le même temps, la fertilité des sols augmentait. Avec ce type de maraîchage très intensif, sur 1 000 m², on peut faire autant que sur un 1 hectare avec des méthodes plus classiques*. La monoculture n'existe pas à l'état naturel. Elle a été inventée par les agriculteurs en même temps que les tracteurs. Auparavant, les paysans du monde entier cultivaient les plantes en association comme dans les espaces sauvages.

Perrine : Ici, nous avons à la fois des fleurs et des légumes. Nous privilégions de joyeux mélanges, parce que nous partons du principe que plus l'écosystème est riche, plus l'équilibre va s'établir par lui-même, les plantes s'aident entre elles. Nous avons par exemple associé les brocolis aux carottes, aux oignons et, avant cela, nous avions aussi des salades. Au final, sur une bande de 80 cm de large, nous faisons cohabiter quatre cultures différentes.

Charles : C'est intéressant de faire pousser les légumes ensemble, car l'odeur des oignons chasse la mouche qui pond des petits vers dans les carottes. Les plantes se protègent mutuellement et les récoltes sont plus abondantes. Tout cela ne peut se gérer qu'à la main étant donné le nombre de plantes : une chance pour nous, nous faisons tout à la main !

Perrine : Une fois de plus, nous en revenons à l'humain qui ne doit pas être étranger à l'écosystème mais, au contraire, inséré dedans. Avec les années, non seulement la productivité a augmenté, mais

* "Réalisée en conditions réelles de production et de vente, l'étude a été menée de 2011 à 2015. À partir des données récoltées, les modélisations montrent que, pendant la seconde année de l'étude, en fonction du niveau d'investissement et d'intensification, 1 000 m² cultivés dégagent un revenu agricole net mensuel de 900 à 1 570 € pour un travail de 43 heures par semaine, et permettent de salarier quelqu'un six mois par an en plus. Montant qui apparaît tout à fait acceptable, voire supérieur, au regard des références couramment admises en maraîchage biologique diversifié", site de l'Inrae, www.inrae.fr/actualites/ferme-du-bec-hellouin-beaute-rend-productif

la biodiversité a permis de maintenir une régularité dans la production. Nous sommes moins sujets aux aléas climatiques, aux sécheresses, aux inondations… Nous souffrons beaucoup moins qu'une ferme classique car, partout, on a des arbres qui vont aspirer le trop-plein d'eau, des microclimats qui protègent du froid intense ou de la trop grande chaleur… Plus on installe de variétés, plus on attire la biodiversité, et plus tout va interagir et s'autoprotéger.

Y a-t-il parfois des dégâts sur vos cultures ? Si oui, comment les gérez-vous ?

Perrine : En dehors de quelques purins pour booster les végétaux et de solutions de micro-organismes pour régénérer la vie microbienne, nous laissons la nature faire son travail. Il a fallu des années pour créer un sol fluide, qui fournisse aux végétaux toute l'eau et les nutriments dont ils ont besoin. Alors nous avons des dégâts, oui. De temps à autre, un rongeur va passer là, une limace ou des pucerons vont venir s'en mêler, mais nous ne cherchons pas à les éliminer. Nous essayons plutôt de rétablir l'équilibre, comme cela se fait dans la nature. Lorsque nous avons un prédateur trop gênant, nous tâchons d'attirer le prédateur du prédateur. Alors, même si c'est précaire et difficile à atteindre, nous essayons d'offrir à l'écosystème tout ce qui va l'aider à trouver lui-même son propre équilibre, sans trop d'interventions de notre part. Les humains se sont trompés en se disant qu'ils pouvaient avoir le contrôle sur le vivant. Ils ont balancé des produits chimiques, des pesticides, mais les maladies et ravageurs font aussi partie de l'écosystème. Le tout, c'est de réussir à les tempérer, à trouver le bon équilibre, comme dans la vie.

Charles : Les dernières découvertes scientifiques sur les bioagresseurs, toutes ces petites bébêtes et maladies qui viennent manger ou rendre malades les cultures, sont absolument passionnantes. On s'est aperçus que plus le milieu était perturbé, plus ils étaient favorisés*. Par rapport à une ferme mécanisée, où le sol est totalement désorganisé par les labours, nous avons ici un milieu très stable avec beaucoup d'auxiliaires utiles comme les grenouilles, les crapauds, les couleuvres, les hérissons, les oiseaux, les scarabées... Tous ces animaux nous aident à maintenir l'équilibre, ce qui nous permet d'affirmer qu'une ferme très diversifiée est beaucoup plus saine qu'une exploitation classique. Les maladies et ravageurs y sont généralement circonscrits et ne nécessitent pas d'intervention de notre part. Notre principal souci, ce sont les limaces. Car les légumes sont cultivés sans travail du sol, avec un paillage, ce qui a tendance à les favoriser. Mais nous avons beaucoup d'amis qui nous aident à les contenir : les canards, les grenouilles, les hérissons, les scarabées...

Perrine : Et n'oublions pas les poules ! Elles ne sont pas en liberté dans nos cultures mais elles se promènent tout autour et, en grattant toute la journée, nous rendent un service incroyable. Elles mangent les œufs de limaces et réduisent d'autant la population. Encore une fois, il y aura toujours des limaces. Pour que l'écosystème soit équilibré, c'est à nous de veiller, de faire en sorte qu'elles ne mangent pas tout, et qu'économiquement, ce soit viable.

Vous avez d'autres exemples ?

Perrine : Au printemps, lorsque les premiers pucerons arrivent, nous les attirons avec des plants d'absinthe disposés dans le sens

* Suite de l'explication de Charles à destination des passionnés : "On s'est aperçu que plus le milieu était déséquilibré, plus cela favorisait les bioagresseurs qui sont généralement des espèces de très petite taille, qui se reproduisent très vite et qui vivent dans des écosystèmes régulièrement perturbés. Leur durée de vie étant courte, ils se reproduisent très rapidement et la population peut être explosive. Alors que plus un milieu naturel est stable, plus il va favoriser des espèces de plus grande taille qui se reproduisent avec peu de descendants, lentement, avec une maturité sexuelle tardive." https://fr.wikipedia.org/wiki/Modele_évolutif_r/K

du vent, bien avant les légumes. Ils s'y collent en priorité parce qu'ils adorent ça et, pendant trois semaines, y prennent tout ce qu'ils ont à prendre. Pendant ce temps, je sais que les coccinelles doivent arriver car une fois que les pucerons n'auront plus rien à manger sur les pieds d'absinthe, ils vont migrer vers les fèves ou les courgettes. Si les coccinelles ne sont pas là à temps, je sais exactement où les trouver : dans la forêt-jardin, sur des orties, bien au soleil. Or, si je veux "faire propre" et que je coupe mes orties trop tôt, je n'aurai pas les coccinelles pour réguler les pucerons. D'où l'intérêt de cette diversité. De son côté l'absinthe est un excellent vermifuge pour les moutons (qui adorent ça) et peut aussi être vendue (s'ils m'en laissent). Elle va donc avoir plusieurs usages. Toute la logique de la mise en place de nos cultures se fait ainsi. Je veux récolter des carottes, mais quels autres bénéfices vais-je avoir à les installer ici ou là ? À côté de qui vais-je les mettre ? Qui cela va-t-il attirer ou repousser ? Cette logique analytique peut paraître compliquée au départ, mais elle est passionnante. C'est un jeu d'équilibristes et nous, maraîchers, notre seul rôle est de mettre en place un maximum de diversité dans l'écosystème. Après, c'est à lui de jouer.

Pour remplacer le tracteur, vous travaillez avec un cheval. N'est-ce pas une forme d'exploitation ? Cela ne vous gêne-t-il pas ?

Charles : Ce sont des questions complexes. Notre rêve à nous, c'est de faire une agriculture sans pétrole, parce que l'utilisation des énergies fossiles réchauffe la planète et pose de vrais problèmes pour les générations à venir. Donc on cherche des alternatives. Pour les légumes, on travaille surtout avec des buttes de culture permanente mais pour d'autres cultures, comme les céréales, une partie de la ferme est gérée avec le cheval. Aujourd'hui dans le monde, environ 30 millions de paysans ont un tracteur, alors que 300 millions d'entre eux travaillent avec des animaux de trait et 1 milliard complètement à la main, ce qui est très dur. C'est à chacun de se positionner (quand il a le luxe de choisir) mais si cela peut vous rassurer, je pense que Swann, notre jument, est contente de travailler car elle est respectée. On la sollicite deux ou trois fois par semaine et quand elle est fatiguée, elle s'arrête. Les chevaux et les humains sont associés depuis des milliers d'années. Ils ont été sélectionnés pour ce type de travail et je crois qu'ils sont heureux de le faire. Ça se voit quand on se prépare le matin, Swann arrive tout de suite, elle veut se joindre à nous !

Pourrait-on se passer du travail des animaux ?

Charles : Cela dépend de ce que l'on produit. La culture manuelle des fruits et des légumes est facile et efficace, comme l'ont montré les études scientifiques que nous avons réalisées ici. En revanche, cultiver des céréales en grands champs est beaucoup plus difficile sans machine ni combustible fossile. C'est pourquoi nous essayons de trouver de nouvelles façons de le faire. Alors qu'un cheval peut travailler sur 10 hectares, le faire à la main c'est une autre paire de manches... C'est un choix difficile, car soit on ne veut pas de tracteur – car c'est mauvais pour le climat –, soit on ne veut pas de cheval – car certains considèrent que c'est mauvais pour lui. Mais alors que faire ? Ne plus faire pousser de nourriture ?

Perrine : Au Bec Hellouin, nous avons des moutons et une basse-cour. Nous produisons principalement des légumes, mais nous vendons aussi des œufs et nous mangeons notre viande, celle de nos moutons. Nous pensons que notre production dépend de tous les services que les animaux rendent à l'écosystème. Les moutons, les poules et les chevaux sont essentiels, car ils assurent la fertilité du sol grâce à leur fumier. Quand je parle d'animaux, je parle aussi bien sûr des insectes et de tous ceux que nous invitons à partager l'espace. Pour nous c'est une évidence, ils sont indispensables à la vie de la ferme.

Pourtant le véganisme semble être le mode de vie le plus éthique et respectueux du vivant…*

Charles : Éthiquement c'est plus satisfaisant de ne pas tuer des animaux… Mais c'est un sujet complexe. Ce qui est sûr, c'est qu'aujourd'hui, nous mangeons trop de céréales et de viande. Quasiment un tiers de notre empreinte écologique est lié à notre alimentation, dont 60 % proviennent de trois céréales seulement**. C'est beaucoup trop. On pourrait par exemple manger plus de fruits et légumes, de noix, de châtaignes… Nous devons penser mondial, faire évoluer les pratiques, essayer de nouveaux aliments, explorer de nouvelles variétés… On a un énorme potentiel de plantes utiles à découvrir. L'humanité a utilisé environ 7 000 végétaux comestibles depuis l'origine, alors qu'il en existe potentiellement jusqu'à 70 000.

Perrine : Pendant des années nous avons été végétariens. Puis nous avons senti que nous n'étions pas assez en forme pour assumer nos activités quotidiennes. En tout cas c'est mon cas. Charles peut s'en passer plus facilement. Mais pour moi, un régime alimentaire équilibré est basé sur tous types d'aliments, y compris la viande, à condition qu'elle soit bonne et que l'on n'en mange pas trop. Cela dépend de la façon dont les animaux sont élevés, de ce qu'ils mangent, de la manière dont ils sont abattus… Je suis sûre que les changements vont se produire, mais ils se feront par étapes.

* Bella et Vipulan sont tous les deux végans.
** Blé, riz, maïs.

À vous entendre, on peut se demander s'il est possible d'être végétalien à 100 % si, dans le même temps, nous avons besoin des animaux pour aller vers une agriculture sans pétrole...

Charles : Sur la ferme, il serait difficile de se passer des services que les animaux nous rendent. Les moutons, le cheval et l'âne, par exemple, nous aident à garder des espaces ouverts, à entretenir les vergers, ils nous donnent leurs déjections, leur force de travail... Mais nous les élevons de la manière la plus naturelle possible. Nos moutons vivent dehors en permanence, ils se nourrissent exclusivement d'herbe et non de granulés ou, pire encore, de soja OGM en provenance du Brésil. Ils mettent bas tout seuls, ils ont une vie presque sauvage. C'est une forme d'élevage qui n'a rien à voir avec l'élevage industriel, ce circuit mondialisé dans lequel les animaux sont tellement en souffrance.

Perrine : Le problème, selon moi, n'est pas tant de savoir s'il faut manger de la viande, mais plutôt quel type de viande manger. Si aujourd'hui, il n'est pas toujours facile de trouver des produits sains de bonne origine, demain, peut-être, parviendrons-nous à créer un maillage du territoire avec de nombreuses petites fermes au fonctionnement éthique, qui respectent l'animal et produisent des denrées de qualité.

Mais comment faire changer les comportements ? Faire en sorte que notre société consomme plus d'aliments naturels et moins de transformés ?

Charles : C'est une question de prise de conscience. Vous deux, Bella et Vipulan, qui êtes végans, vous êtes très lucides sur ce que vous mangez et la façon dont vous vivez. Votre génération semble avoir beaucoup plus conscience de toutes ces questions que les précédentes. Elle va changer les choses.

Perrine : Le *plaisir* me semble être une des clés de la réponse. Une carotte comme celle-ci n'a pas le même goût que celle du supermarché. Et quand les gens le découvrent, ils ne peuvent plus revenir en arrière. La qualité de la nourriture peut faire changer les comportements. On voit d'ailleurs de plus en plus d'étudiants venir acheter leurs légumes directement à la ferme. Les jeunes générations sont très conscientes de ce qu'il se passe autour d'elles, elles donnent l'exemple pour les années à venir.

Les microfermes peuvent-elles produire suffisamment pour nourrir toute l'humanité, dont la démographie est exponentielle ?

Perrine : J'en suis convaincue à 100 % ! À condition de les déployer partout. Une ferme doit être proche de la population. Or, aujourd'hui, elles sont à la campagne et les gens dans les villes. Il nous faut plus de microfermes réparties sur tout le territoire et alors, oui, elles produiront ce dont nous avons besoin pour vivre. Au Bec Hellouin, nous sommes très optimistes. Depuis quinze ans, nous formons de futurs agriculteurs à ce type de système et en France, maintenant, le mouvement s'étend. De plus en plus de microfermes sont créées par des gens qui, à la base, n'ont rien à voir avec l'agriculture. Des gens qui, tout comme nous, occupaient différents emplois dans la finance, la banque, l'industrie... et qui se passionnent tellement pour l'agriculture qu'ils en viennent à créer des microfermes pour nourrir les gens autour d'eux.

Ce qui est frappant ici c'est qu'il y a, par endroits, autant de vie que dans la nature sauvage. Et ce grâce à l'organisation, la planification que vous avez faites. Est-ce cela, la permaculture ?

Charles : La permaculture a pour objectif d'imaginer une culture permanente qui permette aux humains d'habiter durablement la seule planète dont ils disposent. Pour cela, elle prend la nature pour modèle. Or, quand on observe un milieu naturel, on voit qu'il est caractérisé par une grande complexité où tout interagit. La permaculture étudie ces interactions et propose de concevoir les installations humaines (fermes, jardins, villes, entreprises, communautés, etc.) de manière à ce qu'elles fonctionnent comme un écosystème naturel. Elle est avant tout un système conceptuel, une méthode de design qui permet de penser le meilleur positionnement des éléments les uns par rapport aux autres, afin qu'ils entrent en synergie. Le tout doit être plus que la somme des parties.

Toutes les grandes civilisations ont prospéré sur les terres les plus fertiles et elles se sont effondrées quand elles ont provoqué leur désertification. La nature est capable de créer du sol, mais cela prend beaucoup de temps, de l'ordre d'un centimètre d'épaisseur par siècle, voire par millénaire. Grâce aux progrès de la science, nous comprenons mieux comment elle s'y prend et ce que nous cherchons, c'est lui permettre de faire la même chose, mais en accélérant le processus. Et ça marche !

Est-ce une spécificité de l'être humain ? Être capable d'organiser la vie et, ce faisant, d'obtenir une valeur ajoutée ?

Charles : C'est une question qui m'a habité toute ma vie, le rapport que nous entretenons avec la nature. C'est une honte d'habiter cette planète merveilleuse et de la saccager. Il y a des fondements conceptuels, théoriques, philosophiques et peut-être même religieux dans le fait que l'on ne respecte pas le monde vivant. Quand on a créé la ferme, je venais de passer quinze années chez les peuples premiers et grâce à eux, j'ai compris que nous avions une fonction spécifique. Nous sommes des animaux, nous faisons partie de la nature, mais nous en avons une conscience toute particulière. Les Indiens disent que nous sommes capables de prendre soin des autres formes de vie en conscience.

Ce qu'il faudrait, c'est structurer nos activités autour d'une éthique solide qui rejoint celle de la permaculture : prendre soin de la terre, prendre soin des êtres humains et partager équitablement. Car ce faisant, on laisse de l'espace pour les oiseaux, les baleines, les éléphants, les singes... On profite du vivant mais pas dans le sens de l'exploiter, de le saccager. Nous prenons soin de la Terre Mère, comme elle prend soin de nous en retour, dans une sorte d'empathie réciproque. Et c'est extraordinairement gratifiant, parce qu'à partir du moment où l'on s'oriente vers le soin du vivant, vers une quête de beauté et d'harmonie, on nourrit tous les étages de notre être. Intellectuel, sensoriel, émotionnel, spirituel... tout ce qui nous permet de nous réaliser.

Vous voulez dire que non seulement l'être humain ne serait pas destiné à détruire, mais qu'il pourrait même être utile ?

Charles : Les connaissances scientifiques dont nous disposons aujourd'hui, ainsi que la conscience de l'infinie rareté du vivant, nous invitent à prendre soin de toutes les formes de vie. Chacune est précieuse. Après seize années à la ferme, je suis intimement persuadé que l'être humain a une place, un rôle à jouer dans la nature, car il peut la conduire vers des formes qu'elle n'aurait pas adoptées seule. À partir du moment où nous mettons notre intelligence et notre créativité au service du vivant, nous pouvons répondre à nos besoins tout en faisant la part belle aux espèces sauvages, en protégeant la biodiversité, en stockant du carbone... Et ça on ne savait pas le faire il y a cinquante ou cent ans, ça ouvre des perspectives totalement inédites ! Nous ne sommes pas condamnés à nous effondrer. Nous pouvons réparer et trouver de nouveaux équilibres, mais c'est à nous de les inventer. Notre expérience au Bec Hellouin est porteuse d'espoir car, en coopération intime avec la nature, nous avons totalement transformé le paysage, et bien plus rapidement que tout ce que nous aurions pu imaginer. Depuis quelques années, 80 % des projets de création de fermes maraîchères bio en France se revendiquent de ce concept de microferme permaculturelle. Alors nous vivons certes sur un fil, mais quand on voit le monde agricole prendre un tel virage en si peu de temps, on se dit que tout peut basculer du bon côté, et très rapidement.

***

Nous avons poursuivi cette conversation avec François Léger, ingénieur agronome, docteur en écologie, enseignant-chercheur en agroécologie à AgroParisTech, qui a conduit plusieurs études sur la ferme, pour le compte de l'Inrae. Pendant des années, il a été le scientifique du Bec Hellouin. Celui qui mesurait avec la plus grande précision possible les résultats que ce type très particulier et innovant d'agriculture pouvait produire. François est un grand monsieur à l'allure débonnaire, doté d'un solide sens de l'humour et d'un accent *british* inimitable. Avec Bella et Vipulan, nous tenions particulièrement à l'interroger sur les sols. Enfin... c'était mon intention. Bella et Vipulan, eux, avaient plutôt envie de creuser cette histoire de véganisme qui ne les avait pas du tout convaincus. Pour eux, tuer un animal restait une cruauté dont ils ne voyaient pas du tout la nécessité. François s'est prêté au jeu, et leur a partagé son point de vue. Échange passionnant entre deux adolescents urbains portés par les combats d'une génération nouvelle et un homme mûr, scientifique, qui a fréquenté des fermes, des agriculteurs et des animaux d'élevage toute sa vie.

2.
Rencontre avec François Léger

Pour Charles et Perrine, les animaux sont essentiels à la vie de la ferme. Pensez-vous qu'il soit tout de même possible de s'en passer ?

On pourrait, oui, mais alors il faudrait entretenir soi-même certains endroits, couper l'herbe à la faux, travailler sur des composts d'origine végétale pour remplacer le fumier… Ce que ne font pas les animaux, il faudrait le faire soi-même. C'est toujours possible, mais il semble plus facile et naturel de le faire avec eux. L'herbe doit être mangée par des animaux, que ce soit des moutons, des chevaux ou n'importe quel animal sauvage. Tous sont nécessaires, car ils participent à la permanence du système.

Mais est-on obligés de les manger ?

Considérer les animaux comme des êtres sensibles et refuser de les manger est un point de vue moral qui ne se discute pas. Les considérations éthiques font partie des civilisations et elles sont importantes. En revanche, si on ne mange pas les animaux qui sont sur une ferme, on va rapidement avoir un problème de surpopulation, sauf à les empêcher de se reproduire, ce qui pose également un problème éthique… Auquel cas, il vaut peut-être mieux ne pas en avoir du tout, du moins en ce qui concerne les moutons. Dans ces conditions, on doit entretenir soi-même l'espace. On peut aussi laisser la végétation naturelle et les arbres envahir ce verger… Mais alors, les arbres fruitiers auront probablement des problèmes et ne produiront plus grand-chose. Tout ça, ce sont des choix. Et quels qu'ils soient, il faut les assumer.

Et vous, qu'en pensez-vous ?

Nous sommes parties prenantes d'un ensemble ultra complexe dans lequel nous, êtres humains omnivores, mangeons de tout. Pour moi, exclure les animaux domestiques de notre univers alimentaire revient, *in fine*, à les exclure de notre univers tout entier. Et d'une certaine façon à nous positionner de manière extérieure à la nature, alors que tout l'enjeu aujourd'hui, c'est d'admettre que nous en faisons partie. Ce qui implique que nous faisons aussi partie des chaînes trophiques, où la vie se donne à la vie pour se perpétuer. Il n'y a pas de vie sans mort. Ça n'existe pas. Si je comprends et respecte le véganisme, je crains que derrière le côté *on respecte*, il y ait une sorte de *on s'extraie* qui biaise notre rapport au vivant. Et à la fin, c'est la solitude. Les animaux, domestiques en particulier, ont certes un rôle écologique, mais également une capacité d'entrer en relation avec nous, de créer une relation sensible. Ils nous aident à nous sentir parties prenantes du vivant.

Et que penser de notre système agricole actuel, où les animaux sont pris dans de véritables élevages intensifs ?

Là, le problème est tout à fait différent. Dans ces systèmes industriels, le seul but est de produire de plus en plus de viande, de plus en plus de lait. À aucun moment, il ne s'agit de maintenir le fonctionnement du système comme ici, où on élève quelques brebis.

Les élevages intensifs ne sont orientés que vers la production. Et pour produire toujours plus, toujours plus vite, on s'aperçoit rapidement que l'herbe, seule, ne suffit pas. Alors on plante du maïs, et pour qu'il pousse bien et produise toujours plus, on l'arrose, on utilise des engrais, des insecticides... Le problème c'est que le maïs ne suffit pas pour nourrir les vaches, il manque de protéines, alors on importe du soja du Brésil, produit en détruisant la forêt amazonienne. En s'obstinant de la sorte, on dérègle non seulement le fonctionnement des écosystèmes sur place, dans notre ferme, mais également dans le monde entier.

Les fermes en polyculture-élevage sur des petites surfaces sont-elles vraiment plus soutenables que l'agriculture industrielle ?

Si on grimpe au-dessus de cette colline, là, on va apercevoir de très grandes fermes où tout est cultivé à fond, à l'aide d'engrais et de grosses machines. Ces systèmes sont efficaces, mais au fil du temps, on s'aperçoit que l'investissement nécessaire pour continuer à produire est de plus en plus important. Alors on investit beaucoup d'argent, de plus en plus d'argent, dans un système qui n'est pas stable, où les sols se dégradent et où tout s'abîme. Plus le temps passe, plus il devient fragile et au bout d'un moment, on va arrêter d'investir, parce que les gains ne sont plus suffisants, que certaines ressources sont trop chères ou viennent à manquer. Et ce jour-là, plus rien ne tient. Alors qu'ici nous avons un système qui, certes, demande beaucoup de travail, mais est assez stable. Bien plus, en tout cas, que celui qui nécessite d'investir toujours plus.

Il serait donc économiquement plus viable d'utiliser des animaux plutôt que des machines ?

Au Bec Hellouin, économiquement, tout fonctionne, sans aucun doute. Et je travaille avec de nombreuses fermes comme celle-ci où les fermiers vivent bien. Mieux, même, que la moyenne des agriculteurs français. Mais il faut aussi se poser une autre question : peut-on nourrir toute la planète de cette façon ? Dix ou douze milliards de personnes d'ici quelques années ? Eh bien je suis absolument certain que oui, on le peut ! À condition, par contre, de consommer moins de viande, ne pas consacrer autant d'espace à la production de protéines animales et de manger plus raisonnablement, de façon à avoir moins de déchets. La vraie question est celle du choix de la société dans laquelle on veut vivre. Certains paysans pensent que leur rôle est de nourrir toute la planète. Mais ce faisant, ils prennent la place et condamnent les paysans indiens ou africains, sans même s'en rendre compte. Je pense qu'il faudrait au contraire permettre à plus de gens de produire leur propre nourriture, ainsi que celle de leurs voisins.

Et en termes d'empreinte carbone, quel est l'impact d'une microferme comme celle-ci comparée à une exploitation classique ?

Il est bien meilleur, assurément ! Et ce, grâce aux arbres qui stockent du carbone dans leur tronc et dans leurs racines. Puis, lorsqu'ils perdent leurs feuilles, elles sont incorporées dans le sol et c'est autant de carbone stocké en plus. Au Bec Hellouin, nous avons planté beaucoup d'arbres, ce qui rend le système vertueux vis-à-vis du changement climatique. Après, en matière de bilan carbone, ce qu'il faut voir aussi, c'est le modèle économique dans sa globalité. Si l'on produit à faible émission mais que l'on prend sa voiture pour aller livrer à 300 km, alors, le bilan est mitigé.

Qu'y avait-il sur ce terrain avant ?

Des vaches. C'était une grande prairie, ce qui d'un point de vue écologique n'est pas mauvais. La vie, c'est toute une série d'êtres vivants qui cohabitent et interagissent dans une forme d'équilibre. Certains capturent de l'énergie – les plantes – et d'autres la consomment – les herbivores, bactéries, champignons, etc. Tout ce monde-là doit être présent pour qu'il y ait de la vie. Tout seul, aucun être ne peut survivre. Après une éruption volcanique, par exemple, on va voir s'installer toute une série d'êtres vivants qui vont venir repeupler les milieux réduits à l'état de cendre. Cela va prendre cinq, dix, vingt, trente ans ou plus, mais au bout d'un moment, les arbres aussi vont revenir. Un des problèmes majeurs de l'agriculture moderne, c'est qu'elle a voulu s'extraire de la chaîne du vivant. Et avec le temps, les sols ne produisent plus assez. Ou alors, seulement s'ils sont perfusés aux engrais. Si nous détruisons le reste du vivant, nous disparaîtrons avec lui. Nous devons faire avec le vivant, vivre et coopérer avec lui. Pas seulement dans l'idée de l'utiliser, mais en considérant que nous en faisons partie. Il ne s'agit pas seulement là d'une posture philosophique, c'est un impératif biologique.

Comment faire pour produire tout en protégeant les sols ?

Tout d'abord, nous devons protéger la matière organique du sol, en ne le laissant jamais à nu, sans végétation ni protection. Si vous laissez un sol au soleil il va sécher, un peu comme s'il cuisait. Et alors, tous les animaux, champignons ou bactéries qui vivent à sa surface meurent. Donc on le paille, on le couvre de matière organique ou on laisse un couvert végétal dans le cas de grandes cultures. Si on le manipule chaque année, au bout d'un moment, il va être trop aéré, et cet excès d'oxygène va accélérer la minéralisation de la matière organique. Au début, c'est bien, les éléments nutritifs vont être plus accessibles pour les plantes qu'on cultive. Mais au bout d'un moment c'est la matière organique qui va faire défaut et la terre sera déstructurée, elle va s'éroder, se perdre. Plus on travaille le sol, plus on le fragilise. C'est pourquoi il faut réduire l'utilisation du labour.

Le labour est donc mauvais pour le sol ?

Si on laboure le sol chaque année, avec des tracteurs très puissants, on l'affaiblit en quelques années seulement. Alors que si on le fait tous les trois ou quatre ans seulement, ce ne sera pas aussi spectaculaire. Pour comprendre la manière dont fonctionne l'ensemble des espèces qui peuplent le sol, il a fallu développer de nouveaux instruments, de nouvelles techniques. La science s'y intéresse désormais de plus en plus, parce que nous nous sommes rendu compte que les sols se dégradaient et que c'est là un problème majeur. Beaucoup de personnes pensent qu'arrêter d'utiliser des produits chimiques ou réduire le nombre de passages des tracteurs, c'est revenir au Moyen Âge, mais pas du tout ! La façon dont on pense aujourd'hui les sols et le fonctionnement des agroécosystèmes repose sur les progrès de la science, pas seulement sur des considérations philosophiques sur la manière dont on doit se comporter vis-à-vis du vivant. Des personnes ont constaté qu'il y avait de vrais dysfonctionnements et ont inventé d'autres façons de faire qui s'inspirent en partie de ce qui se faisait avant, mais pas uniquement. Il ne s'agit pas de revenir en arrière, mais véritablement de réinventer l'agriculture. Cela dit, penser que la nouveauté sortirait comme ça, du néant, serait une erreur. Nous devons nous réapproprier notre héritage. Celui des paysans d'hier, des fermiers indonésiens, brésiliens ou d'ailleurs, et réaliser ce mariage réussi entre l'ancien et le nouveau.

Et aussi, nous inspirer des fonctionnements des écosystèmes ?

Regardez comme la forêt est productive ! Nous devons comprendre les mécanismes naturels et nous en inspirer en orientant cette productivité vers ce dont nous avons besoin pour vivre. Ce n'est pas facile, mais c'est possible, et nous l'avons démontré ici. Il y a encore vingt ans, les professeurs d'agronomie disaient que le niveau de productivité de l'agriculture biologique resterait très faible et qu'on ne pourrait pas se passer des engrais et des pesticides pour nourrir le monde. Aujourd'hui, notre vision de l'agriculture a changé. Ça fait quarante ans que je suis dans le métier et j'ai acquis la conviction qu'on ne pouvait pas poursuivre ce modèle industriel, cette exploitation effrénée des ressources. Notre seule vraie ressource c'est le fonctionnement des écosystèmes qui permet, depuis des milliards d'années, à la vie de perdurer sur Terre. Il faut faire avec le vivant et pour cela, nous avons besoin d'améliorer nos connaissances scientifiques tout en restant modestes. Ce serait irréaliste de penser qu'un jour nous comprendrons tout, c'est impossible. Pour le moment, nous savons que les sols sont importants, alors, même si on ne saisit pas complètement la manière dont ils fonctionnent, il faut les préserver.

Un peu comme un principe de précaution ?

Une sorte de principe de précaution généralisé, oui. C'est important de ne pas seulement penser ici et maintenant, mais de se demander : "Est-ce que je serai capable de faire la même chose demain ? Après-demain ? Dans dix ans ? Dans vingt ans ?" Quitter notre vision à court terme et penser le futur. Il n'y aura pas de survie humaine si nous ne sommes pas capables de protéger les sols. En extrapolant, on pourrait presque dire que ce compost est aussi important que notre cœur. Or, si je ne prends pas soin de mon cœur, il finira par lâcher. Avec le sol c'est pareil, si je ne prends pas soin de lui, il finira par me lâcher. Et le mort, à la fin, c'est toujours moi.

Que répondez-vous à ceux qui disent que sans les méthodes industrielles intensives, on ne pourrait pas nourrir l'humanité ?

La première chose, c'est que cette agriculture intensive, soi-disant ultra-efficace, n'a jamais empêché qu'il y ait huit cents millions de personnes qui ne mangent pas à leur faim. Et si les gens ont faim, ce n'est pas tant à cause des méthodes culturales que de la manière dont notre agriculture est organisée. Certains paysans n'ont pas les moyens d'acheter à manger et ils n'ont ni le temps ni les terres pour cultiver de quoi se nourrir. Comme en Inde, par exemple, où ils sont obligés de produire du coton. Alors ils vendent du coton pas cher, ils travaillent comme des fous et n'ont même pas de quoi s'alimenter. Notre système économique désorganise les agricultures locales et les met en compétition sur le marché mondial, ce qui n'est pas forcément le meilleur moyen d'assurer la sécurité alimentaire de tous.

Donc vous cherchez à démontrer scientifiquement qu'un autre modèle est possible en travaillant avec le Bec Hellouin ?

Quand Charles et Perrine ont voulu démontrer la valeur et la performance de leur système, ils ont fait appel à moi. Charles était sûr que l'on pouvait gagner sa vie sur 1 000 m^2 de cultures intensives. J'ai alors proposé de mettre en place un protocole qui permette de produire des données et d'aboutir à une modélisation. Pendant trois ans, j'ai été le garant de cette dimension scientifique, j'ai vérifié que les chiffres étaient constamment et correctement collectés. Puis, quand on a publié notre rapport sur le site, tout à coup, il est devenu un objet de débats assez virulents. Il a alors fallu assumer la défense de notre travail et, en particulier, de son caractère scientifique. Ma casquette AgroParisTech me permettait de le défendre sereinement, ce que n'auraient pu faire les gens de la ferme, qui n'avaient pas cette légitimité institutionnelle.

Et en tant que scientifique, justement, comment résumeriez-vous l'impact écologique de cette ferme ?

Ce lieu est assez unique, par la multiplication des expériences qui y sont conduites. C'est vraiment un lieu inspirant. Il ne s'agit pas, bien sûr, de refaire la Ferme du Bec Hellouin ailleurs, mais ce que je vois ici m'aide à réfléchir à un projet qui serait le mien. Chaque ferme est un lieu, une histoire, un projet, des personnes uniques. Il est parfois difficile de faire comprendre aux gens que ce n'est pas en faisant exactement la même chose qu'ils vont forcément y arriver, mais qu'ils peuvent regarder et utiliser ces différentes expériences pour penser leur propre projet. Même dans les milieux alternatifs, il est étonnant de voir que beaucoup de personnes cherchent des règles, des recettes à appliquer. Ici, on ne produit pas de règles, on produit des capacités à penser. De ce point de vue-là, ce lieu est assez exceptionnel. Mais, ici, l'inspiration ne vient pas juste de la rationalité ou du raisonnement, même si c'est important. Elle vient aussi d'une réflexion sur l'esthétique, le plaisir et la sensibilité. C'est la première chose qui frappe les visiteurs, ce lieu, parce qu'il est beau, leur parle des valeurs profondes qui les animent, il devient une espèce de rêve ou d'idéal, mais un rêve dont ils peuvent apprendre.

Et pour vous, qu'est-ce que cette ferme, ce foisonnement de biodiversité, cette relation si particulière au vivant ont démontré ?

Que la diversité est absolument fondamentale dans la reconception de nos agricultures. On en a ici une démonstration éclatante. C'est un lieu important pour la permaculture, car il incarne parfaitement ses principes. En termes de faune, de flore ou de biodiversité, l'espace est incroyablement riche. L'un des obstacles à la prise de conscience de l'impératif écologique est qu'il est souvent exprimé sous forme très rationnelle, alors que notre relation au vivant, c'est d'abord du sensible. C'est là un autre point très positif pour moi – et c'est peut-être curieux venant d'un scientifique – mais ici, le sensible vous éclate tellement au visage, que ça devient comme une évidence. On voit immédiatement qu'on ne peut pas se limiter à une approche rationnelle. Que l'on doit, finalement, non seulement *faire avec*, mais *vivre avec* le vivant, avec notre propre élan qui nous porte à aimer les oiseaux, les fleurs, les insectes... C'est sur cette capacité d'émerveillement que résidera le changement, et pas uniquement sur la raison. Les modèles climatiques, c'est super, c'est éclairant, angoissant, ça te frappe au cerveau, mais ça ne t'emporte pas le cœur. Or, pour moi, il faut emporter le cœur des gens si on veut changer.

***

La diversité exceptionnelle de variétés cultivées au Bec Hellouin (plus de 600) et la multiplicité d'écosystèmes (mares, forêt-jardin, prairie, agroforesterie, serre...) ont eu un impact considérable sur la faune et les insectes. Pour mesurer à quel point, et disposer d'une comparaison entre ce petit morceau de vallée qu'ils ont complètement transformé, et le reste du territoire environnant, Charles et Perrine ont fait appel à des biologistes. Gauthier Chapelle, ingénieur agronome et docteur en biologie, s'est évertué à comptabiliser les oiseaux[I] et a ainsi découvert que 45 espèces visitaient régulièrement la ferme et pas moins de 30 y nichaient. Ce qui est considérable en comparaison du reste du paysage agricole où les oiseaux ont disparu à une vitesse terrifiante ces dernières années*. Tous ces oiseaux sont attirés par les populations d'insectes et de vers de terre dont ils se nourrissent et qui ont, elles aussi, explosé. Les mesures sur les sols ont, quant à elles, montré que les quantités d'éléments biodisponibles (phosphore, potassium, magnésium, calcium) y sont 4 à 6 fois plus importantes que dans la parcelle en

* Le Muséum national d'histoire naturelle et le CNRS annoncent une diminution dramatique du nombre d'oiseaux dans les campagnes françaises : un tiers des oiseaux spécialisés, c'est-à-dire vivant dans un milieu spécifique, a disparu ces quinze dernières années, https://lejournal.cnrs.fr/articles/ou-sont-passes-les-oiseaux-des-champs

agriculture conventionnelle voisine. Le rapport[2] indique que "Ces pratiques proposent donc un moyen d'amener les sols à un excellent état de fertilité tout en prônant l'utilisation exclusive de fertilisants organiques." [...] "D'autre part, les pratiques de la ferme montrent un fort potentiel d'augmentation des stocks de carbone organique dans les sols avec des taux de stockage allant de 7 à 26 fois l'objectif des « 4 pour mille » dans les 10 premiers centimètres de sol et ce malgré des concentrations en carbone organique déjà importantes dans les sols avant la mise en place des cultures. *A contrario*, le sol de la parcelle en agriculture conventionnelle présente des concentrations en carbone organique particulièrement basses, ce qui est en accord avec la tendance générale observée dans les sols gérés suivant ces pratiques."

Du côté des insectes, et particulièrement des pollinisateurs dont la ferme a impérativement besoin, une étude[3] a été réalisée par Nicolas Vereecken, ingénieur en sciences agronomiques, docteur en sciences biologiques, spécialiste des abeilles et professeur d'agroécologie à l'université libre de Bruxelles. Nicolas est un homme affable dont les yeux s'illuminent lorsqu'on l'interroge sur ces petites bêtes fascinantes, qui ont tant fait parler d'elles depuis que nous avons pris la mesure de leur importance, et de leur disparition. Nous avons eu la chance de passer quelques heures avec lui dans un champ de tournesols qui borde l'étang du Bec Hellouin, non loin de l'endroit où Charles continuait à gratter son champ de céréales avec Swann.

3.
Rencontre avec Nicolas Vereecken

Depuis des années, nous entendons que les abeilles disparaissent et que pour résoudre ce problème il faut installer un maximum de ruches un peu partout, en ville comme à la campagne. Mais vous ne semblez pas partager cette idée...

Non, je crois même que c'est une assez mauvaise idée ! (rires) Si nous faisions une analogie avec les oiseaux et que, pour sauver la multitude d'oiseaux des champs qui disparaissent de nos campagnes, je vous disais qu'il faut mettre des poulaillers partout, ça vous semblerait intelligent ?

Pas sûr non...

Eh bien, avec les abeilles, c'est la même chose ! Mettre des ruches partout est une absurdité. Les abeilles domestiques sont des animaux de ferme, élevées avec des vétérinaires, des programmes de sélection, d'insémination, etc. Exactement comme pour le bétail. Quand on pense abeille, on réduit notre imaginaire au miel, aux apiculteurs, mais il existe énormément d'espèces sauvages, auxquelles personne ne s'intéresse jamais. Trop de personnes parfois bien intentionnées ne se rendent pas compte qu'elles agissent fondamentalement dans le mauvais sens en faisant ça. Les associations d'apiculteurs devraient s'engager plus activement en faveur des abeilles sauvages, cela devrait faire partie de leur formation. Les agriculteurs aussi, car il est étonnant de voir que la plupart d'entre eux n'en savent rien du tout ! Ils sont capables de vous donner une longue liste de parasites qui s'attaquent à leurs cultures, mais si vous leur demandez de quels pollinisateurs ils ont besoin pour produire leurs fruits et légumes, ils n'en ont absolument aucune idée. Nous devrions leur apporter ces informations et collaborer avec eux pour évaluer plus finement la contribution de l'agriculture à la conservation des insectes.

Mais les ruches ne permettent-elles pas, justement, aux agriculteurs de maintenir des abeilles dans les zones où ils en ont besoin ?

Si, mais encore une fois, en se concentrant sur les ruches, on ne s'intéresse qu'à une seule et même espèce : l'abeille domestique. Or, nous savons qu'il existe 20 000 espèces d'abeilles différentes dans le monde, dont plus de 2 000 en Europe, et qu'une grande partie de ces espèces sont importantes (parfois essentielles) pour la production de cultures et la reproduction des fleurs sauvages. Cette formidable diversité se décline dans un kaléidoscope incroyable de formes, de couleurs, de comportements… et de nombreuses études montrent que c'est justement cette diversité qui est importante pour la production de nourriture, bien plus que la densité des ruches à l'échelle locale. Tout le monde pense que pour produire de nombreux fruits, il suffit de mettre des ruches et tout ira bien. La réalité est complètement différente. À elles seules, les ruches ne sont pas la bonne réponse pour l'avenir, nous devons avoir une vision plus équilibrée du vivant.

Comment vous en êtes-vous aperçu ?

Lors de mes études, j'ai constaté qu'on a souvent tendance à vouloir spécialiser les choses et à les regarder en silo, sans faire le rapprochement entre différentes disciplines. Par exemple en séparant écologie et agronomie. Or, la biodiversité dans un écosystème est la meilleure alliée pour la production de nourriture, ce qui nous incite à repenser totalement l'aménagement des sites agricoles et des villes, qui doivent garder des composantes "sauvages".

Quand j'ai commencé mes recherches, mes collègues me demandaient pourquoi je tenais absolument à documenter la diversité de pollinisateurs dans une ferme maraîchère. À leurs yeux, ça n'avait pas beaucoup d'intérêt. Mais j'ai bien fait d'insister, car les résultats ont été aussi surprenants qu'inédits ! Au Bec Hellouin, ainsi que dans d'autres fermes similaires en Belgique (très diversifiées et où on cultive sur des petites surfaces) nous avons observé autant de densité de pollinisateurs que dans des réserves naturelles. C'est exceptionnel et c'est un changement radical de perspective pour redéployer la biodiversité. Créer une réserve naturelle dans un milieu urbain ou cultivé n'est pas toujours simple. Ce que nous avons découvert c'est que nous pouvons parvenir au même résultat en soutenant ce type de pratique agricole. Malheureusement, à l'heure actuelle, la contribution environnementale des microfermes n'est pas suffisamment reconnue par la politique agricole, qui subventionne davantage la production sur de grandes surfaces.

Pourquoi cette diversité est-elle si importante ?

Vous voyez ce bourdon, juste là ? Vers la fin de l'été, il va venir sur les tournesols parce qu'il y trouve beaucoup de nectar. Vous voyez ces petites boules jaunes ? Ce sont des boules de pollen. Ce bourdon est donc une travailleuse. Il collecte le pollen d'une fleur à l'autre et, en l'accumulant sur ses pattes arrière, participe à la pollinisation. Les mâles, eux, ne font pas ça. Ils ont des pattes fines et ne recueillent pas de pollen. Mais certains d'entre eux sont les principaux pollinisateurs d'espèces d'orchidées sauvages de nos régions, qui les attirent en imitant l'odeur et la morphologie des femelles d'abeilles sauvages. C'est la seule façon qu'elles ont de se reproduire, c'est absolument fascinant ! Ces bourdons et autres abeilles sauvages contribuent ainsi, de manière unique, à la reproduction de fleurs sauvages. C'est pourquoi, il est si important de les avoir tous.

Les abeilles sont-elles réellement en déclin ?

La question du déclin des espèces fait régulièrement la une des journaux, nous en avons tous conscience. En Europe une espèce sur neuf est menacée d'extinction. Mais au-delà de la disparition pure et simple des espèces rares, c'est aussi l'abondance des espèces qui est menacée. Certaines, parmi les plus communes, disparaissent de nos campagnes. Et c'est dramatique, car nous avons besoin de beaucoup d'abeilles pour la production des fruits et légumes, ainsi que pour la reproduction sexuée des plantes herbacées et ligneuses. Pensez aux prairies, à toutes ces plantes qui n'ont qu'une année pour vivre et se reproduire. Moins d'abeilles, pour elles, cela veut dire moins d'opportunités de produire leurs graines et donc, de donner une chance à la génération suivante de voir le jour.

Pourquoi les abeilles, et les insectes de manière générale, disparaissent-ils ?

La quasi-totalité des facteurs qui concourent au déclin des abeilles sont les conséquences directes de notre développement. Urbanisation, déforestation, agriculture intensive, pesticides, changement climatique... Nous connaissons les causes et nous savons que nous en sommes responsables. La question, maintenant, est de savoir comment nous pourrions inverser la tendance et contribuer à la régénération de cette biodiversité. Nous savions que nous avons besoin de vastes étendues de terres laissées à la vie sauvage, mais une des surprises que nous avons eues ici, c'est de découvrir que des lieux activement gérés, jardinés et cultivés peuvent aussi contribuer très positivement à la biodiversité. Ce qui signifie qu'on peut commencer petit et redessiner le paysage, de manière à avoir une grande disparité de plantes, qui attireront une importante diversité d'insectes, qui feront revenir les oiseaux, et ainsi de suite.

Les humains pourraient-ils survivre sans les abeilles sauvages ?

Darwin a dit un jour que certaines plantes à fleurs disparaîtraient complètement si les abeilles disparaissaient. Dans *L'Origine des espèces*, il mentionne spécifiquement le cas de bourdons de la campagne britannique qui, s'ils venaient à disparaître, entraîneraient le trèfle incarnat dans leur déclin. L'équation est très simple : plus vous avez de plantes de types différents, plus vous avez d'abeilles et plus vous avez d'abeilles, plus les rendements sont élevés et stables d'une année sur l'autre. *A contrario*, sans plante, pas d'abeilles, et sans abeilles, moins de récoltes. Les abeilles jouent un rôle fondamental dans la chaîne alimentaire. En aidant à produire des baies, des fruits et des graines, elles sont bénéfiques pour les autres insectes et les oiseaux, c'est tout un écosystème qui dépend d'elles.

Et pourquoi avons-nous besoin des oiseaux ? À part pour leur beauté et celle de leurs chants ?

Si vous n'aviez pas d'oiseaux, de frelons, d'araignées, la vie serait beaucoup plus compliquée pour nous tous, surtout en été parce que vous auriez des surpopulations d'insectes que tous ces organismes – oiseaux, guêpes, frelons, araignées… – aident à contrôler. C'est ce qui est fascinant : ils dépendent des insectes pour vivre et à la fois ils aident à maîtriser leur population. C'est la clé de l'écologie : interdépendance et équilibre.

Nicolas et le bourdon qu'il vient de reposer sur son tournesol.

Si vous deviez donner une solution simple que tout le monde peut mettre en œuvre pour "sauver les abeilles" ça serait quoi ?

Passer de l'homogène à l'hétérogène. L'agriculture conventionnelle a dramatiquement simplifié les paysages*. Vous regardez certaines campagnes, il n'y a presque plus d'arbres, plus de haies, c'est terriblement homogène. Pour inverser la tendance nous avons donc besoin d'augmenter l'hétérogénéité des paysages : avoir un maximum de diversité de formes, de couleurs, de comportements et d'exigences écologiques, préserver les forêts, planter des arbres... Même à l'intérieur des villes, diversifier au maximum les espèces d'arbres et de plantes à fleurs herbacées. Non seulement cela aura un impact positif sur les abeilles, mais plus globalement, sur notre bien-être à tous. On n'a pas besoin d'avoir de vastes étendues de terre pour redessiner le paysage, on peut commencer petit.

Et ensuite ?

Arrêter de mettre des ruches partout ! Sans quoi les abeilles domestiques consommeront tout le pollen, prendront tout l'espace et ne laisseront pas de place aux abeilles sauvages.

Nous ne devons plus seulement raisonner en termes de besoin ou de service écosystémique, car en s'intéressant seulement aux espèces soi-disant "utiles", nous échouons fondamentalement dans notre mission de conservation des espèces. La biodiversité, c'est bien plus que des services écosystémiques. Année après année, nous

* Une étude internationale parue en septembre 2019, synthèse de 89 études et comprenant 1 475 relevés parcellaires, s'est penchée sur l'impact de la simplification des paysages. "Les résultats sont sans appel : La simplification des paysages impacte directement la richesse spécifique et notamment les espèces rares, et explique 30 % de la réduction de l'efficacité de la pollinisation et 50 % de celle de la régulation naturelle des ravageurs, avec des conséquences négatives sur les rendements agricoles." "Une synthèse globale qui révèle les bénéfices apportés par la biodiversité à la production agricole", *Science Advances*, 2019, https://osez-agroecologie.org/images/imagesCK/files/Dainese_et_al_Sc_Adv_2019.pdf

découvrons les subtilités des différents réseaux écologiques, ainsi que la manière dont les espèces sont fondamentalement reliées entre elles. Même si nous ne comprenons pas toujours ce qu'il se passe, plus nous en savons sur les liens écologiques et mieux nous pourrons redessiner nos fermes, nos villes, nos campagnes.

La science serait donc aussi la clé ?

Absolument ! Mais par science, n'entendons pas seulement le high-tech qui nous promet des abeilles-drones pour remplacer les abeilles ! Nous avons aussi besoin de sociologues, d'écologues, d'économistes... Nous ne voulons pas seulement avoir un paradis pour la faune et la flore, nous devons trouver un meilleur équilibre global. Et cela passe nécessairement par une diversité de modes de pensée.

Plus nous explorons le monde des abeilles, plus nous nous rendons compte qu'elles sont essentielles pour la production alimentaire, mais aussi pour la qualité de la nourriture. Nous obtenons de meilleures qualités nutritionnelles pour les fruits et les légumes lorsque les fleurs ont été pollinisées par une diversité d'abeilles, plutôt que par une seule espèce, comme l'abeille à miel. Donc il n'y a aucune raison de ne pas encourager la diversité de ces insectes. Ils sont adorables, beaux, ont une façon quasi artistique de faire leurs nids...

Moi, mon truc, c'est les abeilles. Elles sont au centre de nombreux aspects de notre vie quotidienne et plus on en découvre sur elles, plus cela devient fascinant. C'est une quête sans fin, mais vraiment formidable, car elles nous donnent beaucoup de plaisir, tant gustatif qu'esthétique. Ce sont de grandes et adorables petites créatures.

***

Dauphins au large des Channel Islands.

Contrairement à certaines caricatures qui voudraient faire de l'écologie un retour en arrière, obscurantiste et moyenâgeux, nous mesurerons à quel point la recherche scientifique et les progrès technologiques, dans ce domaine, sont au cœur d'une nouvelle compréhension du vivant. Grâce à des instruments de plus en plus pointus, nous pouvons à la fois confirmer/infirmer des hypothèses issues de savoirs paysans traditionnels et de cultures vernaculaires, mais également en élaborer de nouvelles. S'appuyer sur la compréhension des écosystèmes pour accompagner et enrichir leurs fonctionnements, pour repenser la façon dont nous faisons de l'agriculture, de l'urbanisme, de l'industrie... est sans doute l'une des perspectives les plus enthousiasmantes et les plus prometteuses pour le futur. C'est, de mon point de vue, la base d'un récit nouveau, où le sens que nous donnons à notre existence d'être humain est d'apporter notre pierre pour enrichir la dynamique du vivant, dans l'objectif de son plein épanouissement. Ce qui implique aussi notre propre épanouissement, en tant qu'espèce et en tant qu'individu. Un projet nettement plus ambitieux, global et porteur de sens, que de vouloir faire progresser frénétiquement la croissance économique du PIB par le cercle infernal de la production/consommation, sans regard pour l'utilité et la pertinence de ce qui est produit et consommé.

Réfléchir le monde ainsi, et mettre nos qualités à profit pour redonner à notre planète un certain équilibre, passent également par la réparation des dégâts que nous avons pu causer.

Au large de Los Angeles, sur les Channel Islands, un chapelet d'îles magnifiques au climat méditerranéen, nous avons rencontré la biologiste Lotus Vermeer qui a participé à une aventure extraordinaire qui est probablement, à ce jour, l'expérience la plus aboutie de réintroduction d'une espèce de mammifère en voie de disparition. Et sur le chemin de l'île, rivés au bastingage, nous avons eu droit à un spectacle inoubliable : des dizaines de dauphins nageant aux côtés du bateau, bondissant chacun leur tour hors de l'eau. Bella et Vipulan étaient en transe, et l'équipe du film n'était pas loin de l'être aussi. Comme quoi, il n'en faut pas beaucoup plus pour être heureux...

FAIRE REVENIR LES ESPÈCES EN DANGER

Rencontre avec Lotus Vermeer

Lotus : Plus on descend, plus on voit les empreintes du renard gris insulaire. Il est plus petit que presque toutes les autres espèces de renard, ses empreintes sont comme des petites marques de dinosaures, laissées là, dans la roche.

Le paysage est vraiment très beau.

Ce paysage est très particulier. Il ressemble un peu aux Badlands, ces réseaux de ravines profondes, étroites et sinueuses que l'on trouve dans le sud de l'Alberta au Canada. Ils ont beaucoup de traces de dinosaures là-bas, mais la géologie du sol y est très différente.

La biodiversité semble très éloignée de celle de l'autre partie de l'île par laquelle nous sommes arrivés.

Les broussailles sont en effet plus petites et près du sol, car il y a beaucoup plus de vent ici. Mais vous voyez, les renards, eux, sont partout ! On les trouve surtout là où il y a le plus d'eau, de végétation et de plantes à baies. Ceux qui fréquentent les côtes aiment se nourrir de petits crabes et d'escargots qui vivent dans la roche. Sur la plage, on peut voir les empreintes de crabes et, juste derrière, celles des renards qui les poursuivent. Hors saison, c'est très sec ici.

Ne voit-on jamais de touristes dans cette partie de l'île ?

Non, vous aurez la plage pour vous tout seul ! C'est très calme en ce moment, car nous avons cette lourde brume marine qui signifie que le vent s'est assagi et qu'il va probablement faire très chaud, comme hier, malgré le froid de la nuit.

C'est magnifique.

N'est-ce pas ? Si vous voulez, on pourra aller jusqu'au nid de pygargue à tête blanche. C'est une jolie promenade. Parfois, on peut même en observer qui partent à la pêche.

Où se trouve le nid ?

En haut de ce canyon-là. Quand le brouillard s'en va, on peut voir le haut de la colline. Regardez, des empreintes de petits renards. Vous avez vu tout ce qu'il y a !

Et sur le bord de la falaise là, on voit comme des petits trous et tout autour, dans cette partie de la roche qui a glissé, on trouve beaucoup de coquillages. C'étaient des ressources précieuses pour les Chumash, les Amérindiens qui vivaient sur l'île et le long de la côte sud de la Californie. En creusant ici, on trouve souvent de petits artefacts archéologiques et même, parfois, certains outils. Ce peuple du littoral dépendait de la mer pour se nourrir, on trouve beaucoup de restes de leurs habitations le long de ces zones côtières.

Des gens vivaient sur cette île ?

Beaucoup de gens vivaient ici.

Et s'ils étaient encore ici, la population de renards pourrait-elle continuer à subsister ?

Bien sûr. Les renards n'ont pas beaucoup de viande sur eux et les Chumash ne s'en nourrissaient pas. Ils utilisaient bien certaines peaux pour faire un peu de fourrure, mais pas beaucoup. Rien qui ne remette en cause leur existence en tout cas. Renards et humains ont coexisté pendant longtemps ici, ils ne sont pas incompatibles.

Quand la population de renards insulaires a-t-elle commencé à diminuer ?

C'est très récent. Ça a commencé à la fin des années 1990-début des années 2000, quand les aigles royaux sont venus s'installer sur l'île. Lorsque je suis arrivée pour travailler ici en 2003, leur population était déjà en baisse, ils n'étaient plus qu'une centaine.

Pourquoi l'aigle royal est-il soudainement venu ?

Son arrivée est le fruit d'une longue histoire. Historiquement, ces îles anglo-normandes étaient le territoire du pygargue à tête blanche. Mais il y a une cinquantaine d'années, une grande entreprise chimique a déversé des centaines de tonnes de DDT et des PCB au large du bassin de Los Angeles. Ces produits chimiques se sont frayé un chemin dans l'océan, empoisonnant sur leur passage les poissons, les oiseaux, les dauphins... toute la vie marine. Or, les pygargues à tête blanche se nourrissent principalement de poissons et de carcasses de mammifères marins échoués sur la plage. Ils ont donc fortement été affectés par le DDT. La substance est venue interférer avec leur capacité à produire des œufs viables en perturbant le processus de calcification. Du coup, lorsqu'ils pondaient leurs œufs et s'asseyaient dessus pour les couver, ils les écrasaient ! Ne pouvant plus produire de progéniture viable, les pygargues à tête blanche ont fini par s'éteindre. Et cela a ouvert un nouvel espace, que les aigles royaux ont occupé.

Quels effets cela a-t-il eus sur l'île ?

L'arrivée des aigles, qui eux mangent des mammifères terrestres, a causé une chute très rapide de la population des renards insulaires. Ces derniers ont évolué pendant des milliers d'années sans prédateur. Ils ont perdu l'instinct de se protéger, de lever les yeux et de se méfier. Ils sont devenus naïfs, sortent en plein jour, jouent et font leur vie à découvert, comme vous l'avez vu aujourd'hui. Les aigles n'avaient plus qu'à les ramasser comme du pop-corn ! De plus, il y avait ici de grandes populations de cochons sauvages. C'était un endroit génial pour les aigles royaux. Ils avaient, en permanence, une nourriture abondante et facile à capturer. Et en l'absence de voisins gênants, comme pouvaient l'être les pygargues à tête blanche, ils ont commencé à installer de nombreux nids.

Comment vous en êtes-vous aperçus ?

Il nous a fallu du temps pour comprendre ce qu'il se passait avec les renards. Au début, nous avons pensé qu'il s'agissait simplement d'une maladie. Il faut dire que les aigles royaux vivent normalement loin d'ici, à l'intérieur des terres de Californie. Ce sont des oiseaux furtifs, difficiles à repérer tant ils ont été façonnés pour se cacher de leurs proies. Ce n'est que bien plus tard que nous avons compris que la diminution des renards était le fait de leur action. En peu de temps, leur nombre est passé de quelques milliers à moins d'une centaine. C'était une véritable crise d'extinction, et nous avons dû intervenir.

Tous ces changements, simplement à cause du DDT ?

Le déversement de DDT a joué un rôle important dans l'histoire, mais ça a ensuite été une cascade d'événements, une sorte d'effet domino. Le DDT a tué une grande partie de la vie marine, les pygargues à tête blanche ont disparu et un nouveau territoire s'est ouvert pour les aigles. Mais les renards sont tellement petits qu'ils ne sont qu'un en-cas pour eux. Ce qui les a véritablement attirés, ce sont les milliers de cochons que les humains avaient introduits sur l'île cent cinquante ans auparavant. Ils étaient devenus sauvages et se reproduisaient à une vitesse vertigineuse. Pour les aigles, les renards étaient une forme de casse-croûte. Le plat principal, c'étaient les cochons.

Pourquoi les renards insulaires sont-ils si importants ici ?

Il ne s'agit pas seulement d'une espèce parmi d'autres. Les renards sont le principal prédateur de l'île et si vous enlevez le superprédateur, vous créez beaucoup d'instabilité dans tout l'écosystème. Et en particulier, pour toutes les espèces qui se trouvent dessous comme les souris, les oiseaux, les reptiles ou les lézards. Les renards participent à équilibrer la biodiversité de l'île et s'ils disparaissaient, cela provoquerait à nouveau un effet domino*.

Comment avez-vous réussi à ramener les populations de renards et à retrouver cet équilibre ?

Pour retrouver cet équilibre, nous avons mis en œuvre un véritable plan qui a demandé un très grand effort et impliqué de nombreuses personnes. Au début, nous voulions simplement sauvegarder les renards, dont il ne restait plus qu'une poignée. Nous avons créé un programme d'élevage en captivité et mis une petite partie de la population dans des cages, afin qu'ils se reproduisent en sécurité le temps de rendre

* Comme nous l'avons vu à Jasper Ridge avec les explications de Liz Hadly sur la cascade trophique.

l'île de nouveau sûre. Puis, nous avons mis des colliers radio sur ceux qui étaient restés libres afin de les surveiller et de suivre leurs mouvements. En moins de deux mois, la moitié d'entre eux étaient morts et leurs carcasses systématiquement retournées. C'était le signe d'un oiseau de proie, mais lequel ? C'est l'analyse de la marque des serres sur les renards qui nous a fourni la réponse. Leur taille ne laissait aucun doute, nous avions bel et bien affaire à des aigles royaux. Et ce sont les colliers radio qui nous ont directement conduits jusqu'à leurs nids.

Qu'avez-vous fait alors ?

Quand on en vient à tenter de sauver une espèce en la rendant captive, c'est que l'heure est grave. Nous avons pris cette décision en urgence, mais nous ne savions même pas si le renard était en capacité de se reproduire en cage et nous nous demandions si nous n'étions pas simplement en train d'élever de futures collations pour aigle... De toute évidence, il fallait agir plus globalement. D'autant que nous avions un autre problème à gérer, la prolifération des cochons sauvages avait littéralement labouré la diversité de l'île. Le paysage n'était plus que désolation. Il fallait donc, d'abord, enlever les cochons et les aigles. Nous avons alors capturé les quarante-quatre aigles royaux de l'île pour les déplacer sur le continent. Pour les cochons, en revanche, avec plus de cinq mille individus, c'était mission impossible. Ils étaient bien trop nombreux pour imaginer les déplacer. Pendant plus de dix mille ans de domestication, ils ont été sélectionnés pour se multiplier rapidement, mais pas pour s'intégrer à un écosystème quel qu'il soit. De fait, ils l'abîmaient considérablement. Le groupe de travail a alors estimé qu'il fallait rendre les commandes au monde naturel de l'île. Pour cela, les cochons devaient être tués, et c'est ce que nous avons fait... Puis, en parallèle, les systèmes marins étant suffisamment propres pour les accueillir à nouveau, nous avons réintroduit les pygargues à tête blanche. Au final, notre action a été comme un puzzle très complexe, avec de nombreuses pièces posées toutes en même temps.

Tuer tant de cochons juste pour sauver une espèce... Cela ne vous a-t-il pas posé un problème éthique ?

C'est spectaculaire en effet, et la décision n'a pas été facile à prendre. D'autant que de nombreuses personnes et groupes de défense des animaux se sont opposés à l'initiative. Mais j'étais sûre de moi. Si nous n'éliminions pas la population de porcs, de nombreuses espèces que l'on ne trouve nulle part ailleurs dans le monde auraient disparu à jamais. Or, ce sont des espèces uniques ! Quand on fait de la conservation l'œuvre de sa vie, il est très difficile d'imaginer devoir retirer un animal d'un milieu. Mais entre éliminer une espèce non endémique, prolifique et dommageable, et en sacrifier tant d'autres... Pour moi, comme pour les autres personnes avec lesquelles j'ai travaillé, il n'y avait aucun doute sur ce que nous avions à faire. Et au final, c'est un symbole fort, qui montre que l'on peut réparer les nombreux dommages que nous avons causés. L'expérience à Santa Cruz peut servir de modèle pour sauver d'autres espèces et systèmes naturels ailleurs dans le monde. Ce n'est pas seulement une histoire locale, d'île et de renards iconiques... c'est une histoire d'espoir.

Mais alors, comment choisir les espèces à protéger ? Pourquoi les renards et les pygargues à tête blanche plutôt que d'autres ?

C'est une excellente question, mais il ne s'agit pas tant de choisir une espèce plutôt qu'une autre. Il s'agit d'essayer de sauver des êtres uniques, que l'on ne trouve nulle part ailleurs. On choisit de les protéger pour qu'elles ne disparaissent pas à jamais. Ici, ça a été le renard gris insulaire.

On ne trouve donc le renard gris nulle part ailleurs ?

Il existe beaucoup de renards gris sur le continent, mais ceux que l'on trouve à Santa Cruz vivent ici depuis si longtemps, qu'ils ont développé des caractéristiques physiques différentes de celles des autres renards. Après des milliers d'années de spéciation, d'évolution et d'adaptation à cet environnement insulaire, ils sont devenus une espèce à part entière, beaucoup plus petite, avec cette teinte spécifique de pelage rougeâtre que l'on ne retrouve nulle part ailleurs. Cet endroit abrite une biodiversité d'une richesse incroyable, si caractéristique de la Californie centrale et de ces îles anglo-normandes... il est important de la protéger.

En tant qu'humains, pensez-vous que nous ayons le droit de choisir les espèces qui doivent survivre, ou devons-nous protéger toutes les espèces ?

Il est important de protéger toutes les espèces. Dès que nous en avons la possibilité, partout où nous pouvons améliorer les choses, nous devons participer à construire la résilience d'un territoire afin d'en assurer la durabilité à long terme, en particulier en ces temps de climat incertain. Alors oui, le coût de la préservation des renards insulaires a été l'élimination de deux autres espèces, mais les cochons et les aigles royaux, on les trouve partout ailleurs. Et normalement, ils ne vivent pas ici. Ils sont arrivés à cause d'un déséquilibre causé par notre propre espèce. En tant que biologistes, nous avons été confrontés à une décision difficile à prendre, mais l'enjeu était de taille. Il s'agissait d'empêcher l'extinction du renard, une espèce née ici et parfaitement adaptée aux changements à l'œuvre.

La plupart du temps, quand nous voulons protéger la nature, nous supprimons toute présence et influence humaines comme dans nombre de parcs nationaux. Pensez-vous, qu'au contraire, il faille intervenir ?

Il n'y a pas de solution miracle, applicable partout. Pour ma part, je crois à la modération. Prendre l'avion moins souvent, choisir certains aliments plutôt que d'autres, réduire la quantité d'emballage utilisée… Nous devons être beaucoup plus attentifs à l'empreinte que nous laissons autour de nous. Une des choses vraiment excitantes ici, c'est de voir tous ces renards évoluer à nouveau sur l'île. En 2007, nous avons libéré les derniers captifs et en 2016, enfin, le renard insulaire a été retiré de la liste des espèces en voie de disparition. Nous sommes revenus à des populations historiques et quand nous nous promenons dans ce canyon, nous pouvons aussi voir un nid de pygargue à tête blanche. En 2006, des premiers poussins ont éclos à nouveau. C'était la première fois en un demi-siècle qu'un pygargue à tête blanche naissait dans la nature ici, dans ces îles anglo-normandes. Ce sont des moments très forts, qui ont marqué l'aube d'une nouvelle ère, celle de la régénération. Et tout cela, à l'échelle d'une seule vie humaine ! C'est la preuve qu'en apportant quelques changements et en donnant un petit coup de pouce, l'île peut s'épanouir par elle-même, redevenir vivante et luxuriante.

Votre expérience ici a-t-elle changé votre perception de la relation entre les humains et le monde naturel ?

Le monde sauvage fait partie de notre environnement et nous serons toujours amenés à le fréquenter. Dans les endroits particulièrement sensibles, nous devons mieux en gérer l'accès, afin de limiter notre impact au maximum. Mais je ne crois pas qu'il faille tracer une ligne dure et empêcher les gens d'entrer… Tout dépend de notre comportement. C'est pourquoi, il est important que votre génération s'exprime. La nôtre est trop lente à faire le changement, c'est à vous de jouer maintenant. Vous héritez de nombreux torts de notre passé, mais il vous revient de faire en sorte que le changement se fasse beaucoup plus rapidement, avant qu'il ne soit trop tard. En tant qu'humains, nous faisons partie du problème, nous sommes même une grande partie du problème, mais nous sommes aussi une part importante de la solution.

Le terme "conservation" laisse penser que nous voulons empêcher la nature d'évoluer. Ne vous semble-t-il pas inadapté ?

L'image d'une nature figée a peut-être été la vision de certaines personnes par le passé, mais elle est fausse, car les écosystèmes sont en perpétuel changement. Nous évoluons et interagissons en permanence avec notre environnement naturel et nous devons être innovants dans notre façon de protéger les milieux.

Peut-être avons-nous alors besoin d'un nouveau mot, comme "régénération" ?

Oui, ou *résilience*. Mais *conservation* n'est pas un mauvais mot en soi, car il ne signifie pas nécessairement mettre sous cloche. J'ai passé la plus grande partie de ma vie à essayer d'empêcher l'extinction d'espèces, qu'il s'agisse des renards insulaires ici, dans ces îles anglo-normandes, ou des tortues marines dans les Caraïbes orientales comme dans le monde entier. Quel que soit le mot que l'on utilise, ce qui est sûr, c'est que dès qu'il y a une chance de progresser, de réparer, il faut le faire. S'il y a une lueur d'espoir pour sauver une espèce de l'extinction, quelle qu'elle soit, alors nous devons faire cet effort. D'autant que ça paye ! Aujourd'hui, pas moins de neuf couples de pygargues à tête blanche nichent sur l'île de Santa Cruz et une vingtaine traversent régulièrement les îles. Nous avons réussi à faire voler dix poussins, dont ceux de ce nid que vous apercevez de l'autre côté du canyon. À l'aide d'une webcam, des gens du monde entier ont pu voir les adultes construire leur nid, pondre leurs œufs et faire éclore leur oisillon... Et puis, combien de renards avez-vous vus aujourd'hui ?

Beaucoup.

Alors que quand je suis arrivée il y a seize ans, on n'en voyait jamais, c'était un événement très rare. Voir tous ces renards me rend vraiment heureuse. Ce qui est excitant aussi, c'est de partager ces moments avec vous. Et de sentir, chez vous, le même type de passion et d'enthousiasme que ce qui m'anime.

Mais si nous sommes si excités lorsque nous voyons des animaux, n'est-ce pas le signe que nous sommes trop déconnectés du reste du monde vivant ?

Peut-être que, dans quelques années, il ne sera plus aussi excitant de voir les renards. Probablement ne le serez-vous pas autant. Et mon fils, qui les a vus grandir lentement, en nombre, ne sera peut-être pas aussi ému. Mais quand on y pense, ce serait une bonne chose, car cela signifierait qu'ils seront devenus très communs. Je suis si heureuse que notre plan ait fonctionné, d'autant que nous n'étions pas sûrs d'y arriver. Nous avons fait cet effort énorme, dans l'idée que ça marcherait, mais nous n'avions aucune garantie. Alors, c'est très enthousiasmant de voir le résultat !

***

L'histoire des Channel Islands est d'autant plus édifiante que Lotus ne nous avait pas donné tous les détails. La compagnie qu'elle avait évoquée, accusée d'avoir déversé du DDT au large de la cité des Anges, est une sorte de champion dans sa catégorie. Entre 1947 et 1982, Montrose Chemical Corporation était le plus grand fabricant de ce puissant insecticide utilisé pendant la Seconde Guerre mondiale pour préserver les soldats du typhus, puis dans différentes contrées du monde pour lutter contre le paludisme, avant d'être massivement utilisé dans l'agriculture. Entre la fin des années 1950 et le début des années 1970, Montrose a déversé la bagatelle de 1 500 tonnes de DDT dans l'océan Pacifique par le biais du système d'égout du comté de Los Angeles[I]. Se dégradant extrêmement lentement, le pesticide s'accumule alors dans les plantes et les tissus adipeux des poissons, des oiseaux et autres animaux, et contamine ainsi la couche sédimentaire du plancher océanique, ainsi que le phytoplancton, lui-même mangé par le zooplancton, consommé à son tour en quantité astronomique par baleines et poissons. Bientôt, toute la chaîne alimentaire fut touchée. Dès 1969, des cargaisons entières de maquereaux en provenance de Californie du Sud ont été interdites à la vente. Les niveaux de DDT dans les poissons atteignaient 10 parties par million (ppm), soit le double de ce que la Food and Drug Administration considérait alors comme acceptable pour la consommation. Des tumeurs ont commencé à apparaître sur des espèces comme la courbine blanche et les coquilles d'œufs des pélicans bruns, des faucons pèlerins et des pygargues à tête blanche sont devenues si fines et si fragiles, que la couvade et donc la reproduction devenaient impossibles. Les œufs contenaient des produits chimiques à raison de 1 200 ppm en moyenne. Les otaries, dont la graisse contenait plus de 1 000 ppm, donnaient naissance prématurément à leurs petits et les grands dauphins présentaient des concentrations de l'ordre de 2 000 ppm.

Mais ce n'est pas tout. En plus de cette pollution directe par les égouts, chaque mois, dans les années qui ont suivi la Seconde Guerre mondiale, des milliers de barils de boues acides chargées de DDT ont été transportés par bateau jusqu'à un site près de l'île de Catalina*, et jetés par-dessus bord, pour aller se loger dans les

* L'une des huit îles du chapelet des Channel Islands. Nous avons tourné sur celle de Santa Cruz.

Un des adorables renards gris des Channel Islands qui se laisse approcher… jusqu'à un certain point.

profondeurs… Montrose avait délégué le sale travail à un prestataire de services dont les employés naviguaient de nuit et entaillaient les barils avant de les balancer à la mer.

Selon les calculs d'Allan Chartrand, jeune scientifique du Conseil régional de contrôle de la qualité de l'eau de Californie, qui a pu consulter les journaux d'expédition issus des archives de Montrose au début des années 1980, plus de 2 000 barils de boues chargées de DDT étaient immergés chaque mois. Soit, entre 1947 et 1961, 767 tonnes de DDT supplémentaires déversées dans l'océan.

En 2011, grâce à l'exploration des fonds par des robots, pour de toutes autres raisons, des scientifiques (dont celui qui avait participé à l'expédition pour trouver l'épave du *Titanic*) ont découvert une soixantaine de ces récipients en train de relâcher leurs substances toxiques. Intrigués et alertés, ils ont eux aussi conduit de plus amples investigations. Ils estiment aujourd'hui qu'un demi-million de barils dorment dans l'océan au large de Los Angeles, soit 384 à 1 535 tonnes de DDT.

Aussi incroyable que cela puisse paraître, cette activité était autorisée. Les lois fédérales relatives à l'immersion en mer dataient de 1886 et réglementaient uniquement le dégagement des voies pour la navigation. Ce n'est qu'avec la loi sur la protection, la recherche et les sanctuaires marins – autrement appelée loi sur l'immersion de déchets – que les impacts environnementaux ont été pris en compte en… 1972. L'immersion de produits chimiques industriels près de Catalina a été une pratique acceptée pendant des décennies. "Les explosifs, les déchets des raffineries de pétrole, les ordures et les viandes en décomposition se sont tous retrouvés dans l'océan, de même que le béryllium, diverses boues acides et même le cyanure", écrit le *Los Angeles Times* qui y a consacré une longue enquête en octobre 2020[2].

Évidemment, pendant toutes ces années, Montrose a déployé des efforts considérables pour défendre l'innocuité du DDT et justifier sa politique. Il a fallu attendre la même année, 1972, pour que la substance soit définitivement interdite aux États-Unis. Elle continua toutefois à être utilisée jusque dans les années 1980 et a même fait son grand retour dans les années 2000 dans les régions les plus touchées par le paludisme.

"En 1990, quelques années après que M. Chartrand ait compilé ses rapports, l'Agence de protection de l'environnement s'est associée à l'État et a lancé une bataille judiciaire contre Montrose et un certain nombre d'autres entreprises en vertu de la loi *Superfund*", écrit encore Rosanna Xia dans le *LA Times*. Mais "le site, qui s'étend sur plus de 17 miles carrés, a été déclaré zone de nettoyage Superfund en 1996" seulement. Et c'est à la fin de l'année 2000, après onze ans de querelles juridiques qui ont permis à Montrose de retarder indéfiniment le procès, que "les parties ont décidé de s'entendre. Elles ont négocié un décret de consentement à mi-chemin du procès – aucune partie n'admettant sa faute, avec un accord selon lequel plus de 140 millions de dollars seraient payés par Montrose, plusieurs autres entreprises qui possédaient ou exploitaient une part de l'usine, et les gouvernements locaux dirigés par les districts sanitaires du comté de Los Angeles. Le règlement – l'un des plus importants du pays pour une plainte relative à des dommages environnementaux – permettra de financer le nettoyage, la restauration de l'habitat et les programmes d'éducation destinés aux personnes susceptibles de consommer du poisson contaminé."

En 2001, soit cinquante-quatre ans après le début de la pollution, l'entreprise est enfin condamnée. Et même si le nettoyage a grandement amélioré la qualité des eaux, les 500 000 barils sont toujours au fond de l'océan et personne ne sait comment les en retirer. On observe donc encore des quantités préoccupantes de DDT... Et pendant ce temps, de nombreuses espèces ont bien failli être éradiquées de la surface du globe et le DDT a été à l'origine de nombreux cancers, notamment des cancers du sein pour les femmes exposées avant leur puberté[3].

Vipulan et Bella sur le bateau du retour des Channel Islands.

Nous sommes face à un cas d'école. Non seulement il est indispensable que les êtres humains comprennent les écosystèmes pour pouvoir réparer le chaos que leur pollution a pu engendrer, mais nous avons désormais besoin d'un arsenal juridique beaucoup plus puissant pour empêcher définitivement ce type de pratiques susceptibles d'altérer des milieux pendant plus d'un siècle. Or, même si nous avons fait d'immenses progrès sur ce plan, nous sommes encore loin du compte. Pour le moment, l'intérêt économique prime encore largement sur celui des écosystèmes à demeurer sains de toute pollution, dégradation et même destruction. Car la loi, qui elle aussi est une fiction, n'a pas encore intégré de récits où la sauvegarde du monde vivant deviendrait prioritaire face au rendement financier. C'est pour y parvenir que se bat Valérie Cabanes, juriste en droit international spécialisée dans les droits humains et le droit humanitaire. Elle fait partie de l'Alliance mondiale pour les droits de la nature, ainsi que de l'initiative qui œuvre depuis 2009 pour faire avancer l'idée, au sein de l'ONU, que nous devrions établir les règles pour vivre en harmonie avec le reste du vivant.

Depuis de nombreuses années, elle travaille au contact de peuples autochtones, ce qui lui donne une perspective différente de celle de la culture occidentale. Nous l'avons rencontrée au Costa Rica, assis autour d'une table de pique-nique, au milieu d'une clairière, dans la péninsule du Corcovado. Autour de nous, le cri-cri des grillons saturait l'univers sonore, agrémenté par la multitude de chants d'oiseaux que la forêt dense abrite. Un endroit parfait pour engager cette conversation.

PASSER À L'ÉCHELLE SUPÉRIEURE

Rencontre avec Valérie Cabanes

Vous avez beaucoup travaillé avec des peuples autochtones, lesquels en particulier ?

J'ai travaillé avec les Innus, un peuple Algonquin du nord du Québec qui vit sur le bord de la forêt boréale et du fleuve Saint-Laurent. C'est un peuple très doux et pacifique, que j'ai fréquenté durant mes trois années de thèse en anthropologie juridique, qui questionnait le droit coutumier, les sagesses ancestrales et le rapport de ces peuples au territoire. Les Innus se battaient alors contre un projet de barrage hydroélectrique qui menaçait la rivière Romaine, plus grande rivière sauvage de la forêt boréale qui leur servait de "route" pour rejoindre leurs territoires de chasse. Puis, j'ai travaillé avec les Kayapos et en particulier leur chef, le célèbre cacique Raoni Metuktire, figure emblématique de la lutte pour la préservation de la forêt amazonienne et de la culture indigène. En 1989, le chanteur Sting l'a soutenu dans sa lutte contre un projet de barrage hydroélectrique, une ambition qui resurgit tous les dix ans au Brésil. Quand le projet a été remis au goût du jour par Dilma Rousseff, j'ai alerté le Parlement européen, le Conseil des droits de l'homme et accompagné le cacique Raoni à l'ONU. J'ai ensuite été mise en relation avec de nombreuses populations autochtones en Amérique du Nord ou du Sud, en Afrique, en Australie ainsi qu'avec les Maoris en Nouvelle-Zélande. Il y a une relation très étroite entre la protection des écosystèmes et celle des peuples autochtones.

Et en dehors de votre travail, quelle relation entretenez-vous avec la nature ?

Elle est très organique. J'ai passé mon enfance dans la nature, pieds nus, en France, en Inde, au Maroc, dans le monde entier... J'étais un peu sauvage et encore aujourd'hui, je ne me sens bien que lorsque je suis dans un espace naturel. Après deux ou trois jours dans une grande ville, je suis épuisée, comme si je perdais toute mon énergie. Pendant un temps, je n'étais pas vraiment préoccupée par la destruction des écosystèmes, parce que là où je vivais, la nature était toujours présente. Puis, pendant de nombreuses années, j'ai travaillé dans le secteur de la solidarité internationale où je menais de grands projets pour aider les populations pauvres du monde entier. Burkina Faso, Ouganda, Pakistan, Afghanistan, Cambodge, Népal, Maroc... Peu à peu, j'ai découvert que si ces gens sont pauvres, c'est souvent parce qu'ils sont soumis aux grandes industries qui accaparent leurs terres, prennent leurs ressources et détruisent leurs moyens de subsistance. C'est ainsi que j'ai fait le lien. En détruisant la nature, on tue également les gens qui en vivent. On ne peut pas protéger les droits fondamentaux des humains – le droit à l'air, à l'eau, aux médicaments, à l'habitat, à la santé, etc. – sans protéger ceux de la nature. Les deux sont profondément liés.

Vous faites une distinction entre les humains et la nature ? C'est un débat pour nous depuis que nous avons rencontré Philippe Descola ! (rires)

Je comprends, oui ! Je crois que nous faisons partie de la nature, nous sommes un de ses éléments, tout comme l'arbre, le dauphin ou l'abeille. Et nous avons un rôle important à jouer. Pour moi, les êtres humains c'est la nature qui prend conscience d'elle-même. C'est très puissant. Le problème, c'est que nous l'avons oublié. Nous ne *sommes* pas séparés, mais nous *croyons* que nous le sommes, ce qui est très différent. Nous devrions ressentir cette appartenance profondément dans notre cœur, notre corps, notre âme... comme c'est le cas pour les peuples autochtones. À partir du moment où nous expérimentons le fait d'être interdépendants avec toutes les autres formes de vie, on sent qu'on est au même niveau. Or, notre culture, tout comme nos croyances religieuses, nous ont poussés à croire que nous sommes au-dessus, tels les maîtres d'un monde qui serait là pour servir nos desseins... Et actuellement ce dessein est de faire croître le PIB. Mais la croissance infinie n'a pas d'existence biologique. Le cycle de la vie, c'est naître, croître puis décliner et mourir. Car en mourant nous rendons notre corps à la terre. Et de là, d'autres formes de vie peuvent émerger. Il n'y a pas de vie sans la mort. Penser qu'une croissance sans limites est possible n'est qu'un rêve qui s'est transformé en cauchemar.

Si les êtres humains sont fondamentalement au même niveau que la nature, nos droits ne devraient-ils pas être équivalents ?

En tant qu'êtres vivants, nous faisons partie de la nature, nous ne sommes pas au même niveau qu'elle. Jusqu'à présent dans le droit occidental, nous avons créé des règles qui ne s'intéressent qu'à nous, humains. Ce qu'il faut désormais, c'est reconnaître les droits de la nature en tant que tels. Nous devons admettre que chaque espèce, écosystème ou cycle biogéochimique a des droits qui lui sont propres. Celui d'exister, de jouer son rôle écosystémique, de se régénérer, s'épanouir... C'est en préservant les conditions de vie sur cette planète que nous pourrons ensuite garantir convenablement les droits fondamentaux de l'humanité. Il n'y a pas de droits humains sur une planète inhabitable, c'est prendre les choses dans le mauvais sens. Ainsi les droits économiques devraient être placés sous les droits humains et les droits de la nature. C'est un renversement de l'échelle des normes indispensable, sans quoi, l'humanité et toutes les autres espèces finiront par disparaître. Nous sommes déjà engagés dans une sixième extinction de masse, il faut absolument l'enrayer.

Le droit de l'environnement ne sert-il pas à cela, à protéger les espèces et les écosystèmes ?

Je n'aime pas tellement le terme "droit de l'environnement", justement, parce que la notion d'"environnement" perpétue cette idée de décor autour de nous, dont nous serions séparés. Thomas Berry, grand penseur des droits de la nature, disait qu'ils ne sont pas sur le même registre juridique que ceux des citoyens. Avec la nature, il ne s'agit pas d'un régime de droits et d'obligations. On parle ici de droits fondamentaux qui définissent, pour chacune des espèces, des droits spécifiques en fonction du rôle qu'elle a à jouer. Or, dans la plupart des constitutions aujourd'hui, on met encore sur un pied d'égalité le droit économique et celui de l'environnement. Ou pire, bien souvent l'économie prime sur la santé des milieux. À l'heure actuelle, nous ne devrions plus laisser un juge autoriser un projet industriel au nom du droit commercial ou de la liberté d'entreprendre, s'il se fait au détriment de la protection d'un écosystème.

Et comment s'y prendre pour faire passer le droit de la nature et des humains au-dessus de celui du monde économique ?

En construisant un système juridique nouveau qui reconnaisse les droits de la nature. Depuis 2006, de nombreuses expériences vont dans ce sens. Et c'est amusant parce que, souvent, quand on parle de reconnaissance des droits de la nature, les gens pensent que ça part d'une demande des peuples autochtones, mais ce n'est pas vrai.

Le premier cas a eu lieu à Tamaqua, une ville de Pennsylvanie où vivent des citoyens américains, ce qu'il y a de plus classique. Face à un projet de décharge toxique, les habitants ont décidé d'écrire une législation nouvelle qui reconnaisse les droits de la nature, ainsi que ceux des communautés à s'autogouverner. La loi disait : "les résidents, les communautés naturelles et les écosystèmes sont considérés comme des « personnes » et « tout résident a qualité pour demander une réparation déclaratoire, injonctive et compensatoire pour les dommages causés aux communautés naturelles et aux écosystèmes » de Tamaqua".

D'autres villes ou pays ont-ils entrepris ce type de démarche ?

Face à la menace des gaz et pétrole de schiste, de nombreuses villes américaines ont fait comme Tamaqua. Puis, en 2008, l'Équateur est allé encore plus loin en devenant le premier pays au monde à reconnaître les droits de la nature dans sa Constitution. Lors d'un changement de présidence, citoyens et experts ont rédigé une nouvelle Constitution basée sur l'idée, très courante en Amérique du Sud, du *buen vivir*, ce mode de vie du peuple Quechua qui dit qu'il est important de ne pas prendre plus à la Terre que ce qu'elle peut régénérer. Selon cette acception, les ressources sont partagées avec ceux qui vous entourent, humains et non-humains. Depuis, n'importe quel citoyen, ou ONG équatorienne, et même le Ministère public (le Parquet), peut saisir la justice pour dénoncer un projet industriel qui viole les droits de la nature ou met en péril un écosystème. Résultat, douze ans plus tard, sur les 32 procès engagés au nom de la défense des intérêts de la nature, 25 ont été gagnés !

Pouvez-vous nous donner des exemples ?

Le premier concernait un projet de route qui menaçait la rivière Vilcabamba en 2011. Un jour, une résidente s'est aperçue que les ouvriers jetaient les pierres et gravats du chantier dans la rivière, l'empêchant de s'écouler normalement. Elle a alors porté l'affaire au tribunal, qui a immédiatement fait cesser les travaux. Ou celui de la mangrove équatorienne de la réserve écologique de Cayapas-Mataje, plus grande mangrove du monde avec ses arbres de 60 m de haut et son rôle écosystémique fondamental qui permet à la côte de se maintenir, ainsi qu'à toute la vie marine de se développer dans un environnement tranquille, entre mer et océan. Un jour, une compagnie a ouvert une ferme industrielle de crevettes, au risque de déverser antibiotiques et produits chimiques dans l'environnement. Les populations locales ont alors saisi la justice pour que la ferme cesse son activité. L'affaire est montée jusqu'à la Cour constitutionnelle qui a souligné avec insistance "l'importance des droits à la nature et l'obligation pour l'État et ses agents d'encourager et de promouvoir le respect de tous les éléments qui font partie d'un écosystème, ainsi que le droit de la nature à être respectée dans son intégralité". Ce qui est intéressant, c'est que la Cour a pris sa décision au nom de la valeur intrinsèque de la mangrove, de son rôle, son droit à la santé. C'est très différent du droit occidental qui, lui, est construit autour de l'intérêt humain. Quand on essaie de protéger un écosystème, on le fait toujours au regard de ce qu'il peut nous apporter ou, s'il venait à être détruit, des conséquences sur la santé humaine ou sur l'économie locale. Or, ce qui est important dans les droits de la nature, c'est de reconnaître que les écosystèmes ont une valeur intrinsèque, qu'ils ont leur propre droit à exister, indépendamment de leur "utilité" pour nous.

Les droits de la nature permettent-ils également de protéger les espèces ?

Tout à fait. Un des exemples parmi les plus représentatifs se situe toujours en Équateur, avec ce bateau chinois de près de 100 m stoppé dans la réserve marine des îles Galápagos avec, à son bord, près de 6 200 requins morts, parmi lesquels des femelles enceintes. Tout ça pour leur couper les ailerons utilisés, en Chine, pour faire de la soupe et des soi-disant médicaments aphrodisiaques... La demande est telle qu'il existe un gigantesque commerce illégal d'ailerons de requins partout dans le monde. Sauf que cette fois, le bateau a été arrêté et le juge a considéré qu'étant donné le nombre d'individus tués, il s'agissait d'un crime contre l'espèce requin. Il a donc mis le capitaine et l'équipage en prison, a fait détruire le bateau et donné une énorme amende à l'armateur. Cet exemple est important, car il montre que lorsqu'on porte trop fortement atteinte à un écosystème ou une espèce, cela doit être considéré comme un crime qui nuit à la pérennité de la vie sur la planète entière. En prenant cette décision, les juges équatoriens ont créé une jurisprudence essentielle qui peut aider à la reconnaissance des droits de la nature de manière plus globale, et au-delà du crime d'écocide.

Les États du monde entier peuvent-ils suivre l'exemple de l'Équateur ?

C'est un travail que je mène depuis plusieurs années dans les pas de nombreux autres juristes comme cette avocate écossaise, Polly Higgins, que Bella connaît. En 2010, elle a proposé à la Commission du droit international de réfléchir à la création d'un nouveau crime qui soit adossé aux autres crimes internationaux jugés par la Cour pénale internationale (CPI) depuis 2002, à savoir les crimes contre l'humanité, les crimes de guerre, de génocide et plus récemment, d'agression. On demande à présent à ce qu'elle reconnaisse un cinquième crime contre la paix et la sécurité : le crime d'écocide, qui porte atteinte aux écosystèmes. Pour ma part, je propose une définition plus précise encore que celle portée par Polly Higgins. Je suggère que soit reconnu comme crime d'écocide tout endommagement grave d'un commun naturel et/ou d'un système écologique. Les communs naturels, en droit international, sont tous ces lieux qui ne sont pas sous la souveraineté exclusive d'un État. L'océan, par exemple, est ce qu'on appelle en droit un *Res nullius*.

Il est considéré comme “une chose” sans maître, aucun État ne peut en revendiquer la propriété.

Sauf pour la zone économique exclusive peut-être ?

La zone économique exclusive (ZEE), cette bande de mer ou d'océan située entre les eaux territoriales et les eaux internationales, est en effet la propriété de l'État côtier, mais au-delà, ce n'est plus à personne. N'ayant pas de statut, les eaux internationales n'ont pas de droits en propre. Elles ne sont pas des *sujets* de droit et sont donc exploitables par tout le monde. Océans, atmosphère, fleuves transfrontaliers, espèces migratrices... Ces communs naturels devraient être protégés par le droit international au même titre que tous les écosystèmes, espèces vivantes et cycles biogéochimiques qui sont interdépendants et interconnectés. Porter gravement atteinte à ces systèmes doit être reconnu comme un crime international. C'est une action que nous menons depuis plusieurs années et ça commence à être envisagé par plusieurs États comme le Vanuatu et les îles Maldives. En 2019, ces États insulaires du Pacifique et de l'océan Indien ont demandé à ce que le crime d'écocide soit reconnu, car sous l'effet du dérèglement climatique, l'océan submerge progressivement leurs côtes et leurs réserves d'eau douce. Les îles sont les premières victimes du changement climatique.

Et pour que ce soit accepté, tous les États doivent-ils être d'accord ?

Avec la Cour pénale internationale, c'est moins compliqué que pour un traité international classique. À l'ONU, une majorité d'États doit être d'accord et souvent, les plus puissants comme les États-Unis essaient de faire stopper les négociations. C'est exactement ce qu'il s'est passé avec le Pacte mondial pour l'environnement en 2019. Alors qu'il dressait des principes ambitieux applicables par tous partout dans le monde, dès le début, les États-Unis s'y sont opposés au nom de la souveraineté et de la liberté d'entreprendre. Stratégiquement, il est beaucoup plus facile de faire adopter le crime d'écocide par la Cour pénale internationale, car seulement les deux tiers des pays doivent être d'accord.

Les États-Unis font-ils partie de la Cour pénale internationale ?

Les États-Unis n'ont bien évidemment jamais ratifié le statut de Rome fondant la Cour pénale internationale, parce que c'est trop dangereux pour eux, ça leur fait peur. Ils y sont cependant assujettis malgré eux, par le principe de compétence universelle du juge. Si un pays qui n'a pas ratifié le statut de Rome commet un écocide chez lui, sur son propre territoire, on ne peut pas l'arrêter. En revanche, si la personne qui commet l'écocide met le pied dans un État qui, lui, a signé, celui-ci peut s'arroger le droit de la juger selon la compétence universelle. Car un autre grand intérêt de la Cour pénale internationale est qu'elle a le pouvoir de lever l'impunité des présidents, ainsi que des dirigeants de guerre. Responsables politiques, économiques et dirigeants de guerre peuvent donc être arrêtés pour leurs crimes dans tous les pays qui ont adhéré au Statut de la CPI.

Les États-Unis ne pourraient donc pas empêcher que le crime d'écocide soit reconnu par la Cour pénale internationale ?

Non, ils ne le peuvent pas. De plus, il y a quelques années, des négociations sur un traité contraignant les multinationales au respect des droits humains et de l'environnement ont démarré à l'ONU. Et les pays qui ont demandé ce traité sont ceux qui sont le plus souvent aux prises avec les multinationales. Afrique centrale, Congo, Cambodge... ce sont les plus pollués, exploités, qui voient leurs populations déplacées de force... Actuellement, une plainte a été déposée en France contre Total qui veut forer 450 puits dans la réserve naturelle des Murchison Falls en Ouganda, en s'appuyant sur notre loi sur le devoir de vigilance des entreprises de 2017. Or, l'Ouganda vient de reconnaître les droits de la nature et pourrait alors défendre elle-même le droit de ses écosystèmes à ne pas être dégradés ou pollués. C'est pourquoi nous devons continuer à porter ce plaidoyer. Car à un moment donné, il y a une chance pour que les États les plus vulnérables face au changement climatique et à la prédation des multinationales abondent vers la reconnaissance de l'écocide. Au lancement des négociations sur ce traité à l'ONU, ils étaient 85. Des États, qui font aussi partie de la Cour pénale internationale...

Combien y a-t-il de signataires à la Cour pénale internationale ?

Selon les années, ça oscille entre 121 et 123 États. Et pour qu'une décision soit entérinée, il faut que les deux tiers soient d'accord. Ce qui veut dire qu'en théorie, c'est faisable, puisque les deux tiers nous amènent à 80 ou 82 États...

Si nous placions les droits de la nature au cœur des systèmes juridiques, à quoi ressemblerait la société ? À quel point serait-elle différente ?

Au lieu d'être anthropocentrique, le droit deviendrait écocentrique et ça changerait tout ! Nous serions sans doute amenés à engager une décroissance matérielle par exemple, car actuellement, nous utilisons 1,6 fois ce que la planète peut fournir comme ressources. L'écosystème terrestre n'a pas le temps de se régénérer, c'est pourquoi nous devons respecter ce que des scientifiques appellent les *limites planétaires*. Depuis 2009, le centre pour la résilience de Stockholm en a identifié neuf et, pour sept d'entre elles, a pu quantifier leur état.

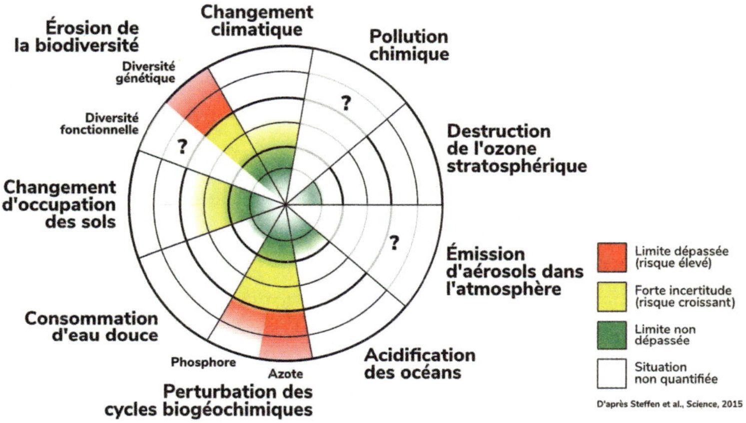

Quelles sont ces limites ?

La première concerne le changement climatique. Si nous voulons garder un écosystème terrestre sûr, nous ne devons pas franchir une concentration de 350 parties par million (ppm) de CO_2 dans l'atmosphère. Or, nous sommes actuellement à 415 ppm de CO_2… Cela nous met déjà en danger. La deuxième limite concerne l'érosion de la biodiversité. Nous ne devons pas assister à l'extinction de plus de 10 espèces par an sur un million.

Et où en sommes-nous actuellement ?

Cela dépend des espèces. Mais en moyenne, en deux siècles – et surtout depuis 1950 –, les humains ont augmenté le taux de disparition des espèces de 100 à 1 000 fois au-dessus de ceux que nous avons connus au cours de l'histoire de la Terre. Cela met en danger les équilibres naturels. On prévoit même que le taux d'extinction moyen mondial sera encore multiplié par 10 au cours du siècle actuel[1] !

La reconnaissance du crime d'écocide suffirait-elle pour nous ramener à l'intérieur des limites planétaires et à faire baisser le taux d'extinction ?

C'est une question très intéressante, car jusqu'à présent, les juristes qui proposent de reconnaître le crime d'écocide en ont donné une définition assez générale, basée sur la notion de destruction des écosystèmes. Mais comment la mesurer exactement ? Où est le curseur ? C'est pourquoi, en 2015, j'ai proposé avec trois autres juristes d'amender le Statut de la Cour pénale internationale en définissant le crime d'écocide dans le cadre des limites planétaires, car elles nous aident très concrètement à voir où nous en sommes. Le juge devrait pouvoir utiliser ce concept pour évaluer l'ampleur de la destruction d'un commun naturel ou d'un écosystème. Aujourd'hui, les limites planétaires sont internationalement reconnues par les Nations unies et l'Union européenne dans la poursuite des objectifs du développement durable. Nous avons désormais besoin de les reconnaître comme des normes juridiques, de manière à empêcher les activités économiques qui menacent les écosystèmes et les générations futures. Avec de telles dispositions, si un citoyen va au tribunal en disant que l'activité d'une industrie fossile nous conduit au-delà de la limite acceptable pour le changement climatique, le juge ne pourra que lui donner raison. Il aura un référentiel, pourra mesurer de façon tangible que nous sommes en danger et, pour des raisons objectivables par tous, pourra demander l'arrêt de ces activités.

Au-delà du changement climatique et de la biodiversité, quelles sont les autres limites planétaires ?

Il y en a une sur les cycles biologiques des sols, qui définit la quantité d'azote et de phosphore permettant de les maintenir en équilibre. Actuellement, nos techniques culturales dégradent les sols et nous devons utiliser des engrais pour les "perfuser". Sauf que l'agriculture industrielle en met trop. L'azote et le phosphore se retrouvent dans les rivières et les eutrophisent peu à peu, comme on le voit en Bretagne avec les algues vertes. La quatrième limite concerne l'usage que nous faisons des terres, et donc la déforestation. Au maximum 15 % de la surface terrestre libre de glaces peut être convertie en terres agricoles, et *a minima* nous devrions garder globalement 75 % des terres sous le couvert de forêts, telles qu'elles étaient auparavant.

Et où en sommes-nous ?

Cela dépend vraiment de l'endroit que l'on considère, mais en moyenne dans le monde, nous avons détruit 60 % de la forêt indigène. Et la plupart des pays ont aujourd'hui un système inversé. En France, 59 % du territoire a été artificialisé et tous les huit ans, l'équivalent de la surface d'un département est déboisé ou bétonné. Nous replantons beaucoup en France mais en monocultures, ce qui ne permet pas de protéger la biodiversité : il n'y a plus suffisamment d'arbustes, de sous-couvert végétal, les arbres plantés sont souvent des résineux qui produisent très peu d'humus et sont souvent coupés jeunes, en coupes rases... Il n'y a plus suffisamment de diversité et donc de vie dans ces forêts industrielles. En Amazonie, on détruit la forêt pour y mettre du bétail et des champs de soja afin de nourrir le bétail en France et ailleurs, au risque de transformer l'Amazonie en savane, perturbant ainsi le cycle du carbone et de l'oxygène sur Terre, mais aussi celui des pluies et le climat en général... Ça ne peut pas continuer.

Quelles sont les autres limites ?

Il y en a une pour l'océan, notre deuxième poumon après la forêt. Depuis quarante ans, il absorbe l'excédent de CO_2 que nous produisons grâce au phytoplancton qui, à l'instar des arbres qui captent le dioxyde de carbone et restituent de l'oxygène, produit la moitié de l'oxygène terrestre. Mais cet excédent de CO_2 a pour conséquence de provoquer l'acidification de l'océan, ce qui gêne la capacité des organismes marins à produire des coquilles et des squelettes solides. Or, tous ces petits êtres sont à la base de la chaîne alimentaire dont dépendent poissons, baleines, requins, oiseaux marins... S'ils venaient à disparaître, les extinctions s'enchaîneraient alors en cascade. Puis, nous avons une limite sur la façon dont nous utilisons l'eau douce, qui est un commun naturel inestimable pour notre survie. Lorsqu'un habitant du sud du Sahara en consomme quotidiennement entre 10 et 20 litres, un Français en utilise 150 à 200 et un citoyen américain 600... Puis, nous avons une limite qui concerne la pollution chimique liée aux pesticides, aux composés radioactifs, aux métaux lourds, aux nanoparticules... ainsi qu'à la concentration des aérosols atmosphériques, qui sont difficiles à quantifier et pour lesquels nous manquons encore de données. Et enfin, nous avons l'ozone, seule limite sur laquelle nous avons su revenir en arrière dès les années 1980, grâce à la signature d'une convention internationale qui réglemente l'usage des chlorofluorocarbures (CFC) à l'origine du trou dans la fameuse couche d'ozone. Aujourd'hui, à l'échelle mondiale, nous avons franchi les quatre premières limites – celles du climat et de la biodiversité, qui sont fondamentales, mais aussi celles de l'azote et du phosphore dans les sols et de la déforestation – et nous sommes très proches de celles de l'acidification des océans, ainsi que de la consommation d'eau douce. À ce stade, nous avons tous les éléments pour définir le crime d'écocide. C'est pour cette raison que nous faisons pression pour reconnaître les limites planétaires au sein de la Cour pénale internationale et de la Constitution française, car alors, le système économique devra s'ajuster. Tout ce qui outrepasse les limites planétaires pourra être reconnu comme écocide si l'activité est menée en connaissance de ses conséquences.

On entend souvent parmi les opposants à cette idée que l'écocide serait liberticide pour les individus ? Qu'on sera bientôt accusé d'écocide parce qu'on mange un burger ou qu'on conduit un SUV...

L'écocide concerne un dommage qui menace la sécurité de tous les êtres vivants. On ne peut pas dire à quelqu'un qui marche sur une fourmi qu'il est en train de commettre un écocide ! (rires) La sûreté de la planète n'est pas en jeu... L'acte jugé doit avoir un impact à grande échelle et sur le long terme, avec des conséquences pour les générations futures. Par exemple, une centaine d'entreprises émettent 71 % des gaz à effet de serre mondiaux*. Nous devons faire en sorte qu'elles changent leurs pratiques, nous ne pouvons pas uniquement demander aux citoyens de faire des efforts. Nous avons besoin qu'elles se conforment à un nouveau cadre juridique qui impose de protéger l'écosystème terrestre en respectant les limites planétaires. C'est ainsi que nous pouvons résoudre une grande partie du problème.

L'application de la loi obligera peut-être certaines industries à respecter les règles, mais si les mentalités et les attitudes ne changent pas, cela suffira-t-il ?

Bien sûr, il est important que la mentalité des citoyens change aussi. C'est une autre partie de mon travail qui consiste à sensibiliser en écrivant des livres ou en donnant des conférences. Nous avons besoin de sentir que nous appartenons au vivant mais aussi de remettre en question certains de nos principes. Par exemple, l'idée de propriété privée qui est omniprésente dans notre droit, alors même qu'elle n'est pas indispensable. Les peuples autochtones disent toujours qu'ils appartiennent à un territoire, mais que le

* Rapport de l'ONG Carbon Disclosure Project (CDP), elles causeraient à elles seules 71 % des émissions mondiales de gaz à effet de serre depuis 1988, https://b8f65cb373b1b7b15feb-c70d8ead6ced550b4d987d7c03fcdd1d.ssl.cf3.rackcdn.com/cms/reports/documents/000/002/327/original/Carbon-Majors-Report-2017.pdf

territoire, lui, ne leur appartient pas. C'est une façon précise de se positionner dans le monde et c'est quelque chose que nous pouvons faire évoluer dans les mentalités. D'autant que lorsqu'une grande partie de la société change véritablement de repères, de valeurs, de perception du monde, les politiciens sont obligés de suivre. C'est ce qui s'est produit avec les droits des femmes par exemple. La loi n'est pas quelque chose de stable. Elle est le reflet de notre niveau de conscience à un moment donné. C'est une fiction, qui change régulièrement en fonction de nos valeurs et de nos convictions.

Mais par quoi faut-il commencer ? Pour faire adopter une loi, avons-nous besoin que les citoyens soient déjà tous d'accord ? En d'autres termes, pour que le droit avance, faut-il d'abord changer les mentalités ? Ou est-ce que cela marche dans l'autre sens ? En France, la population n'était sans doute pas majoritairement favorable à l'abolition de la peine de mort en 1981...

Il est toujours préférable de changer la loi lorsque les citoyens sont prêts, mais aujourd'hui, nous sommes face à une urgence. Nous devons accepter le fait que dans certaines situations, nous devons d'abord changer la loi, et que les gens doivent la respecter, d'autant que c'est dans leur propre intérêt. Pour ma part, j'essaie de convaincre à la fois les citoyens et les politiciens. Je leur explique à quel point la reconnaissance du crime d'écocide et des droits de la nature constitue un vrai moyen de préserver leurs conditions de vie, ainsi que celles de leurs enfants, petits et arrière-petits-enfants.

Pour autant, de nombreuses personnes pensent que si les gens ne changent pas, rien ne changera, même avec de nouvelles lois...

Changer la loi peut aussi modifier l'état d'esprit des gens. Aujourd'hui, si vous demandez aux gens de respecter les limites planétaires et les droits de la nature vous en aurez, bien évidemment, qui diront non. Mais de nombreux exemples montrent que malgré une réticence première, même forte, des avancées ont eu lieu dans l'histoire. Quand j'étais jeune, tout le monde fumait. Partout, dans les théâtres, au café, dans les restaurants, les bureaux, et même au cinéma. Puis, ça a été interdit et les populations se sont adaptées. Et maintenant, la plupart des gens vous diront qu'ils ne supporteraient plus la fumée de cigarette dans un bar. Aussi, lorsque des dirigeants politiques ont aboli l'esclavage ils l'ont fait contre la volonté de la plupart des propriétaires de champs de coton, malgré la peur que l'économie s'effondre et là aussi, les gens se sont adaptés. Eh bien c'est exactement la même chose avec les limites planétaires ! Si vous imposez un cadre juridique qui a du sens et que vous l'expliquez, il sera suivi. Parfois, je discute avec des PDG de grandes entreprises qui disent avoir besoin de ce cadre pour sortir de la quête de profit immédiat et pouvoir justifier auprès de leurs actionnaires le fait de se soucier des conséquences de leurs activités. Aujourd'hui beaucoup d'entre eux se sentent prisonniers d'un système qui les oblige au *business as usual*... Alors que s'ils peuvent être poursuivis pour écocide ils trouveront le moyen de s'ajuster. La loi n'est pas toujours juste, mais elle donne des repères dans une société. Et avec le temps, cela deviendra culturel. L'éthique s'alignera sur le cadre juridique.

Vous pensez donc que la loi influence la moralité, plus que la morale n'influence la loi ?

Je pense que cela va dans les deux sens. Les peuples autochtones considèrent par exemple qu'ils font partie de la nature et qu'ils doivent partager les ressources avec les non-humains. Ils croient que leur existence est interdépendante et interconnectée avec celle de tous les êtres animés comme inanimés. Cela leur donne une sorte de droit coutumier qui leur dicte les règles du vivre-ensemble. Dans leur cas, elles ne sont pas seulement fonction d'eux, mais aussi du territoire et de l'écosystème au sein desquels ils interagissent. Ce qui est bien ou mal se définit ensuite selon ce droit coutumier. De la même façon, si nous décidons d'avoir une loi écocentrique plutôt qu'anthropocentrique, nous nous comporterons comme tel, cela deviendra la norme.

Et qu'est-ce que ça changerait ?

De nombreuses choses ! Et ça peut aller jusqu'à modifier la manière que nous aurons de gouverner. Car quand on comprend qu'on appartient à un territoire, et non l'inverse, on commence à en prendre soin. Un nouveau cadre juridique écocentré pousserait les gens à se soucier beaucoup plus de l'écosystème dans lequel ils vivent, à prendre leurs décisions en fonction de ses besoins, car ils sentiraient que leur propre bien-être y est lié. J'ai observé ce type de transformations dans différents lieux où des gens font des expériences alternatives d'autonomie et de vivre-ensemble. Cela change la relation qu'ils ont avec la propriété. Et cela peut même modifier la façon dont la démocratie fonctionne. Dans les pays occidentaux, nous utilisons beaucoup la démocratie représentative. Nous déléguons le pouvoir à quelqu'un une fois tous les cinq ou sept ans, et on s'occupe simplement de notre famille, de notre entreprise... Alors que quand vous sentez que vous appartenez à un lieu et que vos racines sont dans cette terre, vous ne vous souciez plus seulement de votre propre jardin, vous vous occupez, plus globalement, de ceux qui y vivent, humains et non-humains. C'est vraiment mon objectif.

***

Lorsqu'une nouvelle fiction grandit au sein d'une société, portée par des penseurs, des artistes, des pionniers aussi bien que par des luttes ou des désobéissances, il arrive qu'elle soit progressivement intégrée par les institutions. Et qu'elle devienne la nouvelle norme. Nous venons de parler du droit, mais nous pourrions aussi parler de la politique. Alors que nous étions au Costa Rica, nous avons eu l'opportunité de nous entretenir avec le jeune Président de ce petit pays d'Amérique centrale (cinq millions d'habitants) considéré comme une sorte de Suisse locale. Depuis le 1er décembre 1948, le Costa Rica est, comme la petite nation helvète, un pays neutre, premier au monde à avoir constitutionnellement supprimé son armée. L'État a massivement réinvesti cet argent dans l'éducation et la lutte contre la pauvreté, ce qui a notamment permis un allongement spectaculaire de l'espérance de vie. Aujourd'hui, le Costa Rica est, avec le Chili, un des États d'Amérique centrale et du Sud où l'on vit le plus longtemps. Depuis quelques années, c'est également un pays phare sur le plan écologique – la quasi-totalité de son électricité est renouvelable (même si ses immenses barrages hydroélectriques sont loin d'être sans impact...) – et l'un des exemples les plus saisissants de réensauvagement. En l'espace de quarante ans, le Costa Rica a plus que doublé son couvert forestier et abrite désormais 5 % de la biodiversité mondiale.

Pour comprendre comment un tel prodige a été possible, nous nous sommes rendus dans ce modeste bâtiment qui abrite la présidence et où Carlos Alvarado est venu nous rencontrer, tout sourire, et avec une très grande simplicité. Pas de cérémonial, pas de cour rapprochée, pas de palais, nous étions loin de l'exercice du pouvoir à la française...

RÉENSAUVAGER ET RESTAURER LES HABITATS

Rencontre avec Carlos Alvarado

Costa Rica. Palais présidentiel.

Hier, nous avons volé de Puerto Jiménez à San José et presque tout le territoire était couvert de forêts. Alors qu'en général, de l'avion, on voit un paysage morcelé par les champs et les constructions. Comment avez-vous fait pour que votre pays soit si vert, si boisé ?

Eh bien, ça n'a pas toujours été comme ça. Dans les années 1950, le Costa Rica avait environ 70 % de couverture forestière. Puis, avec le développement de l'agriculture, ça a commencé à diminuer et quand je suis né au début des années 1980, elle n'était plus que de 20 %. C'était une baisse considérable ! Pour inverser la tendance, nous avons mis en œuvre une politique volontariste qui a commencé par l'élargissement du réseau de parcs nationaux créé dans les années 1970. À l'époque, beaucoup de gens disaient que nous étions fous, que la création de ces parcs enlevait des terres agricoles et coûtait beaucoup trop cher. Mais grâce au tourisme, la conservation de l'environnement est devenue rentable et nous avons pu la mettre en œuvre à grande échelle. Aujourd'hui, beaucoup de gens viennent ici pour observer les animaux, les insectes, les fleurs et les plantes, car dans notre petit lopin de terre, nous avons près de 5 % de la biodiversité mondiale. En quarante ans, nous sommes passés de 20 % à 50 % de couverture forestière, ce qui montre qu'il est possible de la récupérer. Que non seulement c'est possible, mais que c'est aussi rentable !

Et au-delà d'être rentable, que représente cette nature pour votre pays ? Avez-vous constaté des changements avec le reboisement ?

Lorsque nous avons commencé à reboiser, une chose vraiment importante s'est produite. L'extension du couvert végétal a créé comme des couloirs qui permettent aux différents animaux de quitter les régions et de se croiser avec d'autres, ce qui favorise une plus grande diversité génétique. Ils ne restent pas enfermés dans la même espèce ou famille et peuvent même se déplacer au-delà du pays. Avec les années, les populations de jaguars, de pumas ou de tapirs ont augmenté. Et grâce à eux, on se sent bien ici. Les Costaricains sont fiers d'avoir réussi à préserver toute cette biodiversité, car nous lisons constamment des informations selon lesquelles, partout dans le monde, elle diminue. Chez nous, c'est le contraire. Les populations d'animaux sauvages augmentent et ce n'est pas seulement une bonne nouvelle pour nous, en tant que pays, ça l'est pour la nature dans son ensemble.

Auriez-vous réussi à faire la même chose si vous n'aviez pas trouvé le moyen de rentabiliser la démarche ?

Cela aurait probablement été plus difficile. Mais pour autant, ce n'est pas nécessairement l'une ou l'autre, la nature ou la prospérité des humains. Ça peut être les deux, et ça fait partie du message clé. Nous avons besoin de solutions innovantes pour préserver la biodiversité de manière durable et compatible avec les sociétés humaines. Nous devons parvenir à l'inclusion des populations en termes d'emploi, de pauvreté, de santé, etc., tout en préservant la nature. Le débat ne porte pas sur le fait de choisir entre l'une ou l'autre chose. Au Costa Rica, nous avons créé des emplois formidables où les personnes montrent aux gens du monde entier toutes les espèces d'oiseaux, de plantes ou d'animaux qui vivent ici. Ils leur apprennent un tas de choses sur cette biodiversité incroyable, et ils le font en collaboration avec les populations autochtones.

Avec le changement climatique, nous devons moins prendre l'avion, ce qui signifie moins de tourisme... Que se passera-t-il alors pour les pays qui en vivent ?

Nous sommes actuellement confrontés à de nombreuses questions. Pour ma part, je crois beaucoup en la technologie, en ce qu'elle peut faire pour nous. J'accueille avec beaucoup d'espoir les nouveaux avions à hydrogène en cours de développement. C'est une excellente nouvelle que d'être capable de voler avec de l'électricité et, *a fortiori*, une énergie qui provienne de techniques sans émission de carbone. J'ai récemment été dans un avion innovant qui nécessite près de 40 % de carburant en moins. Si nous continuons à pousser la technologie dans un objectif précis, qui va dans le sens de la préservation de l'environnement, nous serons en mesure de réduire considérablement notre empreinte, tout en conservant de belles choses comme le tourisme.

C'est encore hypothétique... On parle des premiers avions touristiques à hydrogène pour 2035. D'ici là il faudra avoir drastiquement réduit nos émissions. Peut-être réussirons-nous à avoir un peu de croissance dans certains pays du monde, couplée à de la durabilité, mais nous ne pourrons certainement pas continuer nos activités comme nous le faisons actuellement.

Oui, c'est vrai... Et c'est le message clé qui a été livré en 2019 pendant la pré-Conférence des parties qui s'est tenue au Costa Rica avant la COP de Madrid. Il ne s'agit pas seulement de crise climatique, ce n'est pas simplement un problème lié à l'environnement. Il s'agit plus globalement de notre économie, de la façon dont nous vivons et produisons les choses. Nous devons changer, c'est certain. Et au cours de la décennie à venir, nous devons décarboner nos économies. C'est le moment de le faire, c'est pourquoi nous lançons actuellement notre plan pour une économie entièrement décarbonée d'ici 2050. La situation actuelle appelle à l'action, à la transformation de nos modes de production et de consommation mais aussi, plus globalement, au changement de la façon dont nous voyons la vie.

À quoi ressemble votre plan de décarbonisation ?

C'est un projet ambitieux qui vise à réduire les courbes d'émissions de carbone tout en maintenant notre espérance de croissance. Car en tant que pays à revenu intermédiaire, nous avons besoin de continuer à produire de la richesse pour aider les gens en situation de pauvreté. Et, en même temps, nous devons être responsables vis-à-vis de notre planète. Aujourd'hui, notre électricité est renouvelable à 99,5 %. Nous devons maintenant faire la même chose avec le transport en développant, notamment, une mobilité électrique. Un autre pilier du plan concerne l'agriculture, grande émettrice de gaz à effet de serre. Nous développons actuellement un dispositif appelé NAMA pour Mesures d'atténuation appropriées au plan national, dont l'objectif est d'adapter les cultures au changement climatique. En 2015, le Costa Rica a ainsi développé le premier café NAMA, qui vise à réduire les émissions de gaz à effet de serre et optimiser l'utilisation des ressources au niveau des plantations comme des moulins. 20 % de notre production de café est déjà adaptée au changement climatique et nous devons faire la même chose avec les déchets, car si dans certains domaines comme l'énergie ou les forêts, nous sommes très avancés, pour la gestion des déchets en revanche, nous sommes à la traîne. Nous devons être cohérents avec notre message et travailler sur l'ensemble des domaines, afin d'atteindre la décarbonisation complète d'ici 2050.

Et au niveau agricole, êtes-vous autonomes ? Maintenant que vous avez augmenté le nombre de forêts sur votre territoire, comment cela se passe-t-il ?

Une partie de la nourriture que nous produisons est destinée à notre consommation, mais pas à 100 %. Nous devons encore importer une partie de nos denrées alimentaires et nombre de nos productions sont destinées à l'exportation, comme le café, la banane ou l'ananas. Pour développer une agriculture de précision, je compte sur l'innovation. Car nous devons utiliser la juste quantité d'eau, ne pas avoir trop de monocultures, réduire l'usage des produits chimiques, avoir le moins d'impact possible sur l'environnement et la santé humaine... Les défis sont nombreux et c'est la raison pour laquelle nous devons continuer à repousser les limites de l'innovation, mais avec une forme d'éthique. Nous ne pouvons plus ignorer les impacts de nos activités, nous préoccuper seulement de notre besoin de grandir sans se soucier du reste. Nous devons trouver un équilibre.

Avez-vous déjà entendu parler de permaculture ?

Non...

C'est une façon de cultiver sans combustible fossile ni pesticide, tout en favorisant la biodiversité. Peut-être est-ce ce genre de choses que vous pouvez développer ?

Nous avons déjà une loi très robuste sur l'agriculture biologique. Et actuellement, de nombreux agriculteurs effectuent leur transition.

Mais pour aller de l'avant, nous avons besoin de coopération entre les pays. Il faut former les agriculteurs, trouver les financements et appliquer des prix justes sur les marchés internationaux, car la crise climatique est également liée à celles des migrations, à l'inclusion et à l'inégalité. L'Amérique centrale est très exposée aux catastrophes climatiques et lorsque cela se produit, de nombreux agriculteurs doivent migrer, ce qui amène d'autres types de problèmes...

Pensez-vous parvenir un jour à un modèle véritablement soutenable pour tout le pays ?

Je le vois comme un chemin. Il y a encore beaucoup de choses que nous devons appliquer. Et même si nous avons eu des succès dans le passé, nous devons avancer et renforcer la prise de conscience. Je crois beaucoup en votre génération, car elle est en train de changer la manière dont nous voyons la société, dont nous percevons l'humanité. À chaque génération son combat. Au Costa Rica, celle de nos grands-parents a construit une société sans armée. Cela fait maintenant soixante et onze ans que nous n'en avons plus et, à la place, nous avons mis sur pied des parcs nationaux, un système de santé universel et une production d'électricité basée sur les énergies renouvelables. Mais ensuite, nous avons commencé cette lutte pour la croissance, en pensant que ça aiderait plus de gens à sortir de la pauvreté, que notre société deviendrait plus égalitaire... Et maintenant, nous sommes dans cette situation où nous devons préserver ce que nous avons construit mais œuvrer pour une société plus juste et plus durable. C'est pourquoi nous avons choisi de nous engager dans la décarbonisation. La prochaine génération sera probablement plus consciente encore de la manière de le faire.

Mais nous ne pouvons attendre que notre génération arrive au gouvernement... Les changements doivent se produire rapidement maintenant.

Que pensez-vous de la reconnaissance des droits de la nature comme outil juridique pour protéger les écosystèmes ? Est-ce quelque chose que vous envisagez de faire ?

Eh bien, je dois proposer le sujet au Congrès... Beaucoup de choses ne dépendent pas que de moi, vous savez. Pour mettre en œuvre un projet de loi, je dois y obtenir une majorité, ce qui actuellement n'est pas le cas. Or, je pousse de nombreuses initiatives difficiles. Nous avons par exemple déposé un projet de loi visant à interdire l'exploration et l'exploitation du pétrole au Costa Rica, mais croyez-le ou non, il y a encore des gens qui s'y opposent ! Alors il faut les persuader, les faire voter... On aura probablement le même problème avec la reconnaissance des droits de la nature. Des pays comme la Bolivie ont évolué dans ce sens et c'est très positif, car ça permet de donner une réponse plus cohérente et globale aux défis actuels.

Mais personnellement, voulez-vous pousser pour cela ?

Disons-le ainsi : depuis que je suis Président, mon programme est devenu mon contrat avec les gens. C'est la raison pour laquelle j'ai été précis sur ce que je promettrais, parce que je savais que j'aurais à le faire si j'étais élu. J'avais promis la décarbonisation, l'interdiction de l'exploration et l'exploitation du pétrole et bien d'autres choses... Et les gens ont voté pour ces propositions. Alors, maintenant que je suis Président, je dois m'en tenir à ce contrat. Or, la question des droits de la nature n'était pas dans mon programme. Cela ne veut pas dire que je ne peux pas l'intégrer, mais alors, je devrais m'expliquer auprès des gens, essayer de les persuader. Ça pourrait aussi être introduit dans les propositions dans deux ans, lors de la prochaine élection présidentielle, mais au Costa Rica, on n'a pas le droit de se représenter. En revanche, on peut en parler. Il faudrait même qu'on commence à en discuter sérieusement, afin que ça devienne un sujet lors de la prochaine élection. C'est pourquoi il est important de s'impliquer en politique. Ce n'est pas toujours simple, mais c'est essentiel.

À quelles difficultés êtes-vous confronté ?

Beaucoup de gens me disent que j'induis mon pays en erreur, que je me soucie trop de l'environnement, des arbres et des animaux, alors que le taux de chômage est supérieur à 10 % ici. Ils ne veulent pas arrêter d'exploiter le pétrole, car nous perdrions beaucoup d'emplois. Les gens ont tendance à m'attaquer de la sorte, cela fait partie des défis à relever. C'est la raison pour laquelle il est si important de faire entendre notre voix et de travailler ensemble, entre personnes qui pensent les mêmes choses, qui ont les mêmes préoccupations. Et aussi, d'expliquer en quoi tous ces problèmes sont liés et globaux, c'est un point de vue éthique.

Parmi les choses que l'on vous reproche, qu'avez-vous mis en place pour rendre le pays plus écologique ?

Nous avons des lois qui, d'une certaine manière, protègent déjà les droits de la nature. La cruauté, par exemple, blesser ou enfermer un animal, est considérée comme un crime ici, tout comme l'exportation d'animaux sauvages. Au Costa Rica, on peut aller au tribunal et être jugé pour ces choses. Si, en tant que tels, les droits de la nature ne sont pas encore entrés dans la Constitution, nous avons en revanche le droit à un environnement propre et sûr, ainsi que plusieurs législations fortes, à l'instar du principe de non-régression en matière de protection ou de conservation. On ne peut pas revenir en arrière, on ne peut pas changer d'avis et éliminer les parcs nationaux par exemple. Constitutionnellement, ce n'est pas possible. Et pourtant, au risque de vous étonner, malgré tout ce que nous avons déjà, la discussion sur l'inscription des droits de la nature dans la Constitution sera probablement très compliquée. Mais qui sait ? Peut-être cela pourrait-il marcher...

Il existe aussi un concept proche, qui permet de considérer la destruction des écosystèmes comme un crime qui s'appelle l'écocide...

Au Costa Rica, nous avons des lois très strictes sur nos relations avec notre environnement et les activités humaines ayant un impact négatif sont punies, légalement comme économiquement. Si vous polluez, vous payez. Alors je ne connais pas le concept d'écocide en particulier – et dois me pencher dessus – mais cela va certainement dans le sens de ce que nous faisons ici. À l'échelle mondiale, nous avons déjà poussé pour des initiatives ambitieuses comme l'élimination des armes de destruction massive. Imaginez un peu ce qu'il se passerait si tous les pays décidaient d'arrêter d'investir dans les armes nucléaires et utilisaient ces moyens pour inverser la crise climatique. Des millions de dollars, d'euros, de yuans ou de colón qui servent habituellement à tuer, investis pour l'innovation, pour nettoyer l'environnement, trouver de nouveaux moyens de production durables, aider les gens... C'est une proposition que nous faisons actuellement, une proposition pleine d'amour et non de peur. Et si quelqu'un vous dit que c'est impossible, vous lui répondrez qu'au Costa Rica, quelqu'un a aboli l'armée il y a soixante-dix ans et qu'ils sont très heureux là-bas !

Pensez-vous que le fort engagement du Costa Rica en faveur de l'environnement ait un quelconque lien avec la décision d'abolir l'armée ?

Je pense effectivement qu'il y a une forte corrélation entre la décision d'éliminer l'armée, celle d'avoir une électricité propre et renouvelable, ainsi que l'accès aux soins et à l'éducation pour les hommes comme pour les femmes, sur un même pied d'égalité. Parce que *in fine*, l'argent de l'armée est allé à l'élévation de notre développement humain. Dans les années 1940, lorsque nous avons mis tout cela en place, l'espérance de vie était de quarante-huit ou cinquante ans au Costa Rica. Et maintenant, elle est d'environ quatre-vingts ans. C'est l'une des plus hautes de la région, alors que nous ne sommes pas un pays à revenu élevé. Ces décisions ont aussi eu un grand impact sur notre système politique car depuis, nous n'avons plus connu de coup d'État ou de guerre civile, et nous avons mis en place une véritable démocratie. Tout cela nous a amenés à proposer nos propres solutions, des solutions *à la tica* comme on dit ici, *à la manière du Costa Rica*. À l'époque où nous avons créé les parcs nationaux, personne ne parlait encore de décarbonisation. Pas plus que quand nous avons construit des barrages ou utilisé la puissance des volcans pour produire notre électricité. Ces avancées sont les fondations de ma génération et elles permettront à la vôtre de passer à un niveau supérieur. Parce qu'aujourd'hui, on exige davantage de nous. Je pense beaucoup à mon fils de six ans. Il est mon moteur, ma passion. Dans trente-cinq ans, quand il aura mon âge, j'aurai celui de mon père aujourd'hui, soit environ soixante-treize ans. Et à ce moment-là, nous saurons. Soit nous aurons sauvé le climat et la biodiversité, soit pas. Alors, quand il me demandera si j'ai fait tout ce qui était en mon pouvoir pour résoudre ce problème, j'aimerais lui répondre que oui. Je veux pouvoir le regarder dans les yeux et lui dire : "Oui, j'ai fait de mon mieux, j'ai fait tout ce que je pouvais."

Pensez-vous que votre expérience du Costa Rica ait un impact au niveau international ?

Nous sommes très actifs à l'international. Nous avons par exemple développé l'indice de pauvreté multidimensionnelle, un outil de mesure de la pauvreté qui, au-delà du revenu, prend également en compte l'accès à l'éducation, au logement, aux télécommunications... Car ce n'est pas seulement une question de PIB. Nous avons besoin de changer les mesures. D'autant qu'en faisant cela, on modifie aussi notre façon de penser les choses. Aujourd'hui, il faut trouver des solutions pour l'environnement, la nature et la biodiversité, mais aussi pour la pauvreté, les inégalités, la santé, les droits humains... L'équation est difficile à équilibrer, mais elle est le noyau, la clé de notre avenir commun.

Pensez-vous que nous puissions un jour parvenir à cet équilibre ? Laisser de l'espace à la faune, faire quelque chose pour le changement climatique et, dans le même temps, réduire les inégalités ?

Absolument ! Toutes ces choses sont indispensables si l'on veut bâtir un monde meilleur. Cela peut sembler idéaliste, mais lorsqu'il y a soixante-dix ans le Costa Rica a aboli l'armée, les gens disaient aussi que c'était impossible. Et pourtant, regardez, nous y voilà ! Il y a soixante-dix ans, si quelqu'un avait dit que le Costa Rica produirait la quasi-totalité de son électricité renouvelable, les gens auraient aussi dit que ce n'était pas possible. Aujourd'hui, beaucoup pensent encore qu'on ne peut pas inverser la déforestation, mais nous l'avons fait ! Nelson Mandela a donné la réponse. Il a dit que c'était impossible, jusqu'à ce que quelqu'un l'accomplisse. Bien sûr, ce n'est pas facile, mais qui a dit que ça allait l'être ? L'humanité est arrivée à un moment de son histoire où elle bénéficie du plus grand nombre d'avancées technologiques et où elle a réduit de la manière la plus spectaculaire la pauvreté. Alors certes, nous avons encore beaucoup de défis à relever, mais nous avons le pouvoir du libre arbitre, et la liberté de faire le changement nécessaire.

Allons-nous seulement le faire ?

Il s'agit principalement de volonté. Votre génération pousse très fort et rend les autres plus conscientes encore. C'est pourquoi j'ai de l'espoir. Au Costa Rica, notre environnement est ancré dans nos cœurs. Pendant quelques années, j'ai vécu à l'étranger et je me suis rendu compte que j'avais pris des habitudes, que je considérais beaucoup trop de choses pour acquises. Je me souviens du jour où j'ai pris l'avion pour rentrer. Tout comme vous, j'ai pensé : "*Wow*, c'est si vert ici, il y a tellement d'arbres !" J'ai alors commencé à chérir tout cela. Car au final, il s'agit de notre relation à la nature. Si nous la prenons pour acquise, si nous ne la chérissons pas, elle finira par n'être qu'un conte du passé. Imaginez, quand vous serez vieux, dire à vos petits-enfants que fut un temps, il existait un animal fantastique qui s'appelait le jaguar mais que, désormais, il n'y en a plus. Que jamais ils ne pourront le rencontrer... Ce serait trop triste, nous devons résoudre ce problème. Nous le devons, et nous le pouvons !

Mais pour ce faire, n'aurait-on pas besoin d'un changement de mentalité plus global ? Ne pas simplement verdir l'économie, remplacer les énergies fossiles par du renouvelable et s'en enorgueillir, sans aller au fond des choses ?

Effectivement on ne peut pas juste mettre un peu de vert sur nos problèmes et se dire que tout ira bien. Nous sommes dans une situation compliquée, mais on trouve de plus en plus de solutions. Et nous en avons besoin de manière imminente, parce qu'il y a des endroits dans le monde qui sont déjà inondés, où l'air est pollué, où il n'y a tout simplement plus d'eau...

Il y a encore tellement de questions...

Je sais... J'en ai aussi beaucoup, c'est un équilibre difficile à atteindre.

Vous aimez être Président ?

Parfois. Comme maintenant, c'était super de vous parler !

Rencontrez-vous souvent des adolescents, comme nous aujourd'hui ?

J'en ai rencontré certains vendredis lors des grèves scolaires pour le climat*. Nous avons parlé, et j'ai porté certaines de leurs propositions à l'ONU. Un mouvement de la jeunesse a également participé à la pré-COP qui s'est tenue au Costa Rica. Parfois, j'aimerais partager davantage combien cela peut être complexe et difficile. Parce que quand on ne fait pas de politique, on s'imagine que les solutions sont plus simples. Mais il y a beaucoup de choses sur la table, ce n'est pas si facile. Churchill a dit que la démocratie était le pire des systèmes à l'exclusion de tous les autres. Je crois beaucoup à la volonté, ainsi qu'à la liberté de choisir, de décider d'accomplir certaines choses. En tant qu'individus et en tant que groupe ou collectif, nous choisissons notre chemin.

***

Si le Costa Rica possède une telle diversité, ce n'est pas uniquement grâce aux parcs naturels ou à la politique résolue des autorités que le Président décrit avec un langage policé et diplomatique, c'est également pour des raisons géographiques et historiques. L'isthme centraméricain, où se trouve le pays, est un couloir que les espèces d'Amérique du Nord et du Sud empruntent pour passer de l'un à l'autre depuis que les deux morceaux de continent se sont rattachés au Pliocène. Tous ces animaux ont, pendant des siècles, pu bénéficier d'une couverture forestière largement préservée, grâce à une faible occupation humaine et à l'adoption, dès le XIXe siècle, de la culture du café**. Ces forêts ont miraculeusement tenu debout

* Les grèves scolaires pour le climat ont été lancées pour manifester en faveur de l'action contre le changement climatique. Elles ont été initiées par Greta Thunberg le 20 août *2018 devant le P*arlement suédois, AVA^{n}t de devenir un mouvement international baptisé Fridays for Future.

** "Au début du xvie siècle la population s'élevait à 400 000 indigènes et chuta fortement au moment de la Conquête espagnole essentiellement à cause des maladies (il ne restait plus que 10 000 aborigènes en 1611). La très faible densité de jusqu'aux années 1960. Et cette longue tradition de respect des forêts, ce récit que le Costa Rica s'est donné de lui-même, ce havre de paix pour la biodiversité a conduit le gouvernement – dès 1963, soit bien avant que cela devienne une préoccupation internationale, et sous l'influence américaine, qui joue également un rôle majeur dans la "protection" militaire du pays – à créer parcs naturels et réserves biologiques. Puis, il n'a cessé de renforcer ces dispositions*. Pour autant, avant que le Costa Rica ne fasse machine arrière et invente un modèle économique basé sur le tourisme pour garder ses forêts debout, les années 1970-1980-1990 ont été le théâtre d'un déboisement massif.

Cette destruction massive des forêts liée à la libéralisation du pays puis ce retour à une forme de restauration des écosystèmes ont eu un parallèle humain dans la façon dont les peuples autochtones ont été traités. Alors qu'ils avaient été chassés, parfois sans ménagement, de leurs terres ancestrales entre les années 1930 et 1970, le Costa Rica promulgue, en 1977, la loi indigène qui met hors la loi n'importe quelle vente, donation ou exploitation de leurs terres. En 1989, le pays est le cinquième au monde à souscrire à "La Convention sur les peuples indigènes et tribaux dans des pays

population a limité la déforestation. En 1900, le pays était peuplé d'un peu plus de 300 000 habitants et seulement 13,5 % du territoire avaient été déboisés et en 1960, la population atteignait 1,2 million d'habitants et 64 % du territoire étaient encore boisés" (Fournier, Luis, 2000). Nathalie Raymond, "Costa Rica : du petit pays « démocratique, *sain et pacifique* », au leader *de l'éco*tourisme et de la protection de l'environnement", Études caribéennes [Online], 6 | Avril avril 2007, Online since 15 April 2007, connection on 27 May 2021. URL : http://journals.openedition.org/etudescaribeennes/432

* Comme l'exp*lique Nathalie Ra*ymond, auteur d'un article sur le tourisme au Costa Rica dans la revue Études caribéennes : "C'est la Ley Forestal de 1969 qui institue de manière systématique la création de parcs et monuments nationaux, de réserves biologiques, zones protectrices et refuges de vie sylvestre. Cet effort est prolongé en 1988 avec la Loi sur la Biodiversité et la création en 1989 du Système National des Aires de Conservation (SINAC) qui a pris place au sein d'un ministère des Ressources naturelles, Énergies et Mines fondé en 1986 et devenu depuis le Ministère de l'Environnement et de l'Énergie. Grâce à ces initiatives, c'est le quart du territoire costaricien qui est aujourd'hui protégé (10 % l'étaient en 1987)."

indépendants" et le troisième d'Amérique. Aujourd'hui, 8 peuples autochtones vivent au Costa Rica : les Bribri, Cabécar, Guaymí (Ngäbe), Malekus (ou Guatusos), Borucas, Térraba (Brörán), Huetares et Chorotegas, soit 104 143 personnes, qui représentent 2,5 % de la population nationale. La plupart vivent dans 24 territoires autochtones juridiquement reconnus, ainsi que sur des terres traditionnellement occupées, mais pour lesquelles ils ne possèdent pas de titres de propriété. De ce fait la plupart des territoires des peuples autochtones sont illégalement occupés par des personnes non autochtones. Cette situation a créé de nombreux conflits qui ont conduit ces dernières années à plusieurs assassinats notamment dans les communautés Brörán de Térraba et Bribri de Salitre. Sans véritable protection de la police ni de réaction de la justice, les peuples indigènes sont livrés à eux-mêmes et ont toutes les peines du monde à faire valoir leurs droits. Pourtant ils participent activement à protéger et à régénérer les espaces sauvages. Il y a quelques années la FAO estimait que protéger ces peuples et leurs terres permettrait la sauvegarde de 22 % des terres émergées de la planète et de 80 % de la biodiversité[1]. Sans compter le fait que leurs modes de vie sont parmi les plus soutenables qui soient.

Pour comprendre de l'intérieur ce que vivent certains de ces peuples et de quelle façon leur propre récit du monde peut éclairer notre récit collectif, nous sommes allés rencontrer Paulino de la tribu des Térraba. Son peuple s'appelle en réalité Brörán mais leur nom a progressivement été associé au territoire qu'ils occupent : le village et la région de Térraba.

Paulino, son fils Paolo et sa femme Fidelia habitent une maison toute simple entourée de manguiers dans un village écrasé de chaleur (en tout cas lorsque nous y étions) sur les contreforts d'une montagne de moyenne altitude. Paulino nous a emmenés un peu plus haut, à quinze minutes de marche, dans ce qui est devenu l'œuvre de sa vie : le Rincon Ecologico. Choc de cultures garanti...

CHANGER DE PERSPECTIVE

Rencontre avec Paulino et Paolo Najera Rivera

Nous marchons avec Paulino sur un sentier de terre jaune. Autour de nous, quelques vaches s'abritent du soleil sous un arbre en bordure de pré. Au sommet, nous apercevons une forêt dense.

Paulino : Nous, Brörán, sommes nés dans une forêt. Il y avait de grands arbres. La vie était très différente. Il y avait de l'eau en abondance, des animaux, la terre produisait beaucoup... Puis, en 1935, est arrivée la route Panaméricaine*, qui a divisé nos territoires en deux. Avec elle, de nombreuses personnes de différentes origines, croyances et religions ont investi la région, et mon peuple a été chassé de ses terres**. Ces nouveaux arrivants ont commencé à dire à nos parents qu'ils devaient leur prendre la forêt, la montagne, parce qu'elles ne produisaient rien. S'ils voulaient rester là et obtenir un titre de propriété, il fallait se mettre à travailler la terre et s'enregistrer auprès de l'Institut terre agricole national.

* Système de voies rapides et d'autoroutes qui relie l'ensemble des Amériques. Selon les estimations (en fonction de la prise en compte ou non de voies secondaires) elle est longue de 24 000 à 48 000 km.
** À ce moment-là, le Costa Rica ne reconnaissait pas les territoires indigènes.

C'est à ce moment-là que les forêts ont été rasées ?

Paulino : À partir des années 1960 les dégâts sont devenus flagrants. En assommant la montagne, ils ont fait disparaître la nourriture des animaux, mais aussi l'identité et la culture du peuple Brörán. Lorsque j'avais cinq ans, et que je marchais dans la forêt avec ma grand-mère, je me souviens qu'elle disait : "L'eau et la nourriture vont manquer, les fleuves vont s'assécher et la terre ne va plus produire." Et c'est ce qui s'est produit. Dans la région, les animaux sont morts, nos plantes médicinales ont disparu, tout comme notre vie, notre harmonie...

Qu'avez-vous alors fait ?

Paulino : Nous sommes allés vivre dans un village, à Térraba, et avons vu la situation continuer à se dégrader. Nous avons grandi dans les années 1980, alors qu'une grande crise économique, culturelle et écologique avait lieu au Costa Rica. Avec l'expansion de l'élevage, les prairies et les zones boisées ont disparu*. Nous avons commencé à manquer d'eau. Cela nous a beaucoup marqués, choqués. En voyant ce qui était en train d'arriver, avec mes cinq frères, écoutant la voix de ma grand-mère, nous avons décidé de changer de mode de vie et de replanter la forêt. Bien sûr, nous voulions récupérer la flore et la faune, mais surtout nous voulions "retourner" dans notre monde, celui qu'on nous avait arraché. Avec chaque arbre qui était tombé, avec chaque rivière qui avait été asséchée, chaque poisson qui était mort, nous nous étions perdus en tant que peuple, en tant qu'identité.

* Selon Molina et Palmer (2001), "la déforestation atteignait 100 000 hectares par an entre 1985 et 1988, le taux le plus élevé d'Amérique centrale et comparable à celui de l'Amazonie. L'État, très affaibli par une crise bancaire, n'avait plus les moyens de financer les aires protégées et céda à une volonté libérale de développer l'agriculture et l'élevage pour l'exportation", https://journals.openedition.org/etudescaribeennes/432?lang=en

Paulino Riviera remercie “son frère arbre” pour tout ce qu’il donne à la forêt.

À quoi ressemblait le paysage, il y a quarante ans ?

Paulino : C'était un pâturage avec des milliers de vaches.

Combien d'arbres avez-vous plantés pour arriver à cette forêt ?

Paulino : 37 000 arbres d'espèces locales, en dix ans.

Avec combien de personnes ?

Paulino : Seulement en famille, avec mes cinq frères et sœurs.

C'est incroyable...

Paulino : Nous étions jeunes et nous débordions d'énergie, à l'époque (rires). Ça, c'est un des premiers arbres que nous avons planté. C'était juste une petite pousse de quelques centimètres. Nous l'avons mise ici, avec le rêve de pouvoir construire une cabane un jour. Et aujourd'hui voilà !

Comment vous y êtes-vous pris pour planter tant d'arbres ?

Paulino : Nous avons commencé par chercher des graines dont nous avaient parlé nos grands-parents : des arbres qui pourraient nourrir les animaux et les oiseaux, mais aussi des espèces autochtones dont on se servait pour le bois et qui avaient disparu des forêts. Nous sommes allés les ramasser dans des régions très isolées, où la main de l'Homme n'avait pas encore sévi, en bordure de fleuves, près des ruisseaux, sur des pentes arides. Puis nous avons constitué une pépinière avec, pour chaque semis, des sacs de 4 kilos de terre. C'était beaucoup de travail. Nous les arrosions, les protégions. Et au bout de six mois, on a pu commencer à les planter. Nous avions fabriqué des bretelles pour que les sacs de 4 kilos tiennent sur nos épaules. Il a fallu arpenter, tracer des sentiers sur le terrain puis creuser. Nous avons d'abord mis en terre 17 000 arbres de 15 espèces différentes. Deux ans plus tard, nous sommes retournés chercher des graines et avons recommencé le même travail jusqu'à atteindre notre objectif de 37 000. Après ça, nous nous sommes arrêtés. La tâche que nous nous étions fixée avait été accomplie.

Et les animaux sont revenus grâce à cette reforestation ?

Paulino : Oui. Après une quinzaine d'années à s'occuper des arbres, à les regarder grandir, à les choyer comme des enfants. Les oiseaux ont recommencé à voler, puis d'autres animaux sont réapparus, attirés par la diversité de la végétation : les graines, les racines, ce qu'ils pouvaient manger. Grâce à la symbiose de la forêt et des animaux*, il y a également beaucoup d'autres espèces d'arbres et de végétaux qui se sont implantées d'elles-mêmes. Aujourd'hui, les études montrent que des espèces qui avaient disparu des forêts du Costa Rica sont à nouveau présentes ici.

Quels animaux peut-on croiser dans cette forêt ?

Paulino : Des cerfs, des pécaris, des coatis, des ratons laveurs, des agoutis, des paresseux, des iguanes, des tortues...

Des tortues ici ?

Paulino : Oui, des tortues de montagnes. On peut en voir qui se promènent dans la forêt. Il y a aussi des jaguarondis et beaucoup d'oiseaux.

* Notamment la dispersion des graines par les animaux comme nous l'avons vu avec Liz Hadly.

Paolo (fils de Paulino) : Il y a de nombreuses espèces de colibris, des singes, des dindons, des rongeurs comme les pacas... Mais aussi des petits félins, des ocelots, des pumas. Et... une fois, j'ai vu un jaguar. Magnifique. J'ai eu cette chance. Chez nous on dit que les jaguars maintiennent l'équilibre des autres animaux, qu'ils rétablissent l'ordre des choses et que leur présence signifie que le cycle est complet : l'esprit de la forêt est revenu.

Mais le jaguar est en danger d'extinction dans cette région.

Paolo : Dans ce pays, oui. C'est pour ça que c'est important qu'il y en ait. Quand j'étais petit, il n'y avait pas beaucoup d'oiseaux. J'avais dix ans la première fois que j'ai vu un toucan. Ce jour-là, ma grand-mère m'a appris que, dans notre langue, cet oiseau s'appelle *chorón*. Il s'est donc passé deux choses : j'ai découvert un nouvel animal et j'ai appris un nouveau mot, dans la langue que parlaient mes ancêtres. Or, plus la forêt grandissait, plus de nouveaux animaux, de nouvelles plantes arrivaient, mais aussi des remèdes, de la nourriture, de la connaissance. Pour nous, la forêt possède des gardiens, des esprits qui la protègent. Quand la forêt grandit, ils deviennent plus forts et rendent la communauté plus solide. Par exemple, mes jeunes cousins connaissent mieux les traditions et parlent plus de langues que moi. De mon côté, je maîtrise mieux notre langue que mes parents.

Est-ce que votre relation aux animaux a changé au fur et à mesure qu'ils revenaient et que la forêt grandissait ?

Paulino : Elle a commencé à changer quand nous avons redécouvert que les animaux font partie de la chaîne de la vie, qu'ils ont aussi une conscience. Les animaux sont très intelligents et ils apportent l'équilibre à la forêt. Certains se nourrissent de fruits, d'autres les répandent.

Paolo : Quand j'étais enfant, on me disait qu'il fallait avoir peur des animaux de la forêt. Mais il ne faut pas en avoir peur. Il faut leur témoigner du respect, parce qu'ils sont aussi nos frères. Par exemple, avant, lorsque les chasseurs de notre peuple allaient tuer un animal, ils lui demandaient la permission de consommer sa viande. Et lorsque la communauté se réunit en fin d'année, elle rend hommage à la vie des animaux qui nous a permis de nous nourrir, qui ont pollinisé les plantes… À chaque fois que nous mangeons, respirons, buvons c'est grâce au travail de quelqu'un. C'est important de célébrer, d'être reconnaissants envers cette personne ou cet être qui nous a aidés à rester en vie.

Pour vous, quelle est la différence entre les animaux non humains et les humains ?

Paulino : La différence se situe peut-être dans notre capacité à raisonner. Je crois que nous nous pensons supérieurs. Mais la réalité, c'est que nous n'écoutons pas la nature, ni ceux que nous qualifions d'"animaux". Alors que nous sommes tous des animaux. Nous venons tous du même endroit, nous avons tous besoin de nous

Tapirs dans la péninsule du Corcovado. Il y a quarante ans cet endroit était une pâture.

nourrir, d'oxygène, d'eau... Simplement, nous, humains, pouvons nous exprimer grâce aux langues que nous partageons. Mais les oiseaux, les félins, les rongeurs... aussi ont leur propre langue. Nous pensons que nous sommes les seuls à pouvoir vivre sur cette planète. Mais la planète est à tout le monde. C'est une maison qu'on partage. Il n'y manque de rien et rien n'est de trop. Tout est complet.

Ce que vous avez fait est la preuve que la nature peut se régénérer.

Paulino : Oui, tout à fait. Il faut simplement ouvrir la voie, oser. Avancer vers ce que nous dicte notre cœur, ce qui satisfait notre esprit. Ce n'est peut-être pas un travail facile, mais nous pouvons réaliser des choses exceptionnelles. Le retour de certaines espèces, par exemple. Les animaux pourront se déplacer librement, les rivières alimenteront leurs lits, l'eau redeviendra claire. Tout le monde pourra mieux respirer. Je crois qu'il est possible d'agir et c'est ce que je fais. Nous sommes la preuve que nous pouvons y arriver. Nous sommes nés libres comme les rivières, comme les poissons, les eaux, les arbres dont le vent agite les feuilles, mais le cours du temps est devenu notre fardeau. Alors, relâchons nos bras, nos jambes, faisons tournoyer notre corps, levons les mains. Car nous sommes libres !

Que pensez-vous de notre civilisation ?

Paulino : Je crois que la civilisation humaine est un complément de l'environnement naturel.

Je voulais dire de la civilisation des "Occidentaux".

Paulino : Eh bien... Dans le monde, on peut dire qu'il y a des continents plus développés, mais qui, dans leur quête, me semblent avoir oublié ce qui était le plus important. Croître, chercher la richesse, le pouvoir... les ont conduits à dépasser les limites et à exploiter la

Terre. Ce qui a provoqué la crise écologique que nous traversons. Peut-être que nous, peuples indigènes, avons davantage conscience du concept global de la Terre et de l'idée de complémentarité.

Et les Occidentaux non ?

Il y a cinq cents ans, lorsque les Espagnols ont débarqué ici, ils n'avaient pas compris que nos peuples connaissaient si bien l'influence et l'importance de la lune, du soleil, de la mer. Qu'ils savaient qu'il y a des saisons pour semer et d'autres pour récolter. Qu'à certaines phases de la lune, une famille peut décider d'avoir un enfant... Que la montagne, la forêt, nous offraient à manger, ainsi que des plantes médicinales. Que la Terre, selon notre conception, est notre mère. Et que c'est grâce à tous ces savoirs que nos peuples avaient bâti de grands empires. Ils ont pensé que nous croyions au Soleil, à la Lune, et que nous n'avions pas de Dieu. Mais c'était faux. Nous savons qu'il existe un être supérieur qui prédomine tout, que la Terre n'a rien en trop et que rien ne lui manque. Tous les éléments qui la constituent forment une symbiose parfaite, afin que nous puissions exister.

Lorsque nous sommes passés dans le village, nous avons vu l'église. Êtes-vous catholique ?

Paulino : J'ai été catholique, mais je ne le suis plus. Aujourd'hui, plus que jamais, nous, peuples indigènes, vivons une spiritualité qui est bien plus qu'une religion. Il s'agit de s'intéresser à ce qui nous entoure, à ce qui est vivant. Parce que tous les éléments sont importants pour la planète. De la petite fourmi jusqu'au grand éléphant. D'une petite plante à un très grand arbre. D'une petite rivière à la mer.

Selon vous, que devrions-nous faire pour lutter contre le réchauffement climatique et l'extinction des espèces ?

Paolo : Le problème principal est notre niveau de consommation. Nous possédons trop de choses dont nous n'avons pas besoin. Nous avons tous envie d'avoir toutes sortes d'objets, de possessions, mais cette envie va finir par passer.

Aujourd'hui, nous avons rendu la nature malade, mais nous pouvons la guérir. Ici, nous le faisons en plantant des arbres.

Si vous aviez la possibilité de parler aux grands dirigeants de ce monde que leur diriez-vous ?

Paulino : Je leur dirais de ne pas oublier que nous sommes nés sans rien. Et que nous devons quitter cette planète de la même façon. Sans rien. Il ne faut pas être égoïstes. Nous ne sommes que des passagers sur cette planète. Nous la quittons très vite, sans savoir quand. Et tout ce que nous faisons (en bien ou en mal), nous le laissons en héritage aux générations suivantes.

Vous n'êtes pas en colère contre eux de laisser le monde être détruit de cette façon ?

Paulino : Je ne suis pas en colère, parce que chaque être humain a son moment de raison. Seules les rivières ne s'arrêtent pas. Les humains ont la possibilité de faire une pause, d'évaluer si ce qu'ils ont fait est bien ou mal et de dire : "À partir de maintenant, je vais changer." Et c'est de ce changement dont le monde a besoin aujourd'hui.

D'où peut venir ce changement ?

Paulino : De l'intérieur de chacun de nous. Car je ne peux obliger personne à changer. Pour moi ce changement doit s'incarner dans une pratique. Si ça ne reste que des mots, ça n'est pas une véritable transformation.

Et vous croyez vraiment que des leaders politiques peuvent changer de l'intérieur ?

Paulino : Je crois que, d'une manière ou d'une autre, ils vont devoir le faire. Chaque être humain possède un temps imparti. Beaucoup d'entre eux ont des enfants... Quand nous avons commencé à replanter la forêt ici, il y a quarante ans, j'étais très jeune. Je me sentais triste et perdu. Nous nous inquiétions de ce dont personne ne se souciait à l'époque. Mais le temps a passé, Fidelia est arrivée, puis mes enfants, mes frères et nous avons étendu la propriété, nous avons planté beaucoup d'arbres, tous ensemble, et aujourd'hui, nous avons transformé ce qui n'était qu'un rêve pour moi en réalité. C'était une question de temps... Très souvent, nous, les humains, devons toucher le fond et c'est quand nous sommes sur le point de basculer dans le précipice que nous disons : "Je veux me sauver, je veux faire ce qui doit être fait." C'est à ce moment-là que les personnes qui ont toujours dit "non" pour agir face au réchauffement climatique, "non" pour sauver le vivant, joueront leur rôle. J'en suis absolument certain. Aujourd'hui, je sais qu'il y a des millions de personnes dans le monde qui parlent encore plus qu'elles n'agissent mais les temps commencent à changer. C'est pour cela que je ressens une immense joie, parce que je sais que le moment du réveil arrive.

Paolo : Parfois, nous pensons que les gens au pouvoir sont ceux qui décident. Mais en réalité, ce qui est le plus important est ce que nous sommes en train de faire : discuter, nous regarder dans les yeux, nous qui provenons d'endroits si différents. Pourquoi ? Parce qu'en définitive, les changements importants sont réalisés par des gens comme nous. Si les dirigeants du monde ne veulent pas entendre ce que nous disons, c'est dommage. Mais c'est aussi l'opportunité pour nous de former une communauté. Si tu habites dans un bâtiment où personne ne se parle, parle à ton voisin, crée une communauté. Les meilleures périodes de l'humanité ont eu lieu quand les gens se regardaient dans les yeux, se parlaient sincèrement, avec leur cœur. Bien sûr, nous pouvons faire des calculs et dire : "Je vais gagner tant d'argent si je fais ceci, je vais en perdre tant si je fais cela..." Mais nous pouvons aussi compter quelle quantité de bonheur nous procurons aux autres ou quels moments puissants nous avons vécus, chaque jour, et déterminer ce qui est le plus important pour nous.

Ce serait apprendre à être sages...

Paolo : C'est ça qui compte. Que dans cent ans, nous tous, en tant qu'humanité, soyons plus sages. Que les gens de chez vous se rendent compte de l'importance de préserver les forêts de leurs pays et celles du monde entier. Qu'il existe aujourd'hui cette conscience qui, il y a quarante ans, n'existait pas. C'est ce qui est beau dans notre histoire : ce que nous avons appris. En Occident, vous visualisez le temps comme une ligne, une flèche. Mais le temps n'est pas comme ça. Le temps coule et, parfois, fait demi-tour. Mais il continue toujours d'avancer, il n'est pas linéaire. Qui dirige notre temps, en tant qu'humanité ? Nous. Et comme je vous l'ai dit, nous avons réalisé des choses merveilleuses, alors nous pouvons continuer à le faire. Pour sauver ce qui doit l'être sur cette planète.

ET MAINTENANT ?

Vous venez de passer quelques heures à parcourir des entretiens qui, je l'espère, vous ont passionné autant qu'ils nous ont passionnés lorsque nous les avons réalisés. Et peut-être vous demandez-vous ce que vous allez faire de tout ça. Car, étant donné la gravité de la situation, c'est plus ou moins toujours la question qui revient sur la table : que fait-on maintenant ?

Si nous voulons nous donner une chance de répondre à l'inimaginable défi écologique que nous avons sous les yeux, nous avons d'abord besoin de nous accorder sur une lecture commune de la situation, de sa gravité et du temps dont nous disposons pour y répondre. Cela paraît idiot à dire et pourtant, c'est le cas. Nous ne pouvons pas collectivement investir nos forces, notre temps et notre matière grise si nous ne tombons pas d'accord sur ce qui ne va pas.

Comme je l'évoquais précédemment, la moins mauvaise façon de parvenir à une interprétation partagée du monde est de chercher une entente sur des faits. Collecter des données sur la crise écologique est principalement le travail des scientifiques et des chercheurs. La science n'étant pas imparable (nous avons été témoins pendant la pandémie de Covid-19 de quelques errements et discours contradictoires), il est précieux de croiser les informations au maximum et de faire émerger des consensus scientifiques larges, s'appuyant sur la meilleure synthèse des recherches faites partout et en tous lieux.

En ce qui concerne le dérèglement du climat, c'est ce que s'attache à faire le GIEC. Selon leur dernier rapport, le consensus scientifique n'a jamais été aussi clair : le réchauffement est réel, il est désormais certain qu'il est causé par l'activité humaine et il va plus vite que prévu. Nous devrions dépasser la barre des 2 °C fatidiques entre 2045 et 2050, soit un demi-siècle plus tôt que ce qui était préconisé par l'accord de Paris. Et même si tous les États respectent l'ensemble de leurs engagements actuels pour limiter le réchauffement, nous devrions tout de même atteindre +3 à +4 °C à la fin du siècle. Ce qui pourrait rendre une partie de cette planète inhabitable.

Concernant la disparition des espèces, ce que vous avez lu dans ce livre rejoint ce que dit le GIEC de la biodiversité : l'IPBES. Si nous continuons sur la même voie, d'ici un siècle, nous pourrions entrer de plain-pied dans la sixième extinction de masse et voir 75 % des espèces s'éteindre. Je vous laisse imaginer ce qui se produirait pour les humains.

Le péril est là et il demande, toutes affaires cessantes, de nous mobiliser comme en temps de guerre. Même le dernier rapport de la CIA, *Comment sera le monde en 2025 ?*, intègre le changement climatique comme LA menace numéro un du monde à venir. La première des choses à faire me semble donc : reconnaître la gravité et l'urgence de la situation. Et la communiquer. Car, malheureusement, cette conscience n'est pas dans toutes les têtes et elle ne s'est pas non plus traduite dans les politiques mondiales. Si elle ne s'est pas traduite, c'est évidemment parce que d'importantes forces contraires sont à l'œuvre (voir le chapitre avec Claire Nouvian), mais aussi parce qu'aucun récit alternatif puissant n'a émergé. Ce récit est à la fois un horizon, une vision du monde, et un ensemble de mises en pratique très concrètes de nouvelles façons de vivre. Le changement auquel nous devons parvenir est culturel et structurel. Deux dimensions qui doivent, à mon avis, être abordées de concert.

D'une part, nous avons besoin de penser le monde différemment, de reconsidérer la place que nous y occupons et la finalité de notre présence sur cette planète. C'est une bataille de récits, d'idées, de valeurs. De celle que mènent, par exemple, Baptiste Morizot dans la philosophie ou Valérie Cabanes dans le droit. Considérer que nous, êtres humains, sommes des vivants parmi les vivants, que nous nous inscrivons dans des chaînes trophiques, des écosystèmes complexes, et qu'à ce titre, nous avons à la fois l'obligation biologique d'organiser une cohabitation équilibrée avec le reste des habitants de cette planète et la responsabilité de la faire perdurer dans le temps, est une révolution copernicienne. Et un nouveau projet politique. Penser que nous pouvons même enrichir cet équilibre dynamique du vivant au lieu de le détruire et qu'il peut s'agir du sens que nous donnons à notre existence d'espèce humaine est une perspective absolument fascinante. Mais elle nous demande de rompre avec les mythes d'une économie souveraine et d'une croissance du PIB comme l'alpha et l'oméga de toutes organisations humaines. Les personnes exceptionnelles que nous avons rencontrées nous invitent à considérer que la finalité de la vie est de se perpétuer et qu'à ce titre, la fonction de l'être humain pourrait être de prendre soin du vivant dans toutes ses formes et, en premier lieu, à l'intérieur de sa propre espèce. C'est l'horizon que trace Éloi Laurent dans son dernier ouvrage *Et si la santé guidait le monde ?** qui propose de remplacer les indicateurs de croissance du PIB par des indicateurs de santé au sens large. Pour que ce récit infuse, Liz Hadly, Philippe Descola, Dino Martins ou Baptiste Morizot nous invitent à aller fréquenter la nature, à nous y plonger pour faire connaissance avec les arbres, les oiseaux, les insectes... qui vivent autour de nous.

D'autre part, nous avons besoin d'agir.

D'abord, en résistant et en empêchant la destruction du monde vivant, comme peuvent le faire les zadistes qui s'interposent pour défendre les forêts, les zones humides, les militants qui s'introduisent dans les mines de charbon pour les empêcher de continuer à réchauffer l'atmosphère, etc.

Mais aussi en réduisant considérablement nos appétits matérialistes et carnassiers pour limiter l'urbanisation, l'extraction de matière première, la découpe de forêts, l'anéantissement des fonds

* Éditions LLL (Les liens qui libèrent), 2020.

marins… Et en utilisant les lois existantes pour engager des actions en justice de façon à empêcher les projets écocides.

Nous pouvons aussi agir en réparant, comme peuvent le faire Afroz et ses amis qui nettoient ce monde du plastique que nous avons déversé sur l'ensemble du globe, ou l'équipe de Lotus, en réintroduisant des espèces en voie de disparition. Et en réduisant, là encore, drastiquement, notre consommation de produits polluants : emballages, cosmétiques, herbicides et produits chimiques en tous genres.

Puis, nous pouvons participer à créer de nouvelles réalités et de nouveaux imaginaires en inventant de nouvelles façons de faire de l'agriculture comme Paul François ou nos amis du Bec Hellouin, de nouvelles façons de faire de l'architecture, de l'urbanisme, d'autres façons de penser l'industrie, dans une forme de symbiose avec le vivant (sans doute le défi le plus audacieux).

Enfin nous pouvons participer à réensauvager et à organiser une cohabitation apaisée avec les animaux sauvages comme le font déjà Tony, Liz, Baptiste ou Jean-Marc. Replanter des forêts, des mangroves, des prairies marines, créer des zones protégées, à grande ou à petite échelle, relier ces zones par des couloirs, apprendre à décoder le langage de tous ces animaux et entrer en communication avec eux pour établir ce que Baptiste Morizot appelle des "relations diplomatiques".

Tout ceci sera facilité, accéléré, entrepris à grande échelle si nous élisons des canditat·e·s qui mettent en œuvre ces politiques. Si nous participons à construire des systèmes démocratiques qui ont la faculté de répondre à ces enjeux. Pour le moment, nos démocraties représentatives sont trop souvent prisonnières de stratégies électoralistes, de modes de scrutin primaires et bassement compétitifs, de jeux d'influence économique, d'apathie citoyenne... Là aussi, nous avons besoin de sang neuf, de femmes et d'hommes qui vont intégrer ces institutions pour les transformer, de mouvements citoyens qui les portent aux responsabilités et les soutiennent dans leurs politiques, de processus permettant à chacun d'entre nous de participer aux orientations majeures tout au long de l'année.

Voici devant nous un chantier considérable. Mais quoi de plus enthousiasmant qu'un projet qui a du sens, qui peut nous unir, nous rendre heureux et nous faire vivre mieux ? De quoi d'autre avons-nous besoin ?

Bella, Cyril et Vipulan sur la plage, péninsule du Corcovado.

NOTES

SIXIÈME EXTINCTION DE MASSE : LA GUERRE CONTRE LE VIVANT

1. www.sciencedirect.com/science/article/pii/S0006320718313636
2. https://science.sciencemag.org/content/368/6489/417.editor-summary
3. www.theguardian.com/environment/2019/nov/13/insect-apocalypse-poses-risk-to-all-life-on-earth-conservationists-warn
4. 2013-2018. Les tendances sont stables dans 42 % des évaluations et la proportion de tendances inconnues compte parmi les plus élevées (35 %, jusqu'à 46 % pour les coléoptères). Les insectes associés aux prairies, landes et fourrés, principalement des papillons, ont la plus forte tendance au déclin (27 % des évaluations relatives à ce grand type d'écosystèmes). Ces résultats sont cohérents avec ceux d'autres travaux ou évaluations, comme les Listes rouges nationales (UICN) ou l'étude publiée en octobre 2017 par la revue *PLoS ONE*. Celle-ci indiquait une diminution d'environ 75 % de la biomasse des insectes volants, sur la base d'un suivi effectué sur près de trente ans dans une soixantaine d'aires protégées allemandes. Rapport du ministère de la Transition écologique de mars 2020, www.actu-environnement.com/media/pdf/news-35180-biodiv-rare.pdf
5. https://uicn.fr/liste-rouge-mondiale/

POURQUOI LES ESPÈCES DISPARAISSENT ? Rencontre avec Anthony Barnosky

1. www.sciencesetavenir.fr/nature-environnement/50-de-la-surface-terrestre-est-epargnee-par-l-homme-il-est-urgent-d-agir-pour-conserver-l-autre-moitie_145172
2. "Trajectories of the Earth System in the Anthropocene". www.pnas.org/content/115/33/8252
3. www.actu-environnement.com/media/pdf/news-26331-synthese-ipbes-decideurs-pollinisateurs.pdf

SE PASSER DES PESTICIDES. Rencontre avec Paul François

1. www.wwf.fr/vous-informer/actualites/pour-le-meme-prix-manger-mieux-tout-en-reduisant-notre-impact-sur-la-planete-cest-possible

2. https://www.iddri.org/sites/default/files/PDF/Publications/Catalogue%20 Iddri/Etude/201809-ST0918-tyfa_1.pdf
3. www.srfood.org/fr/rapport-agroecologie-et-droit-a-l-alimentation
4. "Strategies for Feeding the World More Sustainably with Organic Agriculture", 14 novembre 2017, www.nature.com/articles/s41467-017-01410-w
5. Jenna R. Jambeck, Roland Geyer, Chris Wilcox, Theodore R. Siegler, Miriam Perryman, Anthony Andrady, Ramani Narayan et Kara Lavender Law, "Marine Pollution. Plastic Waste Inputs from Land into the Ocean", *Science*, vol. CCCXLVII, n° 6223, 13 février 2015, p. 768-771.
6. Jenna R. Jambeck, Kara Lavender Law et Roland Geyer, "Production, Use, and Fate of All Plastics Ever Made", *Science Advances*, vol. III, n° 7, 19 juillet 2017.
7. Dongqi Yang, Huahong Shi, Lan Li, Jiana Li, Khalida Jabeen et Prabhu Kolandhasamy, "Microplastic Pollution in Table Salts from China", *Environmental Science & Technology*, vol. XLIX, n° 22, 20 octobre 2015, p. 13622-13627.
8. Gerd Liebezeit et Elisabeth Liebezeit, "Non-Pollen Particulates in Honey and Sugar", *Food Additives & Contaminants*, partie A, vol. XXX, n° 12, 28 octobre 2013, p. 2136-2140.
9. Sherri A. Mason, Victoria G. Welch et Joseph Neratko, "Synthetic Polymer Contamination in Bottled Water", *Frontiers in Chemistry*, vol. VI, 11 September 2018.
10. Mary Kosuth, Sherri A. Mason et Elizabeth V. Wattenberg, "Anthropogenic Contamination of Tap Water, Beer, and Sea Salt", *PLoS ONE*, vol. XIII, n° 4, 11 avril 2018.
11. Rachid Dris, Johnny Gasperi, M. Mohamed Saad, C. Cécile Mirande et Bruno Tassin, "Synthetic Fibers in Atmospheric Fallout: a Source of Microplastics in the Environment?", *Marine Pollution Bulletin*, vol. CIV, n° 1-2, 15 mars 2016, p. 290-293.
12. Rachid Dris, Johnny Gasperi, Cécile Mirande, Corinne Mandin, Mohamed Guerrouache, Valérie Langlois et Bruno Tassin, "A First Overview of Textile Fibers, Including Microplastics, in Indoor and Outdoor Environments", *Environmental Pollution*, n° 221, 2017, p. 453-458.

ARRÊTER DE PARLER ET AGIR. Rencontre avec Afroz Shah

1. *The Carbon Majors Database*, CDP Carbon Majors Report 2017, https://6fefcbb86e61af1b2fc4-c70d8ead6ced550b4d987d7c03fcdd1d.ssl.cf3.rackcdn.com/cms/reports/documents/000/002/327/original/Carbon-Majors-Report-2017.pdf?1501833772

DANS LA MATERNITÉ D'UN ÉLEVAGE INTENSIF. Rencontre avec Laurent Hélaine et Philippe Grégoire

1. http://www.fao.org/3/a0701e/a0701e00.htm
2. https://theconversation.com/five-ways-the-meat-on-your-plate-is-killing-the-planet-76128
3. www.wwf.fr/sites/default/files/doc-2020-11/MAJ201905_Rapport_Vers-une-alimentation-bas-carbone_Volet2_WWF.pdf
4. www.pnas.org/content/early/2016/03/16/1523119113.full
5. Food Outlook Biannual Report on Global Food Markets, www.fao.org/3/ca9509en/CA9509EN.pdf
6. www.referendumpourlesanimaux.fr/
7. www.referendumpourlesanimaux.fr/elevage-intensif ?

DES LOIS POUR TRANSFORMER LA SOCIÉTÉ. Rencontre avec Claire Nouvian et Mathieu Colléter

1. Upton Sinclair, *La Jungle*, Le Livre de poche, 2011.
2. Simon Baron-Cohen, *Zero Degrees of Empathy: A New Theory of Human Cruelty*, Penguin Group, 2012.
3. https://fr.wikipedia.org/wiki/Grenelle_de_l'environnement#cite_note-43
4. Martin Gilens et Benjamin I. Page, "Testing Theories of American Politics: Elites, Interest Groups, and Average Citizens", *Perspectives on Politics*, 12 (vol. XII, n° 3), 564-581, 18 septembre 2014, p. 564-581, https://scholar.princeton.edu/sites/default/files/mgilens/files/gilens_and_page_2014_-testing_theories_of_american_politics.doc.pdf et https://www.cambridge.org/core/journals/perspectives-on-politics/article/testing-theories-of-american-politics-elites-interest-groups-and-average-citizens/62327F513959D0A304D4893B382B992B#
5. "Study: US Is an Oligarchy, Not a Democracy", *BBC*, 17 avril 2014, www.bbc.com/news/blogs-echochambers-27074746

LE RÉCIT DE LA CROISSANCE ET LES NOUVEAUX INDICATEURS. Rencontre avec Éloi Laurent

1. Dennis Meadows, Donella Meadows et Jorgen Randers, *Les Limites à la croissance*, Écosociété, 2013.

2. Lire "Amazon détruit l'Amazone, l'Amazonie et bien plus...", https://culturexchange.fr/2021/01/16/amazon-detruit-lamazone-lamazonie-et-bien-plus/

3. Extrait de son TED Talk de 2015, www.ted.com/talks/yuval_noah_harari_what_explains_the_rise_of_humans?language=fr

LA NATURE N'EXISTE PAS. Rencontre avec Philippe Descola

1. https://tnova.fr/notes/nous-sommes-entres-dans-un-regime-d-instabilite-chronique

2. https://tnova.fr/notes/crise-ecologique-et-crise-sanitaire

3. www.mnhn.fr/fr/recherche-expertise/actualites/covid-19-pandemie-biodiversite-maltraitee

4. Livre paru chez Ecosociété en octobre 2020.

5. www.monde-diplomatique.fr/2020/03/SHAH/61547

NOUS FAISONS PARTIE DU MONDE VIVANT. Rencontre avec Dr Jane Goodall

1. https://janegoodall.fr/nos-actions/le-projet-tacare/

2. Pour plus d'informations : www.janegoodall.fr

LA BIBLIOTHÈQUE DU VIVANT. Rencontre avec Dino Martins

1. www.lemonde.fr/economie/article/2019/03/09/une-maison-individuelle-pour-tous-comment-l-urbanisme-n-a-pas-reussi-a-depasser-le-reve-pavillonaire_5433661_3234.html

LA CASCADE TROPHIQUE ET LES SUPERPRÉDATEURS. Rencontre avec Liz Hadly

1. Les trois ouvrages sont parus aux éditions Actes Sud. *Les Diplomates*, Wild Project, Paris, 2016 ; *Sur la piste animale*, Actes Sud, Arles, 2017 ; *Manières d'être vivant*, Actes Sud, Arles, 2020.

COOPÉRER AVEC LE VIVANT, L'EXEMPLE DU BEC HELLOUIN. Rencontre avec François Léger

1. *Les oiseaux de la Ferme du Bec Hellouin*, 2018, www.fermedubec.com/wp-content/uploads/sites/8/2019/05/LES_OISEAUX_2019_260319_BDEF.pdf

2. *Influence des pratiques de la Ferme du Bec Hellouin sur la fertilité et la matière organique du sol*, novembre 2017, www.fermedubec.com/wp-content/uploads/sites/8/2018/01/Novembre-2017-_Influence-des-pratiques-de-la-ferme-du-Bec-Hellouin-sur-la-fertilitefertilite-et-la-matierematiere-organique-du-sol.pdf

3. www.fermedubec.com/wp-content/uploads/sites/8/2017/11/Novembre-2016-POSTER_A1_Etudes-des-communautecommunaute-dABEILLES-sauvages-de-la-Ferme-du-Bec-Hellouin.pdf

FAIRE REVENIR LES ESPÈCES EN DANGER. Rencontre avec Lotus Vermeer

1. www.epa.gov/aboutepa/epa-region-9-pacific-southwest

2. Rosanna Xia, "How the Waters off Catalina Became a DDT Dumping Ground", par Rosanna Xia, 25 octobre 2020, www.latimes.com/projects/la-coast-ddt-dumping-ground/

3. Étude publiée le mercredi 17 juin 2015 dans le *Journal of Clinical Endocrinology & Metabolism (JCEM)*.

PASSER À L'ÉCHELLE SUPÉRIEURE. Rencontre avec Valérie Cabanes

1. www.ecologyandsociety.org/vol14/iss2/art32/

RÉENSAUVAGER ET RESTAURER LES HABITATS. Rencontre avec Carlos Alvarado

1. www.fao.org/zhc/detail-events/fr/c/1028097/

REMERCIEMENTS

Un immense merci à Nelly Pons pour le formidable travail qu'elle a effectué avec moi sur les entretiens de ce livre.

Merci à Bella et Vipulan pour avoir accepté de faire ce voyage avec nous, pour la finesse, l'intelligence et l'humour dont ils ont fait preuve en toutes circonstances dans leurs conversations avec toutes les personnes que nous avons rencontrées.

Merci à Stéphane Durand et à Anne-Sylvie Bameule pour leur soutien et leur confiance.

Merci à Caroline Lecointe pour sa préparation rigoureuse.

Merci à toute l'équipe du film, à Bright Bright Bright, CAPA, UGC et tous nos partenaires pour nous avoir permis de faire ce film et ce livre. Ce fut un voyage extraordinaire.

UGC ET ORANGE STUDIO PRÉSENTENT
APRÈS LE SUCCÈS DE DEMAIN
LE NOUVEAU FILM DE CYRIL DION
FESTIVAL DE CANNES
SÉLECTION OFFICIELLE 2021
ANIMAL
CHAQUE GÉNÉRATION A SON COMBAT, VOICI LE NÔTRE

A N I M A L

Un film de Cyril Dion

Écrit par Cyril Dion et Walter Bouvais

Une coproduction CAPA STUDIO, BRIGHT BRIGHT BRIGHT,
UGC, ORANGE STUDIO et FRANCE 2 CINÉMA
Avec la participation de OCS et de France Télévisions

Avec Bella Lack et Vipulan Puvaneswaran
Et la participation du Dr. Jane Goodall,
fondatrice du Jane Goodall Institute
et messagère de la Paix auprès des Nations unies

Montage Sandie Bompar
– Directeur de la photographie Alexandre Léglise –
Chef opérateur son Romain de Gueltzl
– Montage Son Valérie Deloof et Margot Testemale –
Mixage Cyril Holtz – Directeur de production David Mitnik –
Directrices de post-production Isabelle Morax et Laurence Hamedi
– Musique Originale de Sébastien Hoog & Xavier Polycarpe
Produit par Guillaume Thouret, Céline Roux,
Jean-Marie Michel, Thomas Bénet,
Cyril Dion et Patrick Fournier

Avec le soutien de l'Agence française de développement,
Jean-Conrad Hottinguer, Moët Hennessy, Patrick Oudin,
Lita.co, Fondation Lemarchand, Fondation Nature & Découvertes,
Bayard Presse, Fondation Thalie,
Fondation Léa Nature-Jardin Bio, Equestrio Foundation,
Serge Papin, CECA, Solange Gelblat, Association Colibris

Et le financement participatif de nos amis Kissbankers

colibris
faire sa part

Colibris est une ONG qui encourage une dynamique de créativité au sein de la société civile. Sa mission consiste à inspirer, relier et soutenir ceux qui veulent construire une société écologique et humaine.

Éducation, économie, agriculture, énergie, habitat..., l'association met en lumière les solutions les plus abouties dans chaque domaine et propose des outils concrets pour favoriser leur mise en œuvre sur des territoires. La méthode Colibris facilite la coopération entre citoyens, élus, entrepreneurs, et permet à chacun d'agir, individuellement ou collectivement, sur son lieu de vie.

Les Colibris, ce sont tous ces individus qui inventent, expérimentent, coopèrent concrètement pour bâtir des modèles de vie en commun respectueux de la nature et de l'être humain.

Fondée sous l'impulsion de Pierre Rabhi en 2007, Colibris appartient au réseau Terre et Humanisme, dont la vocation de chaque structure est d'encourager l'émergence et l'incarnation de nouveaux modèles de société par une politique en actes.

La collection "Domaine du possible", dans laquelle ce livre est édité, est le fruit d'une collaboration et d'une amitié entre Actes Sud et Colibris entamées en 2007.

Pour plus d'information : www.colibris-lemouvement.org

CATALOGUE DU DOMAINE DU POSSIBLE

ÉDUCATION

… Et je ne suis jamais allé à l'école, André Stern, 2011.
La Ferme des enfants, Sophie Bouquet-Rabhi, 2011.
Ces écoles qui rendent nos enfants heureux, Antonella Verdiani, 2012.
Enseigner à vivre, Edgar Morin, 2014.
L'École du Colibri, Isabelle Peloux et Anne Lamy, 2014.
Libre pour apprendre, Peter Gray, 2016.
La paix ça s'apprend !, Thomas d'Ansembourg et David Van Reybrouck, 2016.
Jouer, André Stern, 2017.
Pourquoi j'ai créé une école où les enfants font ce qu'ils veulent, Ramïn Farhangi, 2018.
Guide du cerveau pour parents éclairés, Stéphanie Brillant, 2019.
Les Yeux dans les yeux, Sherry Turkle, 2020.
Dessine-moi un avenir, Rodrigo Arenas, Édouard Gaudot et Nathalie Laville, 2020.

ALIMENTATION

Manger local, Lionel Astruc et Cécile Cros, 2011.
Le Manuel de cuisine alternative, Gilles Daveau, 2014.
Poisons cachés ou plaisirs cuisinés, Gilles-Éric Séralini et Jérôme Douzelet, 2014.
À la recherche du pain vivant, Roland Feuillas et Jean-Philippe de Tonnac, 2017.
Ensemble pour mieux se nourrir, Frédéric Denhez et Alexis Jenni, 2021.

AGRICULTURE ET PÊCHE

L'Agriculture biologique pour nourrir l'humanité, Jacques Caplat, 2012.
Le Manuel des jardins agroécologiques, préface de Pierre Rabhi, 2012.
Permaculture, Perrine et Charles Hervé-Gruyer, 2014.
Changeons d'agriculture, Jacques Caplat, 2014.
L'Agroécologie, une éthique de vie, Pierre Rabhi, 2015.
Permaculture, Perrine et Charles Hervé-Gruyer, 2017.
Pour une révolution dans la mer, Didier Gascuel, 2019.

L'agroécologie peut vous sauver, Marc Dufumier et Olivier Le Naire, 2019.
Qui nourrit réellement l'humanité ?, Vandana Shiva, 2020.
Une agriculture qui répare la planète, Vandana Shiva, André Leu et Jacques Caplat, 2021.

ÉCONOMIE, MANAGEMENT ET POLITIQUE
Le Syndrome du poisson lune, Emmanuel Druon, 2015.
Équicoaching. L'intelligence émotionnelle au cœur de l'entreprise, Jean-Paul Bérard, Arnaud Camus et Laurence Flichy, 2016.
Écolonomie, Emmanuel Druon, 2016.
Le Pouvoir de faire, Jack Lang et Patrick Bouchain, 2016.
Le Revenu de base, Olivier Le Naire et Clémentine Lebon, 2017.
Ces maires qui changent tout, Mathieu Rivat, 2017.
L'Économie symbiotique, Isabelle Delannoy, 2017.
Le Maire qui aimait les arbres, Jean Chalendas, 2017.
À mon allure, William Kriegel, 2018.
La Voie des paysans, Francisco Vanderhoff Boersma, 2019.
Écolonomie 2 : la transformation créatrice, Emmanuel Druon, 2020.
Libérer son entreprise, Pierre-Yves Antras, 2021.
Reconstruire sur les ruines du capitalisme, George Monbiot, 2021.
Demain, une Europe agroécologique, Xavier Poux, Pierre-Marie Aubert, 2021.

ÉNERGIE
Manifeste négaWatt, Marc Jedliczka, Yves Marignac et Thierry Salomon, 2012.
Changeons d'énergies, Marc Jedliczka et Thierry Salomon, 2013.
Dieselgate, Karima Delli, avec Xavier Maurel, 2019.

INITIATIVES DE LA SOCIÉTÉ CIVILE
Éloge du génie créateur de la société civile, Pierre Rabhi, 2011.
(R)évolutions, Lionel Astruc, 2012, 2014.
Pierre Rabhi, semeur d'espoirs, Olivier Le Naire et Pierre Rabhi, 2013.
Vandana Shiva. Pour une désobéissance créatrice, Lionel Astruc, 2014.
Les Incroyables Comestibles, Pam Warhurst et Joanna Dobson, 2015.
Demain. Un monde nouveau en marche, Cyril Dion, 2015.
Le Pouvoir d'agir ensemble, ici et maintenant, Rob Hopkins et Lionel Astruc, 2015.

Le Cercle vertueux, Nicolas Hulot et Vandana Shiva, entretiens avec Lionel Astruc, 2018.
Petit manuel de résistance contemporaine, Cyril Dion, 2018.
Coffret Manifeste et Plaidoyer pour la Terre, Pierre Rabhi et Sabah Rahmani, 2019.
Paroles des peuples racines, Sabah Rahmani, 2019.
Les Médias, le monde et nous, Anne-Sophie Novel, 2019.
François Sarano, Réconcilier les hommes avec la vie sauvage, Coralie Schaub, 2020.
Imaginer le monde de demain, Gilles Vanderpooten, 2020.
Vers un numérique responsable, Vincent Courboulay, 2021.
L'Avenir de Terre-Patrie, collectif sous la direction d'Alfredo Pena Vega, 2021.
Passage délicat, Pierre Leroy, 2021.

ÉCOLOGIE ET BIODIVERSITÉ
Du bon usage des arbres, Francis Hallé, 2011.
Plaidoyer pour l'herboristerie, Thierry Thévenin, 2013.
La Biodiversité, une chance, Sandrine Bélier et Gilles Luneau, 2013.
Earthforce, capitaine Paul Watson, 2015.
Arne Næss. Pour une écologie joyeuse, Mathilde Ramadier, 2017.
Le Syndrome de l'autruche, George Marshall, 2017.
Drawdown. Comment inverser le cours du réchauffement planétaire, Paul Hawken, 2018.
Renaissance écologique, Julien Dossier, 2019.
Marseille ville sauvage, Baptiste Lanaspèze, 2020.
Raviver les braises du vivant, Baptiste Morizot, 2020.
Océan plastique, Nelly Pons, 2020.

MÉDECINE, NAISSANCE ET PRÉPARATION À L'ACCOUCHEMENT
Mère et père en devenir, Esther Wiedmer, 2015.
Pour une grossesse et une naissance heureuses, Magali Dieux, Patrice Van Eersel et Benoît Le Goëdec, 2015.
Bougez, faites confiance à votre dos !, Marc Picard, 2018.
Artemisia. Une plante pour éradiquer le paludisme, Lucile Cornet-Vernet, avec Laurence Couquiaud, 2018.
L'Incroyable Pouvoir du souffle, Stéphanie Brillant, 2021.

Ouvrage réalisé par Nord Compo
Achevé d'imprimer en août 2021
par Printer Portuguesa (Portugal)
sur papier fabriqué à partir de bois
provenant de forêts gérées durablement
pour le compte des éditions Actes Sud,
le Méjan, place Nina-Berberova,
13200 Arles

Dépôt légal : septembre 2021

(Imprimé au Portugal)